防范电信网络诈骗知识手册

中国金融传媒股份有限公司
中华志愿者协会反诈志愿者总队　编

中国人民公安大学出版社
全国百佳图书出版单位

图书在版编目（CIP）数据

防范电信网络诈骗知识手册 / 中国金融传媒股份有限公司等编 .
-- 北京 : 中国人民公安大学出版社,
2025. 2. -- ISBN 978-7-5653-4889-1

Ⅰ. D924. 33-62

中国国家版本馆 CIP 数据核字第 20242F00K7 号

防范电信网络诈骗知识手册

中国金融传媒股份有限公司
中华志愿者协会反诈志愿者总队　编

撰 稿 人：王晓伟
责任编辑：王　哲
装帧设计：风满袖
责任印制：周振东

出版发行：中国人民公安大学出版社
地　　址：北京市西城区木樨地南里
邮政编码：100038
经　　销：新华书店
印　　刷：天津盛辉印刷有限公司

版　　次：2025 年 2 月第 1 版
印　　次：2025 年 2 月第 1 次
印　　张：2
开　　本：880 毫米 ×1230 毫米　1/32
字　　数：50 千字

书　　号：ISBN 978-7-5653-4889-1
定　　价：10. 00 元

网　　址：www. cppsup. com. cn　www. porclub. com. cn
电子邮箱：zbs @ cppsup. com　zbs @ cppsu. edu. cn

营销中心电话：010-83903991
读者服务部电话（门市）：010-83903257
警官读者俱乐部电话（网购、邮购）：010-83901775
综合分社电话：010-83903421

编写说明

电信网络诈骗作为诈骗的一种特殊类型，是骗子利用现代通信、网络工具对受害人实施的非接触式诈骗。随着新的网络服务、网络内容、网络业务不断出现，电信网络诈骗手段也花样翻新、防不胜防。

如何才能预防被骗，在编者看来，一是要有防骗意识，常怀警惕之心；二是要有识骗能力，能够识破常见骗局。通过对大量案例的研究，编者发现，只有防骗意识而识骗能力不强，有时候会因为“过于自信”造成判断失误进而受骗；只有识骗能力而防骗意识薄弱，则会在遇到“认知盲区”时轻易被骗。因此，面对电信网络诈骗，广大民众既需要有防骗意识，也需要有识骗能力。要做到这一点，就要对电信网络诈骗有足够的了解，而这也正是本手册编写的目的所在。

本手册包括电信网络诈骗常见骗术类型、涉诈关联违法行为、“反诈利器”等内容，旨在向读者解析典型案例、揭秘常见骗术、警示关联违法行为、宣讲法律法规，以增强读者的防骗意识和识骗能力。需要说明的是，本手册使用的案例均是真实案例。为了帮助读者更好地理解这些骗术，编者在保持骗术原貌的前提下对原始案例进行了适当的改编，隐去了当事人真实姓名等信息。希望这些案例有助于读者认识到电信网络诈骗的多样性、复杂性，也希望每一位读者在防骗识骗方面能有所收获。

由于编者自身认识的局限，也由于电信网络诈骗类型演变迅速，本手册所包含的骗术类型必然不能做到全覆盖，对于骗术的解读分析也难免存在不足，希望广大读者谅解。

本书的编写和出版得到了上海黑瞳信息技术有限公司的大力支持，在此深表感谢。

编 者

2025 年 1 月

目录

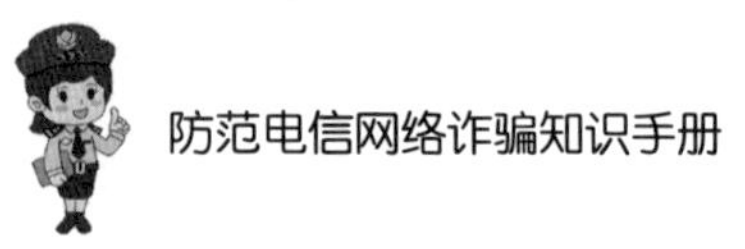

一 防范原则与口诀

(一) 防范电信网络诈骗原则

未知链接不点击
陌生来电不轻信
个人信息不透露
小恩小惠不贪图
违法行为不参与
正规途径办事情
转账汇款多核实
防骗知识多学习

(二) 防范电信网络诈骗口诀

口诀

网络理财风险大，投资平台有真假；
刷单返利赚佣金，垫资充值反被坑；
网络购物消费忙，商品退赔要提防；
网上交友套路深，身份真假要搞清；
网贷免押又低息，让先转账是陷阱；
公安法院来电紧，回拨号码查仔细；
代办退税有猫腻，骗取钱财是目的；
亲属出事别轻信，平心静气问明细；
领导好友要借钱，先做核实别犯难；
飞来大奖莫惊喜，让您掏钱洞无底；
游戏交易藏猫腻，不明网站别相信；
家庭情况要保密，不明来电多警惕；
短信诈骗花样多，不予理睬准没错；
陌生链接勿轻信，以防害人又害己；
保护财产很简单，拒绝诱惑心不贪；
一旦难分假和真，110 咨询最放心。

二 骗术解析与防骗提醒

（一）网络投资理财诈骗

1 骗术解析

发布信息 吸引目标	诈骗分子通过网络社交工具、短信、网页等多种渠道发布虚假的投资理财信息，或者通过在网络平台上投放虚假广告，宣称有内部消息和投资门路，寻找受害人群体并建立联系。
建立联系 获取信任	通过聊天交流投资经验、拉人进入“投资理财”群聊、听取“投资专家”直播授课等多种方式，诱导受害人登录其提供的虚假网站，扫码下载其分享的手机APP，指导其进行投资理财操作，并在前期进行小额返利来骗取受害人信任。
诱导投资 骗取钱财	诱导受害人加大资金投入，再以“登录异常”“服务器异常”“账户冻结”等理由，要求缴纳“解冻费”“保证金”等，并声称若不如数缴纳，投资理财账户内的资金就会全部损失，进而持续对受害人进行诈骗。

一天，王女士在刷短视频时被平台上一条投资理财广告吸引，便通过广告中所留信息添加了对方QQ号。对方自称是知名投资管理有限公司的客户经理，声称按照他们的指引进行投资可以稳赚不赔。王女士表示可以尝试一下，对方便指导王女士点击链接下载投资软件，并完成了个人信息注册。之后，对方便“指导”王女士进行转账投资，王女士小试一笔，发现真的有盈利，便信以为真。随后，王女士继续跟着对方的“指导”进行投资，看着后台账户余额越来越多，便渐渐收不住手，一笔又一笔投入资金，账户余额也一翻再翻，等到王女士打算提现时，却发现一直提现失败，所谓的“客户经理”也已经联系不上。王女士意识到自己被骗，赶紧报了警。

新兴项目

常先生某日在网上认识了一个自称做金融业务的男性网友，称自己正在负责一项新兴的区块链投资项目，可以带其做投资领域大火的虚拟货币投资。常先生一听是新兴领域，而且预期收益相当可观，便表示想要参与。随后，常先生根据对方提供的网址链接，打开一个名为“AMATAK”的投资平台，通过支付宝转账方式，陆续投资百万余元人民币购买了虚拟货币。但是，当常先生准备提现时，客服却说提现数额过大，需要缴纳一定比例的税款。常先生感觉税费过高，开始怀疑被骗，遂报警求助。经过警方确认，常先生遭遇了网络投资诈骗。

某日，韩某收到了一则短信称：加入 QQ 群，即可领取免费投资课程，且有“金牌导师”提供专业投资指导。韩某抱着“听一听”的心态进入群聊，开始听“导师”讲授一些关于投资的技巧。几天后，“导师”将韩某拉入了一个“短线群”，并在群里发了一个安装包，声称：只要安装“某 S”APP，他就可以给大家推荐“短线投资项目”，保证稳赚不赔。韩某有些心动，便下载了该 APP，按“导师”的指示，先尝试着转账投资了 2000 元的股票。第二天，韩某将股票以 2200 元的价格卖出，并将这笔钱顺利提现到自己的银行卡里。韩某这时觉得在该 APP 内投资确实能赚钱，便又陆续投资了 50000 元购买股票。直到几天后，“导师”在群里声称：由于平台发现有人利用他们的投资 APP 洗黑钱，现在需要所有投资者缴纳 20000 元的“仓位保证金”进行身份验证，才能提现 APP 账户里的钱，并承诺“保证金”会在验证结束后如数退还。韩某信以为真，便转账进行“身份验证”。但随后，韩某发现自己仍无法提现，而“导师”又以“大额投资者可以优先提现”为由，诱导韩某继续转账投资。这时韩某察觉自己被骗，遂报警。

胡女士在一租房平台上挂盘出租，不久便有人联系胡女士说要长期租房，两人互相加了微信。几次聊天后，租客便主动交了定金。同时，租客自称是某证券公司的后台工程师，为了感谢胡女士提供了优质房源，告诉其证券公司软件存在后台漏洞，可以指导胡女士趁机投资赚钱。胡女士看对方爽快地交了定金，就没有怀疑。于是在对方的指导下，在某证券软件上注册并进行投资，不久后果然盈利，并成功提现了一笔钱。胡女士对租客的话更加深信不疑，便将自己的积蓄都投入其中，但当自己再想提现时却发现无法操作，自己的微信也被租客拉黑，这才发现自己被骗。

李女士收到一个微信好友申请，通过后，对方却说不小心加错了，之后两人聊了几次。聊天中，对方透露自己是某投资公司的持股人，并提到公司开发了一个跨境投资平台，投入少、回报高，既然跟李女士“有缘”，便决定把这个“赚钱”的机会分享给李女士，并发来一个网址。李女士点击后，发现的确是个投资理财网站，于是抱着试一试的态度，按照对方的指导在网站买了5000元的“国际原油”股票，不久后账户显示收益546元，李女士随即对账户进行了提现操作。第二天，本金加收益都打到了李女士绑定的银行卡中。之后，李女士又投入几次，提现后本金加收益也都到账了。有了这几次的成功提现，李女士也渐渐放下了戒心。就这样李女士又继续投入了十几万元，最后却发现无法提现。李女士觉得自己被骗，于是报了警。

2 防骗提醒

凡是宣称“内幕消息、专家指导、稳赚不赔、高额回报”的投资理财，都是诈骗！

（1）不存在“保本高息”。

银行理财、基金、信托、期货等均不是存款，高收益意味着高风险。“保本高息”“专家保证”等均是虚假网络投资理财类诈骗的常见套路，应提高警惕。

（2）不轻信“小道消息”。

消费者进行投资理财时应选择经金融监管部门批准设立并颁发许可证的金融机构，不轻信通过网络论坛、微信群、QQ群等传播的“小道消息”以及无合法资质的机构或人员。如对金融业务存在疑问，可通过金融机构或监管部门官方网站、热线等咨询核实。

（3）不贪图“一时便宜”。

消费者要树立科学理性的投资理财观念，切忌侥幸心理、赌博心态。对陌生来电、邮件推销等非正规网络途径诱导投资行为保持警惕。

（二）网络兼职刷单诈骗

1 骗术解析

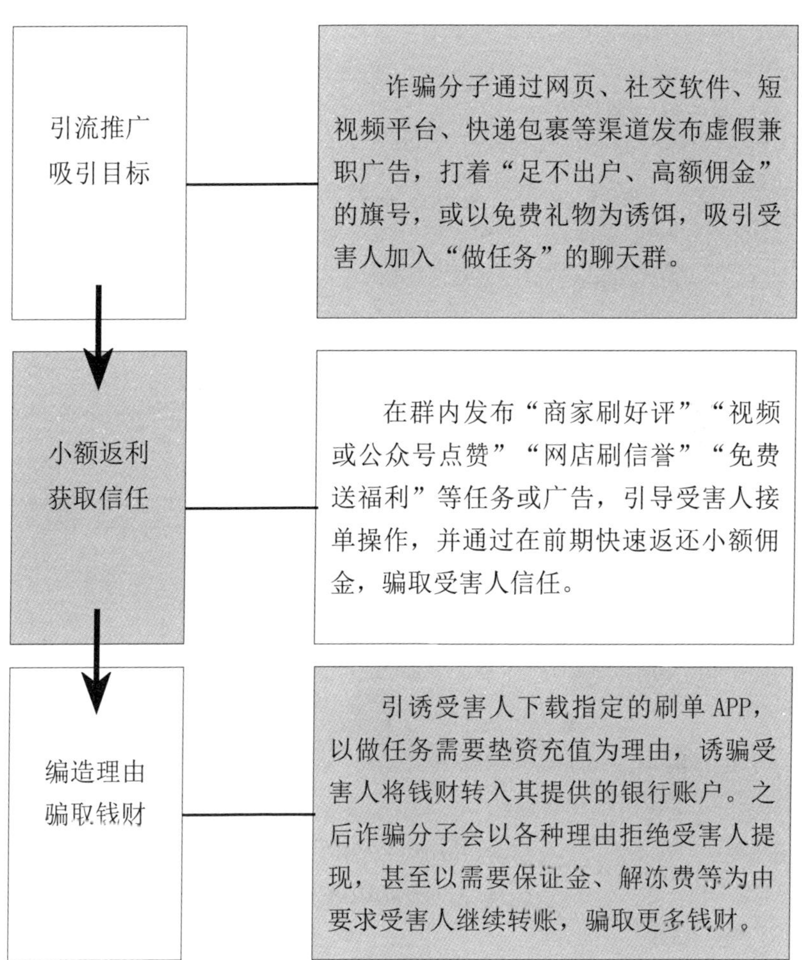

温先生在微信群看到一条兼职招聘广告，称“高薪兼职，佣金日结”。添加了客服微信后，对方称兼职内容就是在相应的网店进行刷单操作，每次需要自己先垫付订单的金额。怕温先生不相信，对方主动让温先生用支付宝生成“口令红包”，称等温先生收到返利后，再把口令发给对方即可。于是，温先生按照指示开始进行刷单。最初的几单非常顺利，温先生很快就收到了佣金，之后便开始接受 5000 元的大额刷单任务。但是这次他发送的口令红包却直接被领取了，再联系客服也再没有回应。原来，当生成口令红包时，被授权了的“软件”已将口令截图发送给诈骗分子，诈骗分子通过截图知道红包口令，可以直接将红包里的钱提取出来，以达到诈骗钱财目的。

张女士偶然在一个“代购”的朋友圈里发现了“扫码进群送现金”的广告，因为之前通过这个“代购”成功买过东西，便没有怀疑，扫码进入了所谓的“福利群”。在领取了几个小额红包后，群内开始发布帮助网店刷单兼职的广告，张女士抱着尝试的心态认领了几个小任务。按照客服的指导完成任务后，果然领到了对应的佣金。之后张女士开始尝试“进阶任务”，此时客服却提出大额刷单需要先行垫付货款，任务完成后商家会将货款和佣金一并付回。张女士按指示扫描客服发来的商家付款码，并转入两万元。可当她完成所谓的刷单任务要求结款时却已经联系不上客服了，张女士这才意识到自己被骗了。

明星返利

小芳收到一个“追星族”同学发来的二维码，称某明星回馈“粉丝”返利。小芳扫描二维码入群后，管理员称某明星拿出 50 万元片酬回馈粉丝支持，规则为充值 200 元返现 1000 元，充值 300 元返现 1500 元等，充值越多返利越多，名额有限。小芳眼看群中已经有人成功领取，并把返利截屏发到了群中，便赶紧添加了对方微信，按照对方要求先转账充值了 200 元。充值后对方却称转账缺少备注，需要重新转账，并表示小芳之前所付款项会原路退还。小芳信以为真，按照客服指示进行付款，客服也发回了退款截图。之后，客服又以活动代码需要激活费、系统操作违规需要付款验证等理由要求小芳继续付款，涉世未深的小芳也不曾怀疑。几次操作后，小芳先后通过微信转账和扫码付款等方式转给对方 10000 余元，但对方说好的返利却迟迟没有兑现。小芳感觉不对劲儿，赶紧查找手机账单，发现并没有所谓的退款到账，所谓的“客服”也已经失去联系，她这才意识到自己被骗，赶紧报了警。

何某在刷直播时无意中进入了一个直播间，其主播宣称，粉丝只要在直播间停留一段时间，就会获得直播间返利。如果粉丝刷礼物总价值排名前 10，能获得一部价值 8000 多元的最新款某品牌手机。何某一直想换一部新手机，看到直播间刷礼物的人不多，决定冲击一下前 10 名。在刷了 3000 多元礼物后，终于进入刷榜名单前 10 名。随后，他还接到了直播间客服打来的电话核对快递地址。但一段时间后，何某并未收到手机。他拨打直播间客服电话，发现自己竟然联系不上对方了，这才发现自己被骗。

周先生在家门口发现一个收件人是自己名字的快递包裹，包裹上写着“幸运礼包”。周先生很疑惑，因为他近期并未在网上购买商品。打开包裹后，发现其中有个手机支架和一张淘宝购物节宣传单。宣传单称，淘宝正在做活动，回馈客户赠送小礼品，同时还能参与抽奖。周先生刮开抽奖区后，发现竟然中奖了，遂按宣传单上的提示扫码添加了一个企业微信，并根据对方指引加入到微信群内领取奖品。在微信群内，周先生看到有网友发布兼职信息，称可以刷单返利。周先生感觉有利可图，遂按对方要求下载“万源”APP 进行操作。在对方指引下，刷单任务的额度逐渐增大。没一会儿，周先生就转了 9 笔共计 115 万人民币。直至民警上门，周先生才发现被骗。

2 防骗提醒

凡是要求垫付资金做任务的兼职刷单，都是诈骗！

(1) 兼职刷单有风险。

凡是兼职刷单、刷信誉均系违反《反不正当竞争法》的行为，赚取合法薪酬才最保险。

(2) 不劳而获有陷阱。

切勿轻信“免费福利”“幸运礼包”等噱头，更不要相信轻易获得的“赚钱”机会。

(3) 来路不明要警惕。

来路不明的链接不要点，来路不明的二维码不要扫，“非买自来”的快递要警惕。

（三）冒充电商物流客服诈骗

1 骗术解析

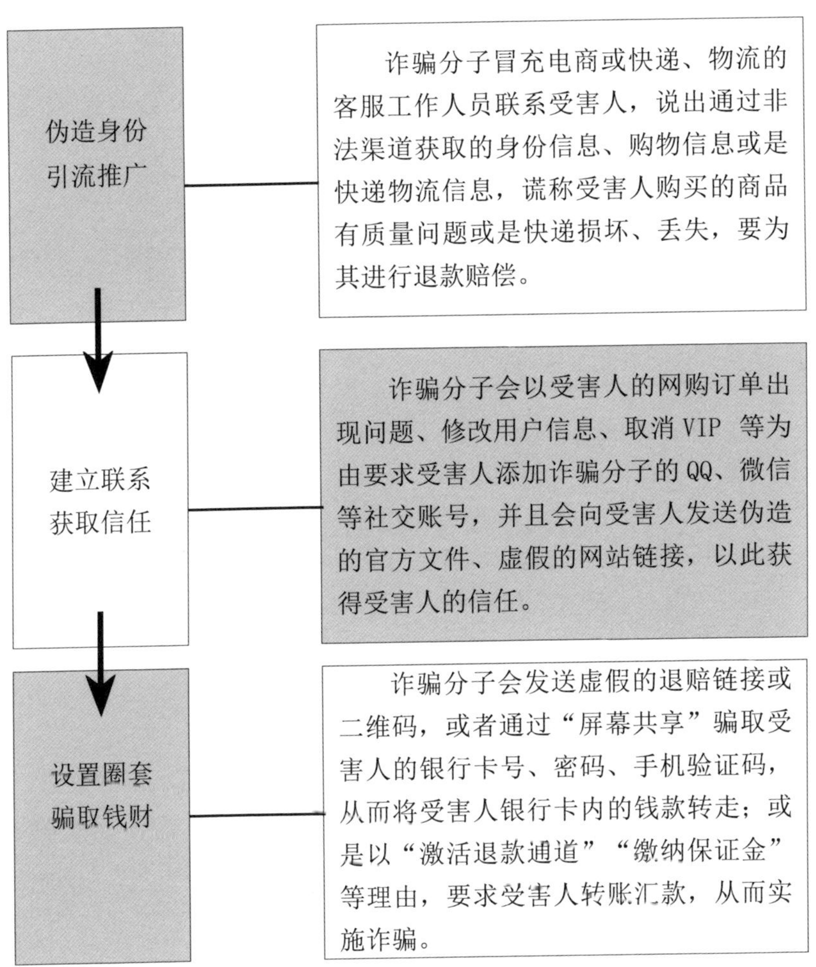

杨女士接到了一个陌生电话，电话那头说是某购物平台的理赔客服，声称杨女士前几天在平台上购买的化妆品质量有问题，商家要统一召回，会给客户全额退款并进行一定的补偿，共计 1000 元。杨女士想到自己确实在该平台上购买了化妆品，且还未收到商品，听说可以退款并补偿，杨女士便没多心。要退款时，客服却表示该平台与某借款 APP 有合作，要退还的钱已经打到 APP 中了。杨女士打开这一借款 APP，发现页面上显示自己有一万元的“额度”。客服称这一万元是操作失误打到杨女士账户上的，希望杨女士能够将多余的钱退回。杨女士不懂借贷相关的事情，便信以为真，按照对方的指示从借款 APP 中提取了 9000 元，打回了对方提供的银行账户中。过了几天，杨女士的手机突然弹出了还款提醒，经过询问身边的朋友，杨女士才知道自己是从借款 APP 中借出了 9000 元。杨女士赶紧联系“客服”，却发现自己早已经被拉黑了。

赵先生在某网购平台上为父母购买了营养品。过了几天，他突然接到一通电话，对方自称是该网购平台的客服，并表示由于商家做活动回馈新老客户，对该商品价格进行了调整，原价购买商品的客户可以退还差价。赵先生之前也遇到过网购退差价的情况，于是并未多想。对方加了赵先生微信后，先退还了 150 元差价，又表示希望赵先生可以配合平台做一个信息登记，以便之后参与更多平台活动，随后发来了一张二维码图片。收到差价的赵先生对客服完全信任，扫描二维码后按照提示填写了姓名、银行账号、手机号码等信息，并提交了短信验证码。不久，赵先生却收到了银行卡被转出 2 万元的短信，这才意识到自己被骗了。

王某接到了一个陌生来电，对方自称是某电商平台的“客服”，声称王某之前在该平台购物时，开通了会员服务，每个月会产生1200 元的自动扣费，并询问王某是否需要注销该服务。王某听到对方能准确说出自己的购物信息，便不再怀疑，添加了对方的 QQ 号。随后，对方以便于指导王某操作为由，要求王某下载了某会议 APP，并开启“屏幕共享”。几分钟后，对方发了一个网址链接，王某点击后进入了一个名为“某某客服中心”的网站，里面的“工作人员”声称：注销该服务需要向指定的账户转账刷流水，以便进行身份验证；验证成功后，即可关闭该服务，并承诺转账的钱会在验证成功后如数退还。刚开始，王某给对方依次转账了 50 元、200 元、300 元，均都收到了返款。直到王某转账 1000 元后，对方又称：王某转账时操作失误，导致验证失败了，现在需要转账 20000 元一次性完成所有“认证”，否则会影响个人征信。王某信以为真，便又转了账。但对方却又以王某转账流水不足为由，拒绝给王某返款，并要求王某继续转账。这时王某察觉不对劲，要求对方退还自己的钱，谁知却被对方拉黑，王某这才知道自己被骗了。

徐某接到了一通自称是某购物平台“客服”的电话，对方称徐某购买的快递在中转场被快递人员弄丢了，现需要给他办理136元理赔款。徐某想到自己前两天的确在该平台购买了生活用品，且还没有收到快递，没有多想就相信了对方的身份。在“客服”指导下完成了一系列“操作流程”后，徐某又被告知由于其消费不够，不符合理赔条件，需要先向平台转账激活退款通道，等赔款申报成功后，其所转的全部资金会分文不少地退回到徐某银行卡上。信以为真的徐某按照对方要求，向对方提供的多个银行卡转账，共计转账9000元。而后对方又以操作失误为由，仍然要求徐某继续转账，并让其对手机进行格式化处理，徐某这才如梦初醒，意识到自己被骗了。

2 防骗提醒

凡是自称电商、物流、快递客服，主动以退款、理赔、退还为由，要求提供银行卡和手机验证码的，都是诈骗！

（1）网购退款赔付一般为原路返还。

网购商品存在质量问题需要理赔退款，会通过购买平台原路返还，不需要通过其他平台操作。

（2）快递丢失赔付一般为重新发货。

如果快递丢失，物流公司一般会将等额货款赔给寄件人（平台商家），再由寄件人重新发货，而不会主动联系收件人进行理赔。

（3）接到退款赔付电话要多核实。

接到各类平台客服电话，声称需扣除年费或商品瑕疵予以退赔，切记要与官方客服联系，务必到官方平台核实，不要私下沟通扫码或是下载会议软件共享操作。

（四）网络婚恋交友诈骗

1 骗术解析

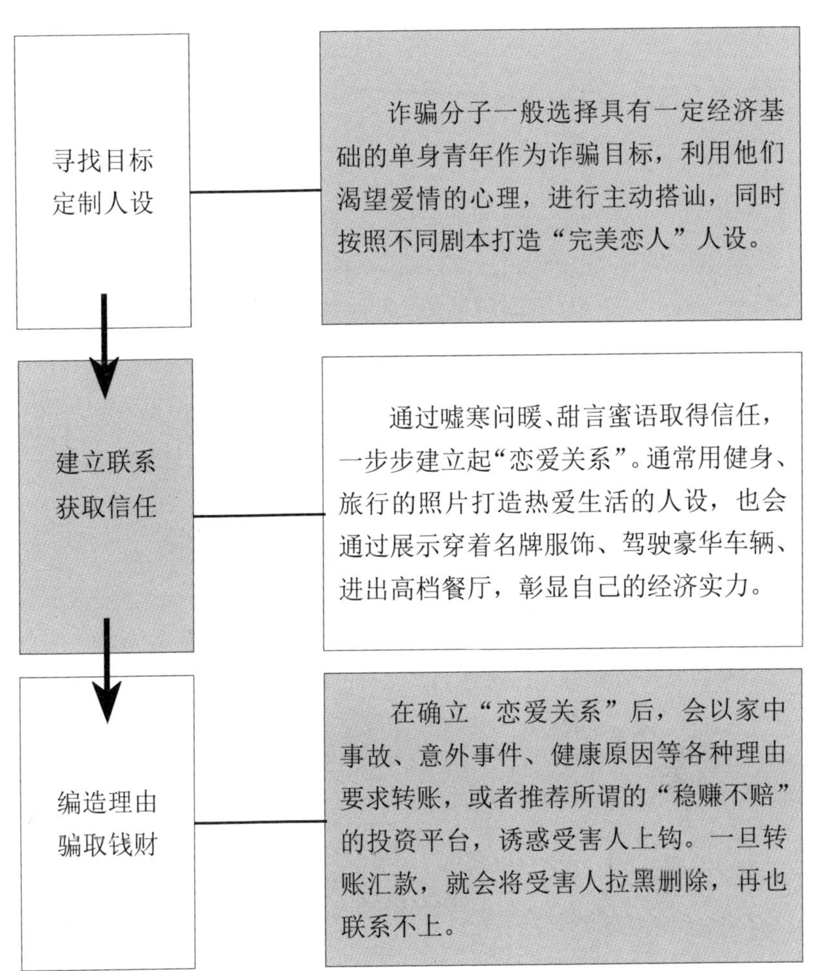

商先生在某交友 APP 上认识一“漂亮”女子，从看到对方照片的一刻，商先生便开始沦陷。按照女子在软件中留下的微信号添加了联系方式后，商先生展开了对女子的追求。不久后，两人确定恋爱关系，商先生对“女友”有求必应，在对方的要求下不断给对方购买手机、电脑、化妆品等贵重物品，渐渐地商先生发现“女友”只会让自己不停地转钱却从不答应见面。心中生疑后，商先生打算通过让对方“还钱”来测试“女友”，“女友”没有推辞便发来银行转账照片。但商先生等了两天，依然没有收到到账信息，再找人时发现已被对方拉黑，前后被骗 3 万余元。

陈女士通过某交友软件认识了一名男子。男子自称是国外名牌大学毕业的高材生，在上海从事金融行业。双方聊得很投机，便互相加了微信，对方还远程下单给陈女士送鲜花、订外卖。聊了 20 多天之后，对方发来一个网址，并告诉陈女士这是一个行业内部的投资平台，能通过后台操作赚汇率的差价，自己已经靠着这种方法赚了不少钱，因为二人感情好，所以想要带着陈女士一起赚钱。陈女士对其深信不疑，便在平台上开通了账户。一开始，男子每次都提前告知陈女士投资哪个项目，陈女士按照对方指导进行操作后，账户上也收到了一些资金。之后对方称投入越多回报越多，按他的指示进行操作不但盈利多，还能进行大额提现。于是陈女士根据对方给出的信息，陆续给平台上的多个账户投入了 20 多万元，等再要提现时才发现平台已经无法登录，微信也被拉黑。

期货交易

石女士在某知名婚恋网站上相亲时认识了一个李姓男子，两人添加了微信好友后，对方经常对石女士嘘寒问暖，渐渐取得了石女士的信任。某天，李姓男子称自己要被派遣到国外工作几日，其间不方便在平台操作购买期货，希望石女士能够帮忙操作。石女士答应后，按照对方发来的信息，登录到了某期货交易平台。从平台中，石女士看到李姓男子账户内的金额丰厚，并且在对方的指挥之下，几天内竟然又盈利了不少，石女士便询问对方如何操作才能赚钱。李姓男子告诉石女士他已经掌握了期货交易的“规律”，跟他一起操作就能赚钱。石女士信以为真，就在李姓男子的指导下，向平台内多个账户转账共计 31 万元。一段时间后，交易平台上显示利润已达 60 多万元。但当石女士尝试提现时，却无法提现到账，询问对方时却发现已被拉黑。石女士这才意识到被骗，慌忙拨打 110 报警。

今年 40 多岁的王女士离异多年，一直没有找到适合的对象。去年 10 月中旬，她在 QQ 上认识了一男子，对方自称美国人，在联合国工作，现被派驻到阿富汗。两人虽是不同文化背景，却相谈甚欢，男子虽然全程用英语交流，但通过翻译软件，也不妨碍两人的沟通了解。再加上该男子平日里更是嘘寒问暖、甜言蜜语，王女士很快便坠入了爱河。男子说自己没有多少钱，王女士便陆续给他汇款。今年 1 月，该男子说自己受不了阿富汗危险的生活，想要来中国和王女士结婚，可是离开联合国手续麻烦，需要王女士再给自己汇一笔钱。为了表示诚意，男子说会把退休金邮寄给王女士由其保管。想到他一直以来的关心和照顾，还认真规划着两人的未来，王女士彻底被感动了。虽然素未谋面，但为了帮男友来中国，王女士便将 15 万元分两次打入对方指定账户。但没想到，汇款后等王女士再联系该男子时，对方的电话却再也无法接通。

2 防骗提醒

凡是以婚恋交友为名，线下从未见过面，要带你投资、炒股的，都是诈骗！

（1）网络交友需谨慎。

不要被社交软件、网站中的照片、视频等“个人资料”所迷惑；不要未经核实，轻信网友“人设”。

（2）金钱交往要避免。

在没有确定对方真实身份前，不要与对方发生任何金钱上的往来。

（3）投资理财要警惕。

没有稳赚不赔的投资理财产品。

(五) 网络贷款诈骗

1 骗术解析

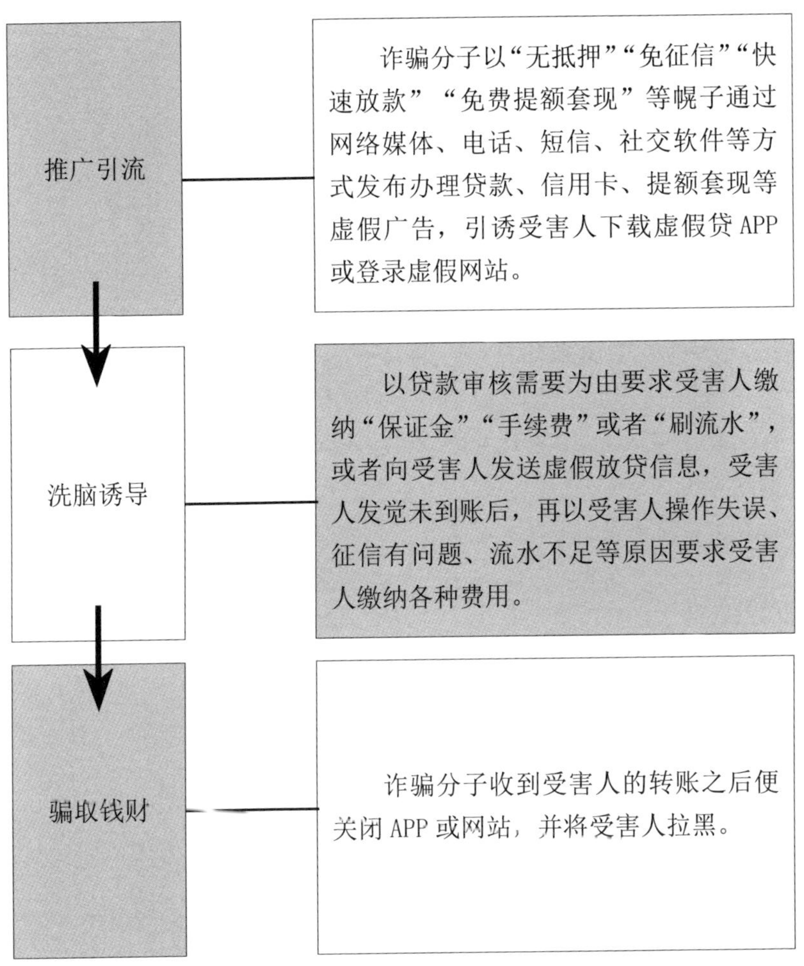

关闭服务

陈女士某日接到自称是某知名金融平台客服的电话，提示让其务必关闭某项金融贷款服务，否则会对自己的征信造成不良影响。陈女士虽将信将疑，但因事关自己的征信，不敢怠慢。在“客服”准确无误地说出其个人信息后，陈女士渐渐开始相信“客服”的话。在对方的“指导”下，陈女士下载了某款会议软件，开启手机“共享屏幕”功能，并陆续将其农商银行“丰收互联”和微信“微粒贷”的额度从 5000 元提升至 20000 元。提升额度之后，“客服”给陈女士发了一个首页显示为中国银保监会网址链接，称需要进一步验资，看陈女士是否能够正常借贷，要求陈女士填写个人信息，并分五次向网址提示的账户转账。陈女士害怕自己征信受到影响，不疑有他，立马转了账。随后，陈女士又根据“客服”要求，来到离家最近的工商银行，想要提升手机银行转账限额及“融 e 借”贷款额度。银行大堂值班经理了解情况后，意识到陈女士可能遭遇了诈骗，立即对其进行防骗提示，陈女士这才得知自己被骗了，连忙报了警。

郭先生是一名小微企业主，近期一直为资金周转问题而苦恼。某日，郭先生接到一个陌生电话，对方自称是拿到银行代理权的信贷公司职工，询问他是否需要小额贷款。想着自己的资金缺口，郭先生便多问了几句。对方详细介绍了贷款细则，表示可以提供3%至6%的低息贷款，最高额度为500万元。如此低的利率立即引起了郭先生的兴趣，更为吸引他的是办理贷款只需提供营业执照、银行流水、征信报告和身份证，“无需抵押、无需担保”。即便贷款条件很优惠，但郭先生还是很谨慎，提出了几个疑问。对方表示，他们还是银行指定的担保机构，所以无需借贷人提供抵押或担保，并提供了相应的“证明材料”。就这样，郭先生没有再犹豫，与对方初步达成了贷款60万元的协议，并签订了“居间服务合同”，按比例支付了3万元“服务费”。很快，郭先生就接到通知，说贷款审核已经通过。一段时间后，他又多次接到银行的回访电话，核对资料、征求意见，并让他耐心等待放款。然而，郭先生左等右等，迟迟等不到银行放款。多次致电信贷公司，对方不是让他耐心等待，就是以各种理由推脱。此时，他才意识到自己被骗了，随即向公安机关报了警。

李先生接到一个自称是某知名电商平台客服的电话，对方询问是否需要低息贷款。李先生在生意上正需要一笔资金进行周转，便添加了对方微信详谈。聊天中，该“客服”声称因为冲业绩的需要，他们可以帮助李先生从其他高息贷款 APP 转移资金至特定账户，并承诺会代为还清欠款，之后再通过他们的平台重新贷款，便可享受更低利率和更高额度。急需资金的李先生信以为真，按指示从多个 APP 借款共计 109000 元转至指定账户。然而，对方并未兑现还款承诺，反而要求李先生在更多平台借款以获得更多优惠。察觉异样的李先生要求先处理现有借款，履行还款承诺。结果，对方却直接将他拉黑了。

某日，刘某收到一条陌生号码发来的短信，内容是：您在某平台的贷款审批已通过，请点击链接办理贷款。刘某最近正需用钱，便点击链接，下载了一款名为“某呗”的 APP，申请了一笔 80000 元的贷款。几分钟后，APP 里的客服发来消息，声称刘某的提款银行卡号填写错误，导致账户被冻结，需要下载某某聊天 APP，联系“某某银行征信中心”的“审查员”验证征信才能提现贷款。刘某照办后，“审查员”声称：刘某在贷款时将银行卡号少填写了一位数字，导致现在征信状况存在污点记录，需要尽快转账一笔“保证金”修复征信，否则不仅无法贷款，还会成为失信人员。刘某慌乱之下，便按要求转了账。但随后，“客服”又以缴纳“手续费”为由，要求刘某继续转账。这时刘某察觉自己被骗，赶紧报了警。

孙某在浏览某直播平台时，看到有关贷款的直播，又因为近期急需用钱，便与主播私聊后扫码下载名为“平安分期”的贷款软件。注册登录后，平台中的贷款客服要求孙某提供本人身份证号、手持身份证照片、联系电话以及家属电话，并签订了额度为50000元的贷款合同。在他操作完成后，客服人员称已经将贷款打到其提供的银行账户中，但孙某查询后发现并未收到转账。客服表示是由于系统问题导致孙某账户被冻结，需要孙某缴纳3000元保证金才能解冻，否则银行账户内的全部钱款都不能使用，并且可能还会承担一定的法律责任。孙某听后十分着急，找亲友借来3000元交了保证金。谁知对方收款后就将其立即拉黑，孙某这才反应过来是被诈骗了。

2 防骗提醒

凡是宣称“无抵押、无资质要求、低利率、放款快”的网贷广告，要求提供验证码或先交会员费、保证金、解冻费或者转账刷流水的，都是诈骗！

（1）贷款平台有资质。

在申请任何网络贷款前，务必核实贷款平台的合法性和信誉。可通过金融监管机构的官方网站查询其是否有合法运营资质。

（2）提前交费要警惕。

正规贷款机构不会在放款前要求支付任何手续费、保证金、解冻费等。一旦对方要求预先支付费用，应立即停止交易。

（3）个人信息莫提供。

不要轻易提供个人敏感信息，包括身份证号、银行账户、密码、验证码等。对下载未经认证的APP，谨慎授权访问权限，避免无关权限的过度授予，保护隐私安全。

(六) 冒充公检法机关工作人员诈骗

1 骗术解析

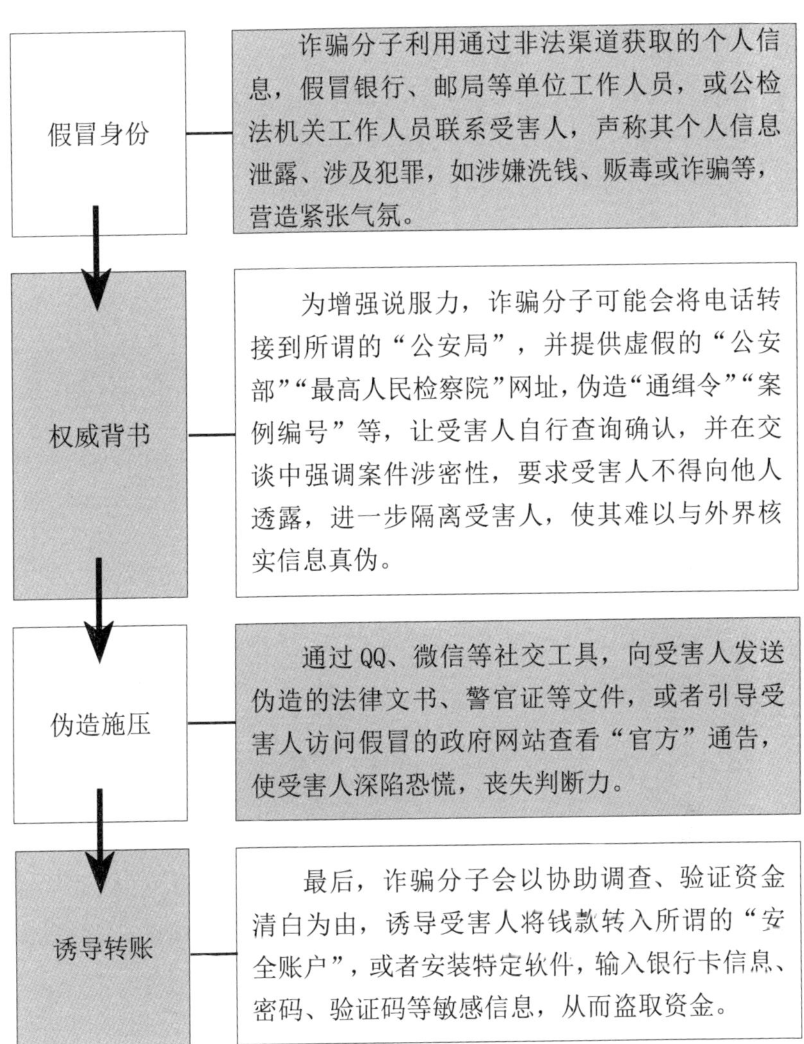

医保违规

李先生某天接到一个陌生电话，对方自称是当地公安局的民警，语气严肃地告知李先生，他的医保账户出现异常，涉嫌违规使用医保资金，需要立即配合调查。李先生一听事关医保，顿时紧张起来。为了打消李先生的疑虑，这位“民警”准确地报出了他的身份证号码和医保账号，并详细地询问了李先生的其他个人信息。听到对方准确报出了自己的相关信息，李先生便不再怀疑。接着，“民警”告诉李先生，为了配合调查，需要他提供银行账户信息，以便警方查询资金流向。同时，他还警告李先生，案件涉及重大，如果不配合调查，可能会面临法律制裁。在恐慌和不安的驱使下，李先生按照“民警”的指示，提供了自己的银行账户、密码和手机验证码。不久后，他收到银行发来的转账通知，发现自己的账户余额被全部转走。此时，李先生才意识到自己遭遇了诈骗。

某日，张先生接到一个陌生电话，对方自称是某直辖市公安局的民警，告知张先生他的银行账户涉及一起重大的金融案件，需要配合调查。为了让张先生相信自己的身份，这位“民警”准确地报出了张先生近期的银行交易信息，并告诉张先生，为了证明自己的清白，需要将所有资金转入一个所谓的“安全账户”，警方会进行调查核实，并在案件结束后将资金原路返还。同时，“民警”还承诺，只要张先生积极配合调查，不仅不会受到法律追究，还能获得警方的保护。面对这样的说法，张先生虽然有些疑虑，但想到自己的资金安全，还是选择了相信这位“民警”。他按照对方的指示，将所有资金转入了指定的“安全账户”。然而，转账后不久，张先生就发现自己再也联系不上这位“民警”，而且所谓的“安全账户”也只是一个噱头，资金已经全部被诈骗分子转走。恍然大悟的张先生连忙报了警。

初中女孩小郑在家里用妈妈的手机刷短视频时，添加了一位好友，对方邀请小郑加入某明星团体的粉丝福利群，说是可以送“周边”。小郑进群没过多久，一位自称某地公安局的“警官”突然冒了出来，说有人泄露艺人隐私，涉嫌犯罪，群里所有人都得配合调查，否则不但会被拘留、留案底，甚至父母也会受到牵连。为了清洗自己的嫌疑，小郑对其言听计从。她开始按照对方的要求进行操作，“警官”先要求小郑将爸爸妈妈支出去，然后要求小郑提供妈妈的银行卡号，说是要对银行账号进行核查。经过一番沟通，“警官”知道小郑妈妈的银行账号比较多，表示需要逐一进行核查。按照对方的要求进行操作后，小郑开始收到一笔笔消费短信，“警官”表示需要先将小郑妈妈银行账户的余额转走，并称这笔钱之后将原路退回。对方还要求小郑将消费短信一一删除。其间，“警官”为了消除小郑的疑虑，还向她提供一份“报警回执”，同时还发了一张抓人的照片。深夜，小郑妈妈无意中看到手机上，有一条女儿未来得及删除的消费短信，这才知道女儿遭遇了诈骗。而在这不到一个小时的时间里，小郑妈妈的多个银行账号加起来有 16 笔消费，合计 6 万多元。

某日中午，林女士接到一个自称市网络中心的电话。对方称林女士于今年 3 月某日在海南三亚办了一个电话卡，一天内发布了 12000 条募捐的虚假广告，涉嫌违法犯罪，随后对方将电话转到“三亚公安局”。电话内，一名“民警”称林女士身份被冒用了，还查到其名下银行卡内有 500 多万元的诈骗款，案情重大，要求保密绝不能告知子女，并要求买一部安卓手机下载“飞鸽”远程控制软件配合调查。林女士按照“民警”要求去做，将个人所有钱集合在一张卡上。诈骗分子通过远程控制软件暗中将受害人的钱款全部转走。派出所社区民警接到预警指令上门劝阻，林女士才发现已被骗 300 万元。

小王是一名在海外留学的大学生。某日，她接到一个自称是中国大使馆工作人员的电话，告知其涉及一起信用卡诈骗案件，需要配合上海警方调查。小王当时确实弄丢了信用卡，担心有人用他的信用卡从事违法活动。之后，一个自称是上海市公安局“刘警官”的人联系小王，准确地报出小王的身份信息，表示小王如果不配合工作，将影响国内父母的正常生活，小王信以为真。此后，小王按要求切断了与外界的正常联络，通过境外社交软件与“刘警官”联系，并配合拍摄了自己照片并发送给对方用于所谓的“警方比对”。不久后，小王的父母便收到了小王被绑架的电话，称已绑架其女儿，并向其发送女儿被绑架的照片。小王父母看到照片着急心切，又确实联系不上女儿，就按照“绑匪”的要求转账了十余万元。直到小王联系父母之后，才知道被骗了。

2 防骗提醒

凡是自称公检法工作人员，以涉嫌相关违法犯罪为由，要求配合调查，将资金打入“安全账户”或索要银行账户信息、验证码的，都是诈骗！

（1）公检法工作有规范。

公检法机关工作有严格的程序规范，不会通过电话、视频办案，也没有与银行、电信、邮政、社保等部门的电话转接机制。

（2）财产信息不透露。

无论任何情况下，都不要向他人透露银行账号、密码、验证码等财产信息。

（3）官方渠道核信息。

遇到自称公检法工作人员的情况，可要求对方提供单位、职务、姓名等详细信息，并自行通过官方电话等渠道进行核实，不要轻易相信对方提供的“文书”“网站”信息。

(七)冒充其他政府机关人员诈骗

1 骗术解析

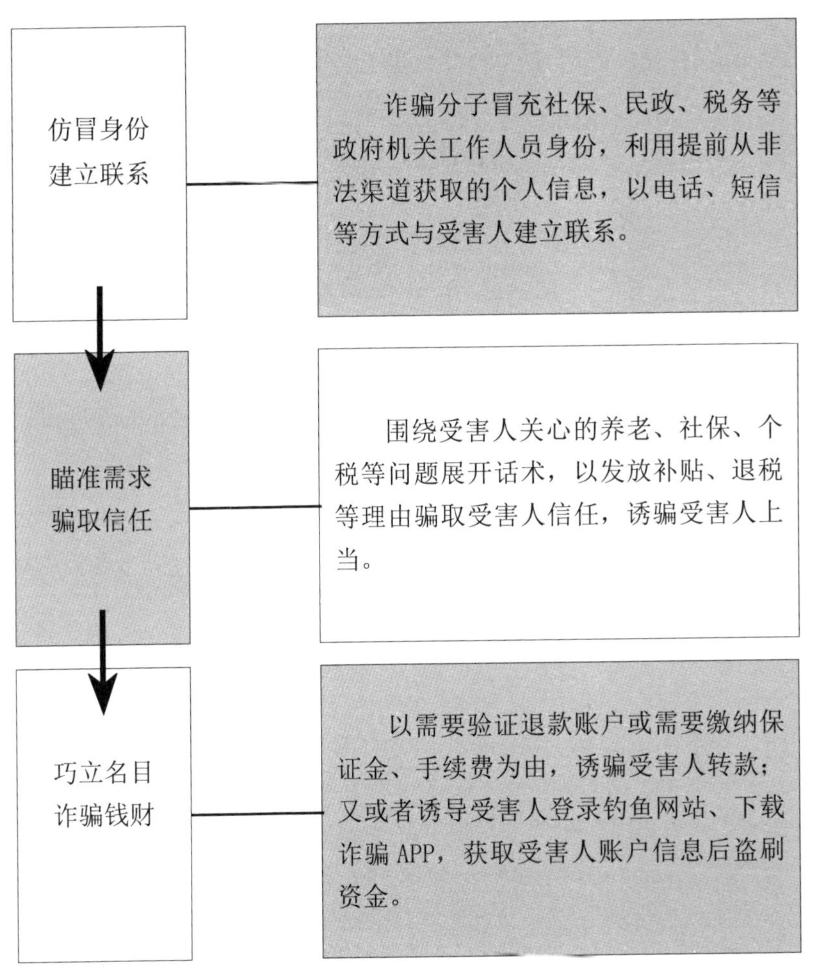

小陈接到一通陌生电话，对方自称是“某市政府工作人员”。电话中，对方告诉小陈，根据最新的政策调整，小陈符合领取一笔民政补贴的条件，这笔补贴将用于改善低收入家庭的生活。因为近期家里的经济状况确实有些紧张，小陈连忙询问如何领取这笔补贴。对方表示需要先核实一些个人信息，包括身份证号、家庭住址、银行账户等。小陈没有多想，便一一如实告知。接着，该名“政府工作人员”告诉小陈，为了确保补贴能够顺利发放到她的账户中，需要进行一次“资金验证”，目的是防止补贴被冒领或误发，确保资金安全。只需要小陈将一笔小额资金转入一个指定的银行账户中，等验证成功后资金会立即退还，补贴也会一并发放到她的账户中。为了尽快领到补贴，小陈便按照对方的指示，通过手机银行将几百元转入了指定的账户。转账后不久，对方再次联系她，称由于系统问题，验证没有通过，需要她再次转账进行验证。此时，小陈开始有些怀疑，但对方一再强调这是正常的流程，并催促她尽快完成验证。小陈犹豫再三，但最终还是选择了再次转账。然而，这次转账后，对方便迅速失去了联系，自己的钱款也没有退回，小陈这才察觉到被骗了。

老李是一名退休教师，某天接到了一通自称来自“某市政府养老部门”的电话。电话中，工作人员声音和煦，声称老李符合政策条件，可以领取一笔可观的养老补助。老李听后心中一喜，觉得这对他的退休生活无疑是个好消息。对方接着要求老李提供个人信息以核实身份，老李心想这是正规流程，便不疑有他，如实告知了身份证号、家庭住址等敏感信息。随后，对方又发来了一个验证链接，称是为了确认老李的银行账户是否有效，以便将补助款直接打入。老李没有多想，按照链接提示输入了自己的银行账号、密码和验证码。不久后，他收到了一条银行转账的短信，自己的账户竟然有一笔 5000 元的支出。他急忙回拨对方的电话，却发现无人接听。此时，老李才恍然大悟，自己遭遇了诈骗。

一天，小吴突然接到一个陌生电话。电话那头的人自称是“国家税务部门”的工作人员，声音严肃而正式。他告知小吴，由于国家最近实施了降低税率的政策，车主将享受到部分税款的退还。让小吴惊讶的是，这位“税务人员”不仅清楚地知道他今年 2 月购买的轿车品牌和车牌号码，还给出了具体的 4000 元退税金额。随后，他提供了一个名为“黄主任”的联系电话，说是负责退税事宜的负责人。小吴半信半疑地拨通了“黄主任”的电话。对方详细地解释了退税流程，称只需在银行的 ATM 机上按照语音电话的提示操作，几分钟就能完成。小吴按照指示操作，但当他完成所有步骤后，却发现自己的银行卡里原有的 85950 元现金不翼而飞，这才意识到被骗了。

某日，陈先生收到一封自称“个税信息管理部”的邮件，称其符合个人所得税退补税额的申领资格，将返还 2023 年缴纳个人所得税总额的 70%。由于之前有过退税经历，陈先生便没有多想，按照邮件上的步骤，输入了个人信息、银行卡账号、密码等信息。填写完成后，页面弹出了客服对话框，对方称陈先生需要将收到的验证码发给他，才可以进行下一步的退税操作。陈先生按要求发送验证码后，对方却以发送超时为由，多次要求重新发送。当第 4 次被要求发验证码时，陈先生心生怀疑，未继续发送。此时，陈先生也收到了银行发来的转账短信，他的银行卡在短短的一两分钟内，分 3 次被转账 3000 多元。意识到自己被骗，陈先生立即报了警。

2 防骗提醒

凡是以各种名义发送不明链接、不明邮件，让你输入银行卡号、手机验证码和各种密码的，都是诈骗！

（1）官方渠道核实。

收到任何关于政府补贴、退税或补助的通知时，应首先通过官方渠道核实信息。如直接拨打政府服务热线或登录官方网站查询，切勿使用不明来源信息中提供的联系方式。如果收到电子邮件或短信中有链接或附件，声称可以查看补贴详情或申请表格，不要直接点击，应通过官方渠道下载或获取相关文件。

（2）警惕提前缴费。

任何要求先缴纳手续费、税费、保证金等前提条件才能领取补贴的行为都是诈骗。政府补贴补助不会要求事先支付任何费用。

（3）家人朋友商议。

遇到不确定的情况，可与家人或朋友商讨，或者咨询专业人士的意见，多一个人考虑，少一分受骗风险。

（八）冒充特定身份人员诈骗

1 骗术解析

信息收集	诈骗分子通过社交媒体、数据泄露、网络爬虫等手段收集目标的个人信息，包括姓名、职业、家庭成员、工作单位等。根据收集的信息，选择容易相信他人、对特定身份敏感或近期有相关事务处理需求的个人作为目标。
建立联系	使用改号软件、伪造社交账号（如微信、QQ）或冒用真实身份信息，伪装成领导、亲戚或绑匪等特定人物。通过电话、短信或社交软件主动联系受害人，以关心工作、家庭或紧急情况为由，建立初步联系。
情感操控	根据不同冒充角色，编造紧急情况，如领导急需资金周转、亲戚遇到意外需要帮助、孩子被绑架需要赎金等，营造必须立即行动的氛围。利用恐惧、同情或忠诚等情感，加深受害人对虚构情景的信服，如领导的信任考验、家人的安危等。
索要钱财	要求受害人将资金转入指定账户，通常强调保密性，避免受害人与他人商量或核实。

关某在上网刷抖音时，有人突然关注了他，此人的抖音头像是一张工作照，且与本地某领导的形象别无二致。相互问候后，关某便在微信上通过了对方的好友验证。对方与关某聊了一些关某所在行业的话题以及当地的政策，让关某信以为真。接着，“领导”说由于身份不便，需要借用关某的银行卡流转一笔钱，并称日后“定会关照”。关某受宠若惊，随即将自己的银行卡号提供给对方。很快，“领导”便发来一张 20 万元的转账截图，说钱已经转过去了，让关某查收。然而，关某等了很久钱仍然没有到账，“领导”称可能是因为跨行转账有延迟，现在自己着急用钱，不断催促关某先转 5 万元过来。关某认为“领导”的人情重要，便直接转了过去。冷静过后，关某突然意识到未收到转账短信，查询自己银行账户发现仍没有入账，终于意识到自己被骗了。

张先生是一位经常需要跑高速的货车司机，他的车上装有 ETC 设备，方便快捷的收费方式让他省去了不少排队等候的时间。某天，张先生收到了一条短信，称他的 ETC 设备已经失效，需要点击链接进行激活或更新。由于张先生平时对 ETC 设备的使用并不十分了解，误以为这是来自官方的通知，便按照短信中的提示点击了链接。点击链接后，页面跳转到了一个看似官方的网站，要求他填写个人信息、银行卡号以及 ETC 设备的序列号等信息。张先生没有多想，便按照要求填写了所有信息。不久后，他收到了银行发来的短信提示，称他的账户发生了一笔转账。这时，张先生才意识到自己可能遭遇了诈骗，立即报警并联系了银行。

某公司会计冯某在上班时收到一封带有“电子发票下载链接”的陌生邮件，点击链接后，冯某莫名其妙地被拉入了一个 QQ 群。群聊名称是公司全称，群内已有总经理、监事、董事 3 人，他们正在谈论公司业务。冯某看到总经理告诉董事林某，由于自己正在外谈事情，一时间不方便接听电话，如果有事情及时在群内告知，对话期间还随口让冯某查询一下公司账户余额。冯某一看群里都是公司核心层领导，头像也一模一样，便没有多去怀疑这个工作群的真假，以为自己是在接受公司老板的“工作指令”，于是就把公司账户余额的截图发到群里。随后，“总经理”又在群里安排冯某先给某公司转账 85 万元，“相关手续后补”。冯某按照指令转账后，很快便接到了公司总经理的电话，询问向外转账 85 万元的原因，这才发现被骗。

近日，顾先生计划乘坐飞机出行，并提前购买好了机票。就在要出发的前两天，顾先生接到一通自称是航空公司客服的电话，称其购买的航班飞机故障，需通过航空公司的企业账户免费办理 300 元的改签延时保险，才能够办理机票改签。看对方准确报出了自己的身份信息和航班信息，顾先生就没有多想。在对方指挥下，顾先生进入了某网址填写资料，并通过指定网址下载了一款 APP 加入了其中的某个“房间”。“房间”中有专人与其对接，通过语音通话指导其操作。在对方指导下，顾先生保存了一张二维码截图，打开手机银行 APP 扫描后输入密码进行验证。由于对方称操作有误，变更业务一直未成功，便又让顾先生换卡尝试。在反复尝试了多张银行卡后，操作仍未成功。顾先生表示欲退款重买机票，遭到拒绝后便挂断了通话，未再理此事。随后，顾先生发现自己的几张银行卡、信用卡均被扣钱，共计 6 万多元。意识到被骗，顾先生赶紧报了警。

2 防骗提醒

凡是“领导”加微信、QQ等社交账号，以不方便直接办理为由要你帮忙给他的领导、亲戚转账的，或者“老板”将财务人员拉到小群聊中要求转账的，都是诈骗！

凡是以各种名义发送不明链接、不明邮件，让你输入银行卡号、手机验证码和各种密码的，都是诈骗！

（1）冷静验证身份。

无论对方自称何种身份，只要不是通过日常联系方式联系并提出转账要求的，都应通过其他已知且安全的联系方式（如之前保存的电话号码、微信号码、面对面确认等）核实对方身份。

（2）询问私密信息。

也可向对方提出只有真正熟悉的人才会知道的问题，如共同经历的细节、家庭内部昵称等，以验证其真实身份。

（3）避免即时反应。

对于要求立即作出决定或支付款项的紧急请求，应始终保持警惕，不要被对方制造的紧迫感所左右。真正的紧急情况通常会有正式的通知渠道和时间缓冲。

（4）官方渠道核实。

如果是关于工作事宜，应通过公司官方通讯录或已知的办公电话回拨核实。若是涉及家人安全，首先尝试直接联系家人或紧急联系人确认情况。

（九）涉诈关联违法犯罪行为

电信网络诈骗违法犯罪之所以多发高发，除了诈骗分子不断变换诈骗手法外，也与其能够轻易通过购买、租用、借用等方式获得他人名下的电话卡、银行卡等违法犯罪工具密切相关。一些人因社会阅历不足、法律意识淡薄，在不法分子拉拢、利诱下，成为电信网络诈骗的“工具人”。

这些“工具人”或为不法分子收购电话卡、银行卡，用于骗取被害人资金、转移赃款；或为其搭建技术平台，进行精准引流。诈骗分子利用这些人的“帮助”“支持”，不仅能够轻易锁定目标实施诈骗，也给公安机关的侦查打击制造了障碍。

近年来，诈骗分子不断变化转款洗钱手法，除了租用、购买银行账号、支付账号外，通过线上、线下的商品交易也成为了常见手法。除了常见的现金鲜花礼盒、现金定制蛋糕外，通过购买高档烟酒、黄金、手机等价格高且容易变现的商品，优惠充话费、线上引流刷单、贷款刷交易流水等方式也都被电诈分子利用，成为了转移洗白赃款的渠道。

在日常生活中，一定要警惕这些行为，不贪小便宜，拒做电诈“工具人”。

李某是一个平凡的上班族，过着朝九晚五的生活。某天，李某在朋友聚会上认识了一个看似热情的陌生人。这位陌生人神秘兮兮地告诉李某，他有一个快速赚钱的好方法——出售自己的银行卡。他声称，只需要将银行卡交给他，就能轻松获得数百元的“好处费”。李某平时生活节俭，每个月的工资除去生活开销后所剩无几。这突如其来的“好处费”对他来说无疑是一笔不小的诱惑。李某心动了，他想着银行卡里也没什么钱，卖掉也不会有什么损失。于是，在贪念驱使下，他将自己的银行卡非法出售给了这个“陌生人”。然而，不久后，李某的银行卡被卷入了网络诈骗的旋涡。诈骗团伙利用他的银行卡进行非法资金转移，导致多个受害人的资金流失。警方调查后发现李某的银行卡涉及的诈骗金额高达数十万元。面对警方的讯问，李某后悔不已。他没想到自己贪图的一点小利，竟然会引发如此严重的后果。他向受害人表示了歉意，并承诺会尽力赔偿损失。

警示：

按照我国有关法律规定，银行卡、支付账户等严禁出售、出租、出借。出售、出租、出借银行卡、支付账户，不仅会给诈骗分子提供帮助，还会使自己面临惩戒、行政处罚、民事责任，甚至刑事责任。

张某某和李某某是多年的好友，两人一直梦想着快速致富。一次偶然的机会，他们听说有人通过非法收购和出售电话卡赚取了不少钱，这让两人心动不已。一番商议之后，张某某和李某某开始经营起他们的“生意”。李某某凭借自己的口才，以“年底帮助运营公司完成开卡任务”和“运营公司年底做活动送福利”的幌子，诱骗了一批又一批的群众前来办理电话卡。他向群众承诺各种福利，却背地里以每张 30 元的价格收购了这些电话卡。而张某某则负责通过微信平台，将这些电话卡以每张 70 元至 100 元的价格出售给不明身份的人员。两人之间的默契配合让他们的“生意”越做越大。没过多久，两人就办理、收购、出售了共计 1845 张电话卡，获利人民币约 15 万元。然而，就在他们沾沾自喜的时候，一张由他们售出的电话卡关联到了一宗电信网络诈骗案件，涉案金额高达人民币 158000 元。公安机关接到报案后迅速展开调查，很快查到这张电话卡是经张某某和李某某售出。在警方的审讯下，两人对自己的犯罪行为供认不讳。他们因涉嫌侵犯公民个人信息罪、帮助信息网络犯罪活动罪等罪名被公安机关刑事拘留。

警示：

按照我国有关法律规定，严禁出售、出租、出借电话卡、网络账号等为电信网络诈骗活动提供帮助。出售、出租、出借电话卡、网络账号，不仅会给诈骗分子提供帮助，还会使自己面临惩戒、行政处罚，承担民事责任，甚至刑事责任。

吴某因为个人征信问题无法通过正常渠道办理贷款。一天，吴某刷到一条短视频，说可以走流水贷款，“免征信、免担保”。急于用钱的吴某头脑一热便私信了这个短视频博主。按博主要求，吴某下载了一个聊天软件，并加入一个贷款群聊，填报了申请5万元贷款的资料。然而，对方很快告知吴某因其银行流水不足，贷款无法发放。正当吴某发愁怎么提升流水时，对方“贴心”地表示他们会帮吴某“包装流水”，即将吴某的银行卡账户包装成商户收款账户，随后会有资金转入，吴某将收到的钱转出至指定账户就可以了。经常上网“冲浪”的吴某对此提出了疑问，认为有“跑分”的嫌疑。见吴某迟疑不决，对方又拉了两个人进群，一人自称是某贷款公司的代理律师，另一人自称是北京某派出所的民警，两个人将监督此次转账过程。此时的吴某已经意识到其行为可能是在帮助转移违法犯罪资金，但因一时贪心，便抱着侥幸心理答应对方继续转账。不久，吴某的银行卡陆续收到了多笔共计 23 万元的资金，吴某按照对方的指示将收到的资金转至不同的指定账户，在转了 10 余笔资金后，银行卡便被冻结了。随后，吴某因涉嫌掩饰、隐瞒犯罪所得罪被公安机关刑事拘留。

警示：

通过“刷流水”来办理贷款，只会沦为电信网络诈骗犯罪分子洗钱的工具。切莫因为一时贪念而把自己的身份证、银行卡、U 盾及对公账号、手机卡等重要的个人信息出借或出售他人，以免成为网络洗钱犯罪的帮凶，让自己滑入违法犯罪的深渊。

杜某网上“冲浪”时，偶然在某社交 APP 看到一种“手机口”兼职广告。这种“手机口”业务的操作只需要两台手机，一台与业务“上线”通话，另一台拨打“上线”提供的电话号码。同时，在手机上输入 1 或者 2，以此告知“上线”所拨打的电话是否接通。待电话接通后，将两台手机外放声音放在一起，为“上线”与目标号码之间构建通话渠道。杜某感觉这种业务操作简单、报酬丰厚，就按照广告提示下载了某通信软件，并通过该软件添加了他的“上线”。之后，在“上线”的指挥之下做起了“手机口”业务。通过这样的方式，“上线”依次与多人进行了通话联系。电话中，“上线”谎称是某平台客服，因快递滞留要退赔钱款，前几个人听后并未上当。终于，当“上线”与王某联系后，王某信以为真，在按照“上线”提示点击不明链接后，被骗 15666 元。王某发现上当后报警，随后杜某被抓。后经审理，法院认为杜某明知他人实施电信网络诈骗犯罪，仍为其提供通信传输通道帮助，骗取他人财物数额较大，其行为已构成诈骗罪，最终判处杜某有期徒刑六个月，并处罚金 5000 元。

警示：

“手机口”事实上是为境外诈骗团伙提供诈骗电话通道。切莫贪图轻松赚快钱，沦为电信网络诈骗的“工具人”。

现金花束

鲜花店的沈老板收到一条微信好友申请，对方声称是在某个平台上找到的花店信息，并提出定制一份内含3万元现金的特别花束，作为礼物送给朋友。对方承诺会立即通过银行转账支付高额费用，并要求沈老板提供收款账号。沈老板见对方态度诚恳，便答应了下来。很快，沈老板就收到了对方转来的3万元和包装、配送费用，沈老板也按照对方的要求制作了现金花束，并送到了指定地点。然而，几天后沈老板发现自己的银行卡突然被冻结了。他急忙前往银行查询，得知自己收到的款项实际上是诈骗受害人被骗的资金，所以银行卡被冻结了。此时，沈老板意识到事态严重，但那位下单定制“现金花束”的人却已无法联系，这让他感到十分无助和懊恼。

警示：

近来，诈骗团伙不断变换洗钱方式，“现金花束”“现金蛋糕”“现金礼盒”等方式屡见不鲜，通过购买高档烟酒、高价礼品、黄金等商品转移赃款的情况也时有发生。商户要谨慎接收网络订单和大额线下订单，规范收款流程，拒绝来历不明的货款，尽量通过公对公转账，不给骗子可乘之机，拒绝做电信网络诈骗分子洗钱的“工具人”。

三 反诈利器

1 国家反诈中心 APP

国家反诈中心 APP 是由公安部推出的一款官方手机防骗保护软件。

国家反诈中心 APP 集诈骗预警提示、报案助手、线索举报、反诈宣传等多种功能于一体，可以有效帮助用户预警诈骗信息、快速举报诈骗内容、高效提取电子证据、了解防骗技巧，切实提升用户的识骗防骗能力。

安卓、苹果手机用户均可在手机应用市场搜索“国家反诈中心”下载安装“国家反诈中心”APP。下载后需进行实名注册，并打开预警功能。

2 96110 预警劝阻专线

96110 是反诈预警劝阻专用号码。

公安机关发现群众正遭遇电信网络诈骗或属于极易被骗的人员，将通过 96110 专线及时预警劝阻。群众如遇疑似电信网络诈骗的情况，可以拨打该专线进行咨询；如遇涉诈线索，可以通过该专线进行举报。

96110 是官方预警劝阻专线，如接到该号码来电，说明机主本人或家人正在遭遇电信网络诈骗，请一定及时接听并耐心听取民警的劝阻提示，避免上当受骗。

3　12381 涉诈预警劝阻短信

12381 是工信部联合公安部推出的涉诈预警劝阻短信系统。

12381 可根据公安机关提供的涉案号码，利用大数据、人工智能等技术发现潜在被骗用户，并第一时间通过 12381 短信端口向用户发送预警短信。

如果收到来自 12381 的短信，说明很可能遭遇了电信网络诈骗，一定要及时查看短信内容，避免上当受骗。

4　全国移动电话卡"一证通查"

"一证通查"是工信部推出的查询本人名下全国移动电话卡数量的官方服务。

群众只要使用自己的身份证号码，即可通过线上线下多种渠道查询本人名下的全国移动电话卡数量，避免诈骗分子冒用自己名义开办电话卡，侵害本人合法权益。

群众可通过基础电信企业、移动转售企业的网上营业厅、线下营业厅进行查询，也可通过添加"国家政务服务平台"微信小程序、"工信微报"微信公众号、"工信部反诈专班"微信公众号进行查询。

目　录

第一章
保险营销训练

第一节　接洽客户与初次见面演练

○ 实训目的

本次实训通过情景模拟和现场演示的方式，要求学生掌握接洽客户与初次见面的礼仪和技巧。学生通过模拟拜访接洽客户，切实与客户进行交流，掌握在接洽客户与初次见面的活动中必须具备的行为举止规范，把握好自己的角色定位，提高沟通能力，力争取得客户的信任，为迈向成功打好基础。通过演练切实将理论知识化为实际技能，强化学生的实践能力。

□ 实训要求

要求学生根据所给的情景内容，模拟保险行销员与客户初次见面与接洽的情景。

每 9 人为一个小组，每个小组设 1 名组长，每 3 人扮演同一角色，共分 3 种角色（保险行销员、准客户、观察员）。

确定所需扮演的角色及其职责，并于开始前明确说明各角色的职责，避免演练时有些人演得过火，有些人演得不到位。

根据情景，学生选择自己认为最合适的服装进行展示，并根据着装佩戴合适的饰物、包袋。

每小组的表演时间为 5 分钟左右。出场顺序由抽签决定，小组内的出场顺序、队形由小组自行排定。

本实训以考察学生对接洽客户与初次见面相关知识和技巧的理解和应用为主。训练后学生要学会初次见面的相关礼仪，掌握接洽的技巧。

本实训采用现场点评的方式，教师对学生表现的优劣要现场评定，以加深学生印象。最后评出“最佳接洽客户保险行销员”若干名。

实训实施

一、接洽前的准备

与客户第一次面对面地沟通，有效地接洽客户，是销售迈向成功的第一步。只有做好充分的准备，初次洽谈才能取得成功。那么，如何成功进行初次见面和洽谈呢?

初次与客户见面，尤其是第一次上门拜访客户，客户对行销员难免存在一点儿戒心，不容易放松心情，因此保险行销员一定要特别重视自己留给客户的第一印象，良好的第一印象可以为你今后的成功打下坚实的基础。

外部形象：行销员的服饰、言谈举止乃至行为动作上都力求自然，保持良好的仪容仪表。

控制情绪：行销员要调整好心态，学会控制自己的情绪，保持良好的心理状态。

诚恳态度：行销员要认真，切实为客户着想，让客户感受到行销员的真诚。

自信心理：行销员要相信自己的能力，对自己充满信心。

接触是促成交易的重要一步，对于保险行销员来说，拜访接触是奠定成功的基石。行销员在拜访客户之前，就要为成功奠定良好的基础。

1. 计划准备

（1）计划目的：由于保险销售很难一次成功，一般都是连续性的销售，所以初次上门拜访的目的就是推销自己而不是保险产品。

（2）计划任务：保险行销员的初次拜访的任务就是在短时间内，如何打开客户的心扉，拉近自己和客户的距离，把自己从陌生人变成熟人，甚至朋友。

（3）计划路线：保险行销员要统一安排好工作，合理利用时间，做好路线规划，选择比较合理的计划路线来进行拜访，提高拜访效率。

（4）计划开场白：最大的难题就是如何进行开场白，好的开始是成功的一半，应该做好充分的准备。

2. 外部准备

（1）仪表准备：行销员的形象对销售成功与否也有密切关系。与客户初次见面洽谈，要选择合适得体的服装，以体现自己的良好形象。通过良好的个人形象赢得顾客的好感，留下良好印象。如果知道客户对着装的喜好，可以根据客户的喜好选择服饰。如果不太了解客户的品位，最好是穿公司统一服装，让客户觉得公司很正规，值得信任。

一般来讲，男士上身穿公司统一上装，戴公司统一领带，下身穿深色西裤，脚穿黑色平底皮鞋，避免留长发、染发等发型问题，不佩戴任何饰品。女士上身穿公司统一上装，下身穿深色西裤或裙子，脚穿黑色皮鞋，避免散发、染发等发型问题，不佩戴任何饰品。

（2）工具与资料准备：一位优秀的保险行销员除了具备良好的仪容仪表外，与销售相关的资料和工具是绝对不可缺少的战斗武器。凡是能促进销售的资料和工具，行销员都要带上。调查表明，行销员在拜访客户时，利用销售工具，可以降低50%的劳动成本，提高10%的成功率，提高100%的销售质量！销售工具包括产品说明书、企业宣传资料、名片、计算器、笔记本、钢笔、价格表、宣传品等。

（3）时间准备：如果已经提前与顾客预约好见面时间，一定要准时到达；如果初次到客户家拜访不要到得太早，更不能迟到，到得过早会给顾客增加负担，迟到，会给顾客传达“不守信用”的信息，会让顾客产生不信任感，最好是提前5～7分钟到达，并且充分做好进门前的准备。

3. 内部准备

（1）信心准备：事实证明，行销员的心理素质是决定成功与否的重要原因，不仅要突出自己最好的一面，让自己人见人爱，还要保持积极乐观的心态。

（2）知识准备：初次拜访最重要的是要制造机会，方法就是提出对方关心的话题。保险行销员要知识丰富，对当前的热点问题、保险知识等都要了解，有所准备，提出客户感兴趣的问题。

（3）拒绝准备：遭到拒绝是非常正常的事情，在接触陌生人的初期，每个人都会产生本能的抗拒，想办法找一个借口来拒绝你，这并不是真正的厌恶你。行销员要有被拒绝的准备。

（4）微笑准备：真诚的微笑能融化冰霜，如果你希望别人怎样对待你，你首先就要怎样对待别人。

二、接洽的步骤

1. 自我介绍，道明来意

初次与人见面，行销员必须掌握自我介绍的艺术。一位外国心理学家曾经提出过自我介绍的“五要”，不妨对照检查一下。

（1）要确定而充满信心。

一般人对于自信的人，都会另眼相看。如果有自信心，对方会产生好感。相反，如果畏怯和紧张，可能会使对方产生异样的反应，使彼此之间沟通产生阻隔。

（2）要预先准备。

在公共交际场合中，如果行销员想认识某一个人，最好预先获得一些有关他的资料，诸如性格、特长及个人兴趣。如果有了这些资料，在自我介绍之后，便容易交谈，使关系融洽。

(3) 要热诚表示自己渴望认识对方。

任何人都会觉得能够被人渴望结识是一种荣幸。如果态度热诚，所得到的反应也会热烈。

(4) 妥善地用眼神表达友善、关怀及渴望沟通的心情。

(5) 要复述对方的姓名。

在获知对方的姓名之后，不妨马上重复一次，因为每个人都乐意听到自己的名字，这使他有自豪感和满足感。

2. 建立良好的氛围

要建立良好的氛围就一定要学会寒暄并赞美对方。

(1) 寒暄。

寒暄是什么意思？寒暄说白了就是问候与应酬。寒暄语是自我推销和人际交往时与对方开始沟通和交流的最常用的口才方法。

1) 寒暄的好处有哪些？

寒暄可以缓解彼此的紧张情绪；建立良好的第一印象；消除客户的戒备心理；创造销售的面谈机会。

2) 如何进行寒暄？

首先明确寒暄的话题，寒暄的内容可以是多方面的。我们尽量把话题引到客户感兴趣的话题上去。最常用的是问客户的家乡是哪里，有什么风土人情；客户是否经常旅游以及旅游过程中的见闻；客户的爱好；等等。当然这也需要行销员有很宽广的兴趣爱好以及很广的知识面，如果这些方面不足，就应该经常去充电。

其次掌握寒暄的要领，要注意询问，问客户感兴趣的话题，关心他的近况；注意聆听，专心倾听，做忠实的听众；少说话，尽可能地让对方多说话；注意观察，仔细观察客户的表情神态。

(2) 赞美。

1) 赞美的好处有哪些？

赞美是开启客户心扉的钥匙。赞美是一种最低成本、最高回报的人际交往法宝。赞美贯穿在整个销售流程中，要时时处处寻找客户的赞美点。赞美可以让第一次接触的紧张心情放松下来；可以解除客户的戒备心；建立信任关系，拉近彼此的距离。

2) 如何进行赞美？

首先寻找赞美点。学会寻找赞美点非常重要，只有找到对方贴切的闪光点，才能使赞美显得真诚，而不虚伪。赞美点通常有如下一些：a. 外在的、具体的。如穿着打扮（领带、手表、眼镜、鞋子等）、头发、身材、皮肤、眼睛、眉毛等等。b. 内在的、抽象的。如品格、作风、气质、学历、经验、气量、心胸、兴趣爱好、特长、做的事情、处理问题的能力等等。

其次要掌握赞美的要领。

a. 赞美必须要真诚，这是赞美的先决条件。只有名副其实、发自内心的赞美，才能显示出它的功效、它的魅力。第一，赞美的内容应该是对方切实拥有的、真实的，而不是无中生有，更不能将别人的缺陷、不足作为赞美的对象。比如，对一个满脸痘痘的人，夸他："你的皮肤真好，好光滑啊!"或对一个眼睛小的人说："你的眼睛可真大啊!"这样的赞美只会适得其反，不但不会让对方开心，反而会让对方感到气愤，甚而造成彼此间的隔阂与误解。第二，赞美要真正发自肺腑，情真意切。虚假敷衍的赞美是有害无益的，让人觉得不真诚，会招来别人的厌恶，使人反感。

b. 赞美要适时。赞美要认真把握时机，恰到好处的赞美是十分重要的。一是当你发现对方有值得赞美的地方，就要抓住时机，及时大胆地赞美对方。二是当别人取得成功的时候，及时地进行赞美，如评上先进、职位晋升、受到奖励，孩子考上好大学等。这时，被赞美的人一定心花怒放，其欣喜之情可想而知。

c. 赞美要适度。赞美要把握好尺度，赞美尺度掌握得如何往往直接影响赞美的效果。恰如其分的赞美才是正确的赞美。使用过多的华丽辞藻，过度的恭维、空洞的吹捧，只会使对方感到不舒服、不自在，甚至难受、肉麻、厌恶，其结果只能适得其反。

老师可以组织学生做个游戏：让一部分学生逐一作为被赞美者，让另一部分学生向被赞美者依次说一句发自内心的赞美，赞美内容不可重复。

游戏结束后请参与游戏的学生回答：作为被赞美者，在接受赞美时的内心感受如何？作为赞美者，在赞美别人时的内心感受如何？

3. 唤起准客户的兴趣

可谈一些客户感兴趣的话题及与客户有关的话题，如个人、家庭、工作、兴趣爱好等。多用描述性的语言，如描述他目前的身体状况、生活的环境、工作情况、家庭状况等，让客户感觉你很了解他，比较为他着想；不断让对方说"是"或点头，创造对你表示肯定的交谈环境和氛围；较多地提问客户，尽量让对方多讲，尽量少谈保险。

4. 建立客户信任

要建立客户的信任，迅速打开准客户的"心防"。当准客户第一次接触行销员时，他是"主观的"，也是带有"防备"心理的。"主观的"含义很多，包括对个人穿着、打扮、头发的长短甚至长相等主观上的感受，而产生喜欢或不喜欢的直觉。由于主观的切入点，使准客户对于不符合自己价值观或审美观的人有一种自然的抗拒心理。"防备"心理是指由于人们对不太熟悉的人都会产生一种本能的提防感，所以无形中就在准客户和行销员之间筑起了一道防卫的墙。

因此，只有在你能迅速地打开准客户的“心防”后，客户才能敞开心胸，用心听你说话。打开客户“心防”的基本途径是：(1) 让客户产生信任；(2) 引起客户的注意；(3) 引起客户的兴趣。

初访时不必谈保险，等对方对你信任加深以后，话题逐步加深。正如资深保险人所说：“做保险就是交朋友。平时注意资料收集，推销生活化，即使早上去买肉的时候，也不忘收集其个人资料。”

5. 约定下次见面

当取得客户的信任后，表达此行的目的，并约定下次见面的时间。如果准客户答应下次再见时，行销员一定要用“二择一”法确定下次见面的时间。如“您看，我们是本周末下午两点还是下周一上午十点钟见面好呢?”当准客户确定下次见面时间后，行销员一定要立刻记在准备好的本子上。

6. 告别

当拜访结束时，要有礼貌地告别，并向对方表示感谢，给准客户留下一个好印象。

7. 资料的整理

回去以后要将接洽过程中获取的信息资料进行分类整理，为下次拜访做好准备。如客户个人及其家属的基本资料；资产负债以及收入状况；子女的教育需求；投资理财习惯；保险观念；医疗、养老保险及其他福利情况；对家人的爱心和责任感强弱度；个人兴趣、休闲习惯等等。

三、接洽的注意事项

1. 接洽的时间不宜过长

时间：只需 3～5 分钟，不宜过长，给对方初步建立印象。

话题：最好不要谈保险，多聊些对方的情况。

2. 将准备说的话说完，但不要给太多的资料

先简单介绍一下保险险种、承保事项，不宜多说，以便给第二次接洽留下机会。

3. 接洽过程中要注意倾听

倾听就是凭借听觉器官接收言语信息，进而通过思维活动达到认知、理解的全过程。倾听的过程中要体察对方的感觉，要注意信息反馈，及时查证自己是否了解对方。行销员不妨这样说：“不知我是否了解了你的话，你的意思是……”。一旦确定了对他的了解，就要进入积极实际的帮助和建议。要抓住主要意思，不要被个别枝节所吸引。善于倾听的人总是注意分析哪些内容是主要的，哪些是次要的，以便抓住事实背后的主要意思，避免造成误解。

4. 行为举止需得体

与客户接洽时既要做到不自以为是，又要做到不卑不亢。

5. 沟通态度显真诚

真诚相处，用心交流。为人真诚是拥有好人缘的基础，也是赢得信任的保证。只有交心，才能让人感到你的真诚；只有交心，才能换得对方的真诚。在与客户交流的过程中一定要诚恳，切实从客户角度出发。

相关知识点

一、着装礼仪

1. 男职员

男职员在仪表方面应注意的事项如图 1—1 所示。

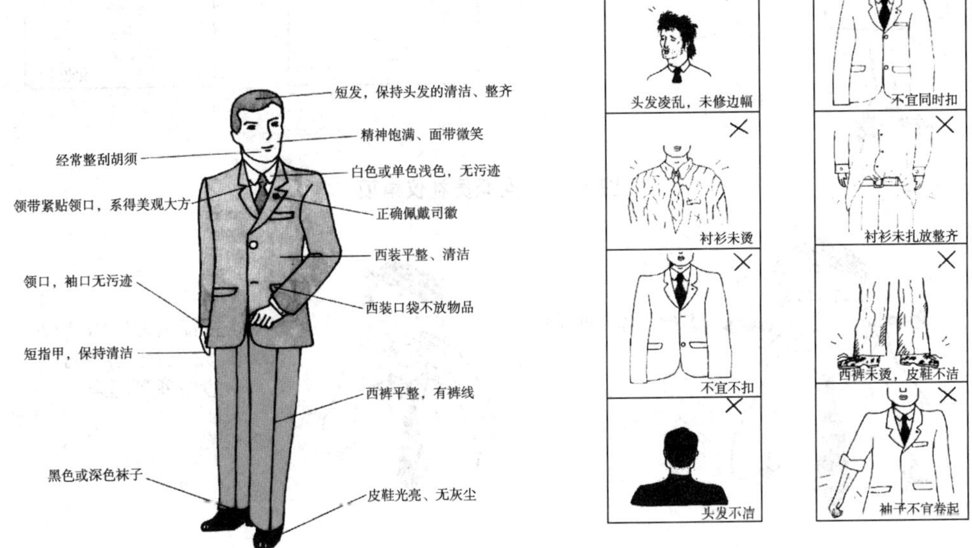

图 1—1　男职员礼仪事项

2. 女职员

女职员在仪表方面应注意的事项如图 1—2 所示。

二、微笑

人与人相识，第一印象往往是在前几秒钟形成的，而要改变它，却需付出很长时间的努力。良好的第一印象来源于人的仪表谈吐，但更重要的是取决于他的表情。微笑则是表情中最能赋予人好感，增加友善和沟通，愉悦心情的表现方式。一个微笑的人，必能体现出他的热情、修养和他的魅力，从而得到别人的信任和尊重。几种训练微笑的方式如图 1—3～图 1—5 所示。

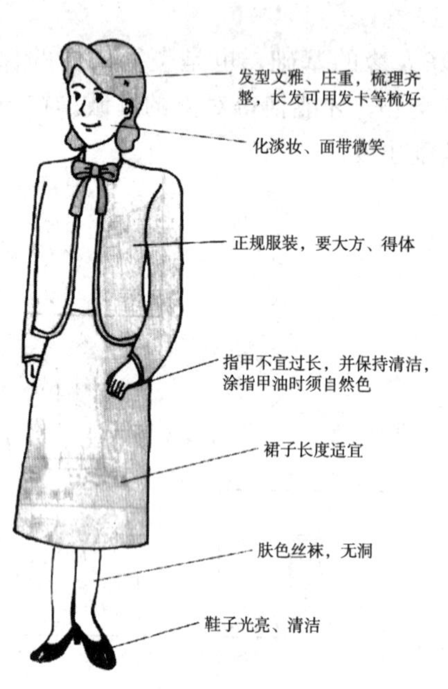

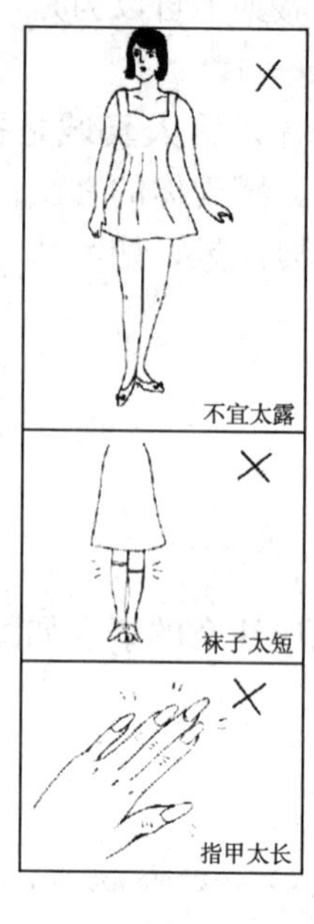

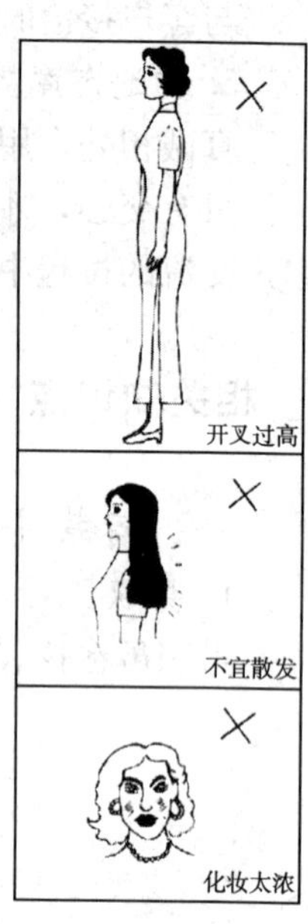

图 1—2　女职员礼仪事项

①把手举到脸前。

②双手按箭头方向做“拉”的动作，一边想象笑的形象，一边使嘴笑起来。

图 1—3　微笑训练 1

①把手指放在嘴角并向脸的上方轻轻上提。

②一边上提，一边使嘴充满笑意。

图 1—4　微笑训练 2

图 1—5 微笑训练 3

人在说“七”、“茄子”、“威士忌”时，嘴角会露出笑意。如果我们用微笑对待他人，得到的也必将是一张张热情、温馨的笑脸。①

三、见面打招呼有礼有节

《90 秒建立职场人脉》将见面归纳为五步 Open—Eye—Beam—Hi! —Lean，即敞开—眼睛—目光—寒暄—前倾，在我们实际生活交往对应地有如下几步：

（1）敞开你的心胸真诚待人，只要是发自内心的真诚，别人一定能感觉到。

（2）眼睛一定要注视对方。

（3）目光要热情、真诚，他人会从你的目光里感到你的诚意。

（4）语调一定要热情、愉快，让人感到你能认识他很高兴，言由心生。

（5）握手同时身体微微前倾，握手应稍微用力，表示你的主动和诚恳。

四、初次见面自我介绍的礼仪详解

在人际交往中如能正确地利用介绍，不仅可以扩大自己的交际范围，广交朋友，而且有助于自我展示、自我宣传，在交往中消除误会，减少麻烦。自我介绍，即将本人介绍给他人。从礼仪上讲，做自我介绍时应注意下述问题：

1. 自我介绍的时机

在下面场合有必要进行适当的自我介绍：应试求学时；在交往中与不相识者相处时；有不相识者表现出对自己感兴趣时；有不相识者要求自己做自我介绍时；有求于人，而对方对自己不甚了解，或一无所知时；旅行途中，与他人不期而遇，并且有必要与之建立临时接触时；自我推荐、自我宣传时；如欲结识某些人或某个人，而又无人引见，即可向对方自报家门，自己将自己介绍给对方。

2. 自我介绍的注意事项

（1）注意时机。要抓住时机，在适当的场合进行自我介绍，例如在对方有空闲而且情绪较好又有兴趣时，这样就不会打扰对方。

（2）讲究态度。态度一定要自然、友善、亲切、随和。应镇定自信、落落大

---

① 参见平安保险礼仪培训教材。

方、彬彬有礼。既不能唯唯诺诺，又不能虚张声势，轻浮夸张。表达自己渴望认识对方的真诚情感。任何人都以被他人重视为荣幸，如果你态度热忱，对方也会热忱。语气要自然，语速要正常，语音要清晰。在自我介绍时镇定自若，潇洒大方，可给人以好感；相反，如果你流露出畏怯和紧张，结结巴巴，目光不定，面红耳赤，手忙脚乱，则会为他人所轻视，彼此间的沟通便有了阻隔。

（3）注意时间。自我介绍时还要简洁，言简意赅，尽可能地节省时间，以半分钟左右为佳。不宜超过1分钟，而且越短越好。话说得多了，不仅显得啰唆，而且交往对象也未必记得住。为了节省时间，做自我介绍时，还可利用名片、介绍信加以辅助。

（4）注意内容。自我介绍的内容包括3项基本要素：本人的姓名、供职的单位以及具体部门、担任的职务和所从事的具体工作。这3项要素，在做自我介绍时，应一气连续报出，这样既有助于给人以完整的印象，又可以节省时间，不说废话。要真实诚恳、实事求是，不可自吹自擂、夸大其词。

（5）注意方法。进行自我介绍，应先向对方点头致意，得到回应后再向对方介绍自己。如果有介绍人在场，自我介绍则被视为不礼貌。应善于用眼神表达自己的友善，表达关心以及沟通的渴望。如果你想认识某人，最好预先获得一些有关他的资料或情况，诸如性格、特长及兴趣爱好。这样在自我介绍后，便很容易融洽交谈。在获得对方的姓名之后，不妨口头加重语气重复一次，因为每个人最乐意听到自己的名字。

3. 自我介绍的具体形式①

（1）应酬式：适用于某些公共场合和一般性的社交场合，这种自我介绍最为简洁，往往只包括姓名一项即可。“你好，我叫××。”或者“你好，我是××。”

（2）工作式：适用于工作场合，它包括本人姓名、供职单位及其部门、职务或从事的具体工作等。如“你好，我叫××，是××公司的销售经理。”或者“我叫××，在××学校读书。”

（3）交流式：适用于社交活动中，希望与交往对象进一步交流与沟通。它大体应包括介绍者的姓名、工作、籍贯、学历、兴趣及与交往对象的某些熟人的关系。如“你好，我叫××，在××工作。我是××的同学，都是××人。”

（4）礼仪式：适用于讲座、报告、演出、庆典、仪式等一些正规而隆重的场合。包括姓名、单位、职务等，同时还应加入一些适当的谦辞、敬辞。如“各位来宾，大家好！我叫××，是××学校的学生。我代表学校全体学生欢迎大家光临我校，希望大家……”

（5）问答式：适用于应试、应聘和公务交往。问答式的自我介绍，应该是有问必答，问什么就答什么。

---

① http：//ckzy. imnu. edu. cn。

实战演练

情景：李明是某保险公司的行销员，本周末和客户约好在客户家里见面。该客户是苏州某高校的教师，男，33岁。

根据提供的情景，按照步骤演示初次见面和接洽的过程。

第二节　电话约访演练

实训目的

电话约访是拜访客户、争取面谈的重要前提之一。无论是开拓客户，还是对客户进行销售，行销员都必须和客户进行面对面的拜访和接触。在每次对客户进行拜访前，一定要和客户打电话进行预约，取得面谈的机会。否则贸然登门拜访将是极不礼貌的行为，会引起客户的反感，对自己的销售产生难以预料的后果。本次实训通过情景模拟和现场演示方式，要求学生了解电话约访的原则，让学生掌握电话约访的技巧，运用标准的电话约访的话术，掌握4种以上电话约访的拒绝处理话术，完成电话约访。通过本次实训学生要能够知道如何进行电话约访，并能进行有效的电话约访。

实训要求

要求学生掌握电话约访的目的、4种以上电话约访的拒绝处理话术、打电话的礼仪。

要求学生根据情景内容，模拟保险行销员与客户电话约访情景（情景见实战演练）。

要求学生从真实角色的角度出发，情景要逼真，既要讲究语言又要符合礼仪，还要注意接、打电话的程序。

根据情景内容学生确定所需扮演的角色及其职责，并于开始前明确说明各角色的职责，避免演练时有些人演得过火，有些人演得不到位。

每9人为一个小组，每个小组设组长1名，每3人扮演同一角色，共分3种角色（客户、行销员和观察员）。每小组表演时间为5分钟左右。出场顺序由抽签决定，小组内的出场顺序由小组自行排定。

本实训以考察学生对电话约访的应用为主。训练后要让学生掌握电话约访的技巧，运用标准的电话约访的话术，进行有效的电话约访。

本实训应采用现场点评的方式，教师对学生的设计优劣要现场评定，以加深学生印象。最后评出“最佳电话约访保险行销员”若干名。

实训实施

一、电话约访的时机

电话约访的时机有：接收保单后初次约访；续期收费（现金或转账）；生存金领取；红利通知书；保单年度体检；新产品推介；资讯汇报（公司或其他）。

二、电话约访前的准备

1. 客户方面的准备

查阅相关资料，弄清客户的信息，如家庭情况及工作背景，客户性格及爱好，客户生活习惯等。

2. 自身方面的准备

熟悉电话约访的话术；准备好笔和笔记本，随时准备记录；选择好电话约访的时间；选择安静的环境，避免周围环境太嘈杂；放松心情，保持良好的心态，要微笑服务；对可能出现的情况作出假设并想好对策；写好提纲，列出通话时要告诉客户的内容；有条件的话可以进行电话录音。

三、电话约访流程

作为一个专业的保险行销员，进行电话约访也应该要有一个相对固定的流程，以确保达到自己电话约访的目的。

1. 问好并介绍自己

要有礼貌地问候对方，并介绍自己。

——行销员：“请问一下，王小姐在吗?”客户：“我就是，有什么事吗?”行销员：“您好，我是××保险公司的寿险顾问，我叫李晓明。”

2. 询问客户是否方便接听电话

有时候客户可能有事不方便接电话。如果客户不方便接电话，可以下次再打；如果方便接听则继续进行。

——客户：“有什么事吗?”行销员：“请问您现在说话方便吗？如果不方便，我等一下再打过来吧。”客户：“什么事？请讲吧!”

3. 道明来意

说明打电话的目的，要提到会给准保户带来的利益，以激发准保户的兴趣。

——“王小姐，我有一个很好的计划要与您分享，这个计划帮助了很多人，我想对您也一定有很大的好处，因此我想和您当面探讨。”

4.“二择一”法约定会面时间

与客户约定见面的时间时，行销员应该使用“二择一”法，也就是给对方两个选择，让他任选其一。事实上，不管他选哪一个，你邀约的目的都已达成。切记，不要问“你什么时候方便”，因为你得到的答案可能跟你想要的相距甚远。一般给出两个时间让客户选择。

——“不知您明天上午 10:00 方便还是下午 2:00 方便?”

5. 异议处理

通过电话与客户沟通时，由于时间短，客户很容易讲“不”，而且挂掉电话的情况时有发生。行销员应该熟练掌握电话拒绝应对话术，以免措手不及。

——客户：“我对保险不感兴趣。”行销员：“您的观点我了解，在您还没有了解产品以前，我不敢要求您有兴趣，我们只是要你参考一下，没有要求你马上买的意思，再说您听一听也多一个常识，我多讲一次，也多一些本事。希望能有幸和您见面。”客户：“那就明天上午 10:00 到我家里来吧。”

6. 重申会面时间并结束对话

结束前，要将所谈之事总结一下，确认双方沟通无误；并且感谢客户给你这次机会，如有必要则约定下次服务时间。

——“好的，那就明天上午 10:00，在您家里，我们准时见面。”（注意：最后要让对方先挂电话。）

四、电话约访的注意事项

1. 目的明确

电话约访可以实现下面的目的：(1) 邀约见面，确认见面的时间和地点；(2) 争取一次上门服务的机会；(3) 给客户留下一个专业而亲切的初步印象；(4) 迅速掌握资讯，节省时间。电话约访的目的就是要争取面谈，得到见面的机会，要强调面见的重要性和必要性，不要在电话里谈保险。

2. 语言方面

(1) 语言要简洁，层次要分明，表达要清晰。要尽量简明扼要，突出主题；不要拐弯抹角，词不达意。

(2) 提高提问和听话的能力。通过提问去引导你们的电话访谈，在听取准客户回答时正确领会客户的意图，包括话外音。

(3) 语气要热忱而有自信，用词要准确恰当。

(4) 声音适中，声音柔和，节奏放缓。

(5) 肢体语言要放松自然，可以想象场景。

(6) 微笑，说话时要面带微笑，感染客户。

(7) 语速要自然适中，不能太急促，也不能太缓慢，可以反复训练，运用自然。

3. 把握好通话时间

通话时间不要太长，原则上 3～5 分钟完成。如果你的电话可能要持续一段时间，要告诉对方打电话的原因，并询问对方是否方便。

4. 做好记录

电话约访时，一定要做好记录。用左手握话筒，右手执笔做记录。

5. 勿触犯禁忌

（1）不要出言不逊。说话要有礼貌，不可冒犯对方，制造对立。

（2）不要过分恭维对方。太多的恭维，会使对方产生抵触心理，结果适得其反。

（3）不要语言含糊。通话时要主题突出，简单明了，不可语言模糊，东拉西扯。

相关知识点

一、电话约访的技巧及方法[①]

1. 保持微笑

让自己处于微笑状态，微笑地说话，声音也会传递出很愉悦的感觉，客户听到后自然也会变得亲切。

2. 适中的音量与速度

音量与速度要协调。人与人见面时，都会有所谓的“磁场”，在电话之中当然也有电话磁场，一旦行销人员与客户的磁场吻合，谈起话来就顺畅多了。为了了解对方的电话磁场，建议在谈话之初，采取适中的音量与速度，等辨出对方的特质后，再调整自己的音量与速度，让客户觉得你和他是同一条战线上的。

3. 判别客户形象

判别通话者的形象，增进彼此互动。从对方的语调中，可以简单判别通话者的形象，讲话速度快的人是视觉型的人；说话速度中等的人是听觉型的人；而讲话慢的人是感觉型的人。业务人员可以在判别形象之后，再给对方适当的建议。

4. 表明不会占用太多时间

表明不会占用太多时间，简单说明“耽误您两分钟好吗?”为了让对方愿意继续这通电话，最常用的方法就是请对方给你两分钟，而一般人听到只需两分钟时，通常都会有“反正才两分钟，就听听看好了”的想法。实际上，你真的只讲两分钟吗？这得看个人的功力了！

5. 语气、语调要一致

在电话中，开场白通常是普通话，但是如果对方的反应是以方言回答，我们应该马上转成方言和对方说话，有时普通话和方言交替也是一种拉近双方距离的

① http：//www.114sales.com/article/sort012/dbjq/info—752.html。

方法，主要目的都是为了要与对方站在同一个立场。

6. 善用电话开场白

好的开场白可以让对方愿意和行销人员多聊一聊，因此除了“耽误两分钟”之外，接下来该说些什么就变得十分重要，如果想多了解对方的想法，不妨用开放式问句，如：“最近推出的投资型商品，请问您有什么看法?”

7. 善用暂停与保留的技巧

什么是暂停？当业务人员需要对方给一个时间、地点的时候，就可以使用暂停的技巧。比如，当你问对方：“您喜欢上午还是下午?”说完就稍微暂停一下，让对方回答。善用暂停的技巧，将可以让对方有受到尊重的感觉。至于保留，则是行销员不方便在电话中说明或者遇到难以回答的问题时所采用的方式，举例来说，当对方要求业务人员在电话中说明费率时，行销员就可以告诉对方：“这个问题我们见面谈时，当面计算给您看，比较清楚。”如此将问题保留到下一个时空，也是约访时的技巧。

8. 身体挺直、站着说话或闭上眼睛

假如一天打20通电话，总不能一直坐着不动吧！试着将身体挺直或站着说话，你可以发现，声音会因此变得有活力，效果也会变得更好，有时不妨闭上眼睛讲话，让自己不被外在的环境所影响。

9. 使用开放式问句，不断问问题

问客户问题，一方面可以拉长谈话时间，另一方面可以了解客户真正的想法，帮助行销员做判断。不妨用“请教您一个简单的问题”，“能不能请您多谈一谈”，“为何会有如此的想法”等问题鼓励客户继续说下去。

10. 即时逆转

即时逆转就是立刻顺着客户的话走，例如当客户说“我买了很多保险”时，不妨就顺着他的话说：“我就是知道您买很多保险，才打这通电话。”当客户说“我是你们公司的客户”，不妨接续“我知道您是我们公司的好客户，所以才打这通电话。”

11. 一再强调“您自己判断”、“您自己做决定”

为了让客户答应和你见面，在电话中强调“由您自己做决定”、“全由您自己判断”等句子，可以让客户感觉行销员是有素质的，是不会死缠乱打的，进而提高约访几率。

12. 强调产品的功能或独特性

“这个产品很特别，必须当面谈，才能让您充分了解……”在谈话中，多强调产品很特别，再加上“由您自己做决定”，让客户愿意将他宝贵的时间给你，切记千万不要说得太繁杂或使用太多专业术语，让客户失去见面的兴趣。

13. 给予“二择一”的问题及机会

“二择一”方式能够帮助对方做选择，同时也加快对方与行销员见面的速度，比如“早上或下午拜访”、“星期三或星期四见面”等问句，都是“二择一”的方式。

14. 为下一次开场做准备

当我们在做任何的结束时，别忘了和对方说：“感谢您抽出时间”，或者告诉对方：“非常荣幸认识您。”好的结束语有助于为下一次开场做准备。

二、电话预约过程中的拒绝处理话术

1. 拒绝问题：已经买保险了

客户：对不起，我已经买过保险了。

行销员：我知道，黄先生说您很有保险观念，一定买了很多保险，不知道董先生您买的是哪一家的保险？一年缴多少保费？缴多久了？恭喜您拥有这么多保障！您是黄先生的好朋友，我们只是介绍一种刚由欧美引进的最新理财计划，希望能够提供给您了解，您不一定非得采纳，但我想提供一项新资讯给您，对您绝对没有损失，不知道您明天下午 2:00 或 4:00 哪个时间更方便呢？

[指导] 客户往往是在找一个拒绝的借口，再次坚持一下可能会出现转机，如果真的买了说明客户已经有了保险意识，提出一个新的建议也是一个新的转机。

2. 拒绝问题：不需要，不考虑，没兴趣

客户：这会浪费你的时间的，我并不感兴趣。

行销员：没关系，您是黄先生的好朋友，在您还没有了解产品以前，我不敢要求您有兴趣，我们只是请您参考一下，没有要求您马上买的意思，再说您听一听也多一个常识，我多讲一次，也多一些本事，希望有幸能和你见面，不知您明天上午 10:00 还是下午 2:00 方便？

[指导] 你的目的是当面向这位准客户介绍你的建议，然后他会决定接受或拒绝你的建议。

3. 拒绝问题：没钱

客户：我没有闲钱买保险。

业务员：董先生，您太谦虚了，您是黄先生的好朋友，有好的东西，当然要让您先知道了，我们只是请您参考一下，没有要求您马上购买的意思，您尽可放心。您看明天上午 10:00 或下午 2:00 哪个时间更方便，我去拜访您？

[指导] 对于大多数人来说，如果他们看到真正需要购买的，他们会挪出其购买力的一部分来购买它。你的目的是与他当面解释你的保险计划，如果你的销售说明很精彩，你会发现他并不是像他所说的那样穷。

4. 拒绝问题：没时间

客户：非常抱歉，明天上午我很忙。

行销员：我知道，黄先生告诉我您事业做得很成功，当然很忙。所以他叮嘱我，事先打电话和您预约时间，是这样的，我本身受过专业训练，只要花 20 分钟，您就可以了解整个计划的内容，如果董先生明天上午很忙的话，明天下午 2:00 我过来拜访您。

［指导］你的目标是与准客户约定一个面谈时间。要不断地向他建议不同的时间，一直到你们约定一个会面时间为止。

5. 拒绝问题：把资料寄给我或就在电话里说吧

客户：你把资料寄给我或者现在告诉我吧。

行销员：董先生，我也很想那样做，但是在我心中的这个构想，只有在真正了解您的个人需求之后，才能发挥它的用途。而这也是为什么我想跟您当面谈一谈的原因。不知道您是明天上午 10:00 还是下午 2:00 比较方便?

［指导］你的目的是获得与准客户面对面的会谈机会。把这项计划解释清楚需要花费很长时间，而且计划内容除行销员之外的任何人都不很了解。如果你把这项计划寄给它，准客户可能会不读就把它扔掉。

6. 拒绝问题：我已没有能力购买保险

客户：保费交得不少了，不能再买了。

行销员：董先生，您以前买过保险，表示已经具备了非常好的保险观念，但是我想向您说明的这个构想，你可能没听过，而您也可以用当初投保前的心情来听，不知道您明天上午 10:00 还是下午 2:00 比较方便?

［指导］对于大多数已购买多份保险的客户来说，他们的保险需求较高，保险意识强，只要你的保险计划真正满足他们的需求，他们将会主动购买。

7. 拒绝问题：我有朋友在保险公司

客户：我的朋友就在保险公司，要买保险我找他好了。

行销员：如果您的朋友是您的保险专业服务人员，我相信他一定为您提供了很多完善的服务，但是我要向您说明的这个构想，跟您朋友的保险服务绝对没有冲突，不知道您明天上午 10:00 还是下午 2:00 比较方便?

［指导］他可能有也可能没有这个朋友。如果其他行销员没有向他示范最基本的计划有序的接触方式，那么与其他行销员相比，这会显示你的特殊能力，正能体现你的优势。

实战演练

根据下列电话约访情景，同学们分配好角色，按照步骤演示电话约访的过程。

情景（一）——陌生人

你从朋友那里找到一系列的名片，其中有一位在中东股份有限公司办公室工作的客户——王成功。

职务：办公室主任　　年龄：无　　单位状况：无

经济状况：无　　同事关系：无　　工作习惯：无

拒绝问题：

1. 对保险不感兴趣　　2. 很忙，没时间　　3. 有朋友在保险公司

情景（二）——亲戚

你刚刚加盟太平洋保险公司，你的亲朋好友还不知道你从事保险工作，你准备和你的一位表哥联系。

年龄：33　　单位状况：国企　　经济状况：3 000 元/月

同事关系：良好　　工作习惯：良好

拒绝问题：

1. 对保险不信任　　2. 近期没钱　　3. 还不着急

情景（三）——同学

一天你翻开高中同学录，发现一位叫王小实的男同学，你们已经两三年没联系了，他当时在班上为人非常厚道老实，现在已在一家国企担任人事部助理的职务，听说收入还不错，同学录上有他的家庭电话，你现在准备和他联系。

年龄：30　　单位状况：国企　　经济状况：无

同事关系：良好　　家庭状况：无

拒绝问题：

1. 对保险不信任　　2. 还不着急　　3. 等国外保险公司来了再说

情景（四）——朋友

上个月你在一次朋友生日会上结识了一位男性，他在工行长安支行任职员，当时大家聊得开心，互相交换了名片，现在你准备和他联系。

年龄：35　　单位状况：银行　　经济状况：4 500 元/月

同事关系：良好　　家庭状况：三口之家

拒绝问题：

1. 快过年了，工作很忙没时间　　2. 买保险还不着急，等等再说

3. 要来就来，但是不能谈保险

情景（五）——转介绍

你的一位从小一起长大的朋友在你这里购买了 5 份分红险，在你的要求下他介绍了三位朋友给你，你准备和其中一位联系。

年龄：40　　单位状况：个体老板　　经济状况：7 000 元/月

人际关系：广泛　　家庭状况：三口之家

拒绝问题：

1. 把资料寄给我　　2. 还不着急　　3. 保险没有用

情景（六）——转介绍（可以提及老同事的名字）

你和一位老同事谈了谈保险，但他现在还不想考虑，在你的要求下他介绍了三位朋友给你，并且你询问了相应的一些资料，你准备和其中一位联系。

年龄：45　　单位状况：华远股份有限公司员工　　经济状况：4 000 元/月

爱好：喜欢游泳　　家庭状况：三口之家，孩子正在上高三

拒绝问题：

1. 保险没用　　2. 还不着急　　3. 把资料寄给我

情景（七）——转介绍（不能提及客户的名字）

你的一位客户在你这里购买了重大疾病保险和健康险，在你的要求下他们介绍了三位朋友给你，但不准提及该客户的姓名，你准备和其中一位联系。

年龄：35　　单位状况：银行职员　　经济状况：3 000 元/月

人际关系：一般　　家庭状况：父母健在，一妻一女

拒绝问题：

1. 我不认识你，对你不信任　　2. 已经买过保险了　　3. 没时间

情景（八）——转介绍（不可提及亲戚的名字）

你劝你的姑姑购买保险，她也初步认同，但还是想再考虑考虑，在你的要求下她介绍了三位朋友给你，但不准提及她的姓名，你准备和其中一位联系。

年龄：46　　单位状况：合资单位职工　　经济状况：3 500 元/月

性别：女　　人际关系：良好　　家庭状况：一夫一女

拒绝问题：

1. 没钱　　2. 没时间　　3. 把资料寄给我

（资料来源：http：//www.docin.com/p—6052264.html。）

第三节　促成面谈演练

○ 实训目的

促成是保险销售循环的一个重要的环节，是决定销售成功的关键。本次实训通过场景模拟、现场演示方式，要求学生掌握与客户面谈的技巧，掌握具体有效的促成方法。让学生模拟与客户的面谈，切实与客户进行交流，从而掌握在促成面谈活动中必须具备的标准举止规范，把握好自己的角色定位，提高沟通能力，力争取得客户的信任，为迈向成功打好基础。通过演练要求学生能掌握促成面谈的话术与技巧，切实将理论知识化为实际技能，增强学生的销售促

成能力。

实训要求

要求学生明白促成成交的条件。

要求学生根据情景内容，模拟保险行销员与客户面谈的情景。

根据情景内容确定学生所需扮演的角色及其职责，并于开始前明确说明各角色的职责，避免演练时有些人演得过火，有些人演得不到位。

每 9 人为一个小组，每个小组设组长 1 名，每 3 人扮演同一角色，共分 3 种角色（客户、保险业务员、观察员）。

每小组表演时间 5 分钟左右。出场顺序由抽签决定，小组内的出场顺序、队形由小组自行排定。

本实训以考察学生对促成销售的技巧的理解和应用为主要目的。训练后老师要让学生掌握销售促成的技巧，运用标准的销售促成的话术，进行有效的销售促成。

本实训采用现场点评的方式，教师对学生的设计优劣要现场评定，以加深学生印象。最后评出“最佳促成访谈行销员”若干名。

实训实施

一、销售面谈的时机

当你成功地与客户接洽，取得面谈机会后，接下来的工作，就是进行促成面谈。促成面谈是整个销售循环的关键部分。在这个步骤中，你会与客户正式会面并谈及保险，客户对你、对公司和公司产品的印象，都会由此建立起来。销售面谈的成功，可以为成交打下稳固的基础，所以应把握这个时机，全力以赴，争取最佳的表现。

二、促成面谈的准备

在和客户面谈之前应充分做好以下准备：

1. 客户层面的准备

收集与分析客户资料。

(1) 他的习惯是什么?

(2) 他的爱好是什么?

(3) 他感兴趣的话题是什么?

(4) 他的需求是什么?

举例：某行销员曾一天换四次衣服去见不同的客户，原因在于客户的穿衣爱好不同。

2. 行销员的自我准备

(1) 自我形象。行销员要着装得体，自然大方，保持良好的精神面貌。

(2) 话题预演。对可能涉及的话题进行预演。

(3) 展业工具的准备。可以准备一些小礼品送给客户。

(4) 熟练掌握保险商品的内容。行销员只有自己非常熟悉要销售的产品，了解产品的特色，才能向客户解释清楚，吸引客户的眼球，激发起客户购买的欲望。

三、促成面谈的步骤

在整个销售流程中，促成面谈是关键，因为只有面谈，你才会发现客户的需求，只有发现客户的需求，你才会向他销售产品，只有销售了产品，才会赚到佣金。对保险行销员来说，促成面谈具有相对固定的流程。

1. 见面的寒暄

(1) 学生要了解什么是寒暄，其主要内容是什么。

(2) 老师提问学生："为什么要寒暄?"请 1～2 位学生回答。

老师总结：寒暄的目的是消除客户戒心，建立与客户的信任关系。因此，行销员在寒暄时，先要推销自己，再推销商品的使用，最后推销商品的本身。

(3) 寒暄的动作：1) 正视对方；2) 微笑；3) 说"您好"；4) 握手。

2. 开门

老师讲述：开门就是打开客户心中之门，寻找客户需要，捕捉购买点。开门是销售面谈中非常重要的一环，因为只有客户心中有需要，购买商品才显得有意义。

(1) 怎样开门。

1) 通过问话，找到开门点：

a. 问哪些话?

——问客户关心的；

——问客户了解的。

b. 问话的方式。

——终止式：只需要回答"是"或"不是"。如"您是不是了解大病保险?"这种问话方式明快简洁，但是少用为妙，因为这样的提问方式没有鼓励客户开口说话。

——开放式：开放式提问迫使客户非回答不可，如"您对保险这个行业有什么看法?"开放式提问是最正确、应用最多的问话方式。这种方法主要用于客户畅所欲言的时候，让客户表达自己的感受、态度、看法、目标、体会等。

——假想式：采用"如果"的问话方式，如"如果您要买保险，您会买什么呢?"若是用得得当，你很可能可以了解客户的想法和购买能力。

c. 五个反问句。

——你认为如何？

——你觉得怎么样？

——能不能请教你一个问题？

——不晓得……

——你知道为什么吗？

2）开门的展示说明。

老师请学生回答：开门的展示说明，可达到什么目的？

老师总结：增加客户的好奇与肯定，为关门做准备。老师强调展示说明时，要辅以展示资料。

展示说明应注意的问题：每一份资料配合一段话术；资料的重点上宜画线条；展示时，资料摆在客户的正前方；边说边翻资料，减少空隙时间；未开门不拿出建议书。

3）开门的结尾（导入说明）。用一句话，掌握人性的特质，邀请他看计划书："陈先生，这样便宜的保险您一定感兴趣，我这里有一份计划书，您参考一下……"从展示资料下面翻出建议书。

（2）开门话术。开门范例与练习：请学生指出对话中的开门话术、赞美话术、展示说明话术、开门结尾（导入说明）话术。

（3）开门时遇到反对的处理。老师请1～2位学生回答在开门时经常遇到哪些拒绝，然后总结：

1）开门遇到的拒绝问题：a. 我已买过保险了；b. 我目前没有这个打算；c. 我有朋友在做保险。

2）处理方式：用"那没关系……"轻松带过，尝试其他购买点，若客户一直反对，表示气氛不够，须重新开始。

3. 购买点分析

老师提问：什么叫购买点？请1～2位学生回答。

老师总结：

（1）购买点就是客户购买一件东西的理由。举例：对一支笔，不同的人购买的理由不同。

（2）保险的购买点：1）储蓄；2）保障；3）其他。

（3）个人保险购买点的分析工具：1）家庭状况；2）居所属性；3）职业类别；4）财务状况。

（4）如何寻找购买点。

1）收集客户的各种资讯，对客户需求进行分析。

2）要有一套完整的话术。

常见话术举例：a. 健康话术；b. 重大疾病话术；c. 意外险话术；d. 教育子

女话术；e. 家庭责任话术；f. 养老金话术。

老师提示：应对不同的客户，寻找适当的话题，才能准确把握购买点。

4. 解说建议书

(1) 解说建议书需做哪些准备。

老师请1～2位学生回答，然后总结：

1) 心理上的准备（将心比心）。

a. 客户为什么要买这份建议书的计划?

b. 客户为什么现在要买这份建议书的计划?

c. 为什么客户要向你买保险?

2) 工具上的准备。

a. 建议书。

b. 计算器。

c. 笔。

d. 白纸。

e. 投保书。

3) 背诵建议书的重点内容。

(2) 怎样解说建议书。

说客户喜欢听的话，满足客户的心理需求。

老师应该强调：

1) 对不同类型的客户，说明的侧重点应不同。

2) 讲商品的特点，讲客户的购买利益，不只讲保障内容。

3) 找到切入语，适时举例、打比喻，加深客户印象，强化购买点，去除疑惑点。

(3) 解说时应注意的几个问题。

1) 熟悉建议书的内容。

2) 不与客户争辩。

3) 简明扼要。

4) 避免为自己制造问题。

5) 少用专业术语。

6) 使用感性语言。

5. 关门

(1) 何为关门。

在销售面谈中，关门就是与客户的成交，即签约保单。

(2) 促成的关键点。

1) 找准关门时机。

老师请2～3位学生回答关门时机是哪些，然后总结：

a. 客户有认同表示时（从语言到身体语言观察）。

b. 双方聊得很愉快哈哈一笑时。

c. 利用被打岔之后。

2）四个关门点（关门切入语）：

a. 价格。

b. 保额。

c. 交费方式。

d. 次要决定点。

（3）关门的方法。

我们知道，保险促成的目的就是能够成功地与客户签单，因此，关门在整个保险销售流程中是至关重要的。适时运用合适的促成方法，对提升关门的机会有积极作用。关门的方法有很多，这里简单列举几种。

1）直接请求成交法。这种方法是保险促成中最常用的方法之一，其目的就是直接请求客户签单。一般在以下情况下使用：客户投保倾向已经比较明确，但是还没有主动提出要求投保。

2）利益驱动法。这种方法强调给客户带来的利益，通过利益的驱动激发客户购买保险。这种利益可以是金钱上的节约或者回报，也可以是购买保险产品之后所获得的无形利益。例如："如果现在申请，您便能以较低的费率拥有保险的好处，但若以后再申请，您会因为年龄的增长而使费率提高。"这种方法可适用于所有客户。

3）风险分析法。该方法旨在通过举例或提示，让客户感受到购买保险的重要性和必要性。例如，当客户说"我现在没有足够的钱去买保险"时，就可以讲："现在您都觉得手头紧张，那将来要是遇到意外或有病发生，该怎么办呢？保险就是生活的稳定器，帮助我们规避未来的风险，平时存小钱，遇事拿大钱，这种安排不正是您所需要的吗？"这种方法非常适合那些拖延型性格的人，通过唤起其风险意识，加速其做出购买的决定。

4）推定承诺法。即假定客户已经同意购买，主动帮助客户完成购买的动作。这种动作通常是让客户做一些次要重点的选择，并不是要求他马上签单。"二择一"的技巧通常是此种方法的常用提问方式。例如"您是先保健康险还是养老险？""您看受益人是填妻子还是小孩？"这种方法一般适用于交谈氛围较好的情况。

5）以退为进法。当你面对客户使尽浑身解数还不能奏效时，你可以转而求教："××，虽然我知道我们的产品绝对适合您，但我自身能力有限，说服不了您。不过，在我告辞之前，请您指出我的不足，给我一个改进的机会好吗？"谦卑的话语往往能够缓和气氛，也可能会给你意外的收获。此类方法非常适合那些不断争辩且又迟迟不签保单的客户。

促成的方法还有很多，面对客户进行促成时，既要把握好促成的时机，又要有良好的心态准备，既能放得出，又要收得回，做到知己知彼，百战不殆。

（4）关门动作。

老师讲解关门动作并做示范：

动作1：递上便条纸（上有数字）。

动作2：做收费的动作（伸出手，不讲话，看着对方）。

动作3：签保单（将投保书递到客户手里，用笔指着签名处）。

6. 异议的处理

在促成的过程中很多情况下不是一帆风顺的，行销员会经常遇到客户提出异议，这时候就要求行销员掌握处理异议的技巧（参考本节相关知识点“二、促成而谈中的异议处理”），解决异议。

7. 签单后的收尾

签单不是销售的结束，优秀的行销员应重视成交后的收尾工作，与客户保持良好的联系，巩固现有的客户；并充分把握机会，通过该客户获得更多的潜在客户的信息，争取赢得更多的客户。

（1）请客户介绍新客户。

不管销售是否成功，行销员都可以试着让客户介绍一些新客户。

（2）表示感谢。

签单后，一定要衷心地对客户表示感谢，给客户留下好印象。

（3）及时离开。

行销员办理好手续，对客户致谢后，礼貌地及时离开，不要过长时间地逗留。

四、促成面谈的要点

1. 面谈地点要合适

面谈的过程中，可能会涉及客户的家庭收入等方面的隐私问题，一般客户不愿意太多人知道自己的经济收入和家庭状况。面谈应该选择比较安静的地方进行。

2. 准时赴约

行销员要守时，一定不要迟到，否则会给客户造成不诚实的印象。如果是客观原因造成的，一定要向客户解释清楚。

3. 行销员应具备的促成观念

促成不是“要求他买”而是“让他要买”；成交是双赢；促成并不是干预客户的一切；促成不是强迫购买，但行销员必须主动热情。

4. 正确认识并接受客户的异议

客户提出的异议，是客户对险种或行销员的推销、服务态度表示不满，许多新加入保险行业的行销员对异议都有负面的看法，遇到异议就感到灰心和恐惧，但是“销售是从客户拒绝开始的”，所以保险行销员应该正确认识并敢于接受异议，并且采取合适的方法和技巧处理异议。

相关知识点

一、促成话术节选[①]

1. 主题：年轻健康快投保

(1) 王先生，您想，人会越来越年轻还是越来越老？

(当然越来越老)

(2) 通常身体状况会随着年龄的增加而出问题，是吧？

(是啊)

(3) 到老的时候挣钱不易，身体状况又需要用钱，是吧？

(是啊)

(4) 年老的时候需要有足够的钱来保住健康及作为退休养老的生活费，是吧？

(是)

(5) 您想，一个人年轻的时候需要投保还是年老的时候需要投保？

(年老的时候)

(6) 如果到年老贫病交加的时候再考虑投保，有没有保险公司愿意承保？

(大概没有)

(7) 王先生，您愿不愿意先存5%的钱取得将来100%健康及养老的费用呢？

(8) 那这张保单今天就让它生效好吗？

2. 主题：孩子是家里的希望

(1) 王先生，请问您的小孩几岁？叫什么名字？

(十岁，小明)

(2) 小孩的学习非常好吧！你一定希望他将来前途无可限量，是吗？

(是)

(3) 那你一定希望拥有足够的费用让他完成大学教育，是吗？

(是)

(4) 能不能请教您，您准备了多少费用让小明读完大学？您认为够吗？

(……)

(5) 如果小明被迫提前踏出校门赚取学费，将来的成就会不会打折扣？

(会啊)

(6) 您想不想让小明一直到能够独立为止，都不需为了自己的学费而担心？

---

① 摘自豆丁网。

（当然啊）

（7）这张保单可不可以让它今天就生效？

3. 主题：照顾孩子免担心

（1）陈姐，如果到了晚上10:00孩子仍未回来，您会担心吗？

（会啊）

（2）您担心什么呢？

（……）

（3）我们换个角度，假设孩子在家等到晚上9:00仍没看到妈妈回来，您想孩子会担心吗？

（会吧）

（4）他在担心什么，您知道吗？

（……）

（5）是不是担心将来他怎么办？谁来照顾他？

（无论说什么）

（6）担心难免，减轻他心里的担心恐怕非您不可，您有没有做好打算？

（……）

（7）这份保单可不可以帮您做好经济风险规划？

4. 主题：求人不如求己

（1）陈姐您住这幢大楼多久了？

（五年）

（2）环境很好，您真有眼光。请问陈姐这儿的人您认识几户呢？

（不多啦）

（3）您觉不觉得现在社会每个人越来越忙，忙得越来越没有人情味了？

（是）

（4）陈姐，除了这个之外，您会不会觉得现在交通很乱，意外事故越来越多？

（5）而且我们的饮食，如水、菜、肉类等也都受到严重的污染，对吧？

（是啊）

（6）陈姐，您有没有想过，万一因为自己或别人不小心造成交通事故，或因环境污染使我们患疾病，淡薄的人情社会里有几个人愿意伸出援手？

（……）

（7）别人总不能长期依靠吧？唯有靠自己现在准备，对吧？

（8）陈姐，这份保单应该可以决定签约了吧！

5. 主题：永保完好无损

（1）王先生，制造一个茶杯容易还是打破一个茶杯容易？

（当然打破容易）

(2) 茶杯破了补一补或者买一个就可以了，但人破了可不可以补一补或再造一个？

(不可以)

(3) 您想，人有没有不小心受伤的时候？

(4) 假如有一天因为别人的不小心使您受到伤害，或因为健康因素您无法再上班了，您想您的家人可以再买一个您吗？

(无论说什么)

(5) 如果可以的话，您会不会考虑购买？

(6) 王先生，这张保单您要不要让它今天生效呢？

6. 主题：一生有尊严不求人

(1) 这一代的小孩很幸福，要什么有什么，对吧？

(对啊)

(2) 您会不会觉得当父母后才知道赚钱不容易？

(是啊)

(3) 小时候向父母要钱好像是理所当然，但现在为人父母了，反而觉得不是这样，对吧？

(对啊)

(4) 小时要钱父母会给我们，因为父母疼我们，对吧？

(对啊)

(5) 陈姐您想过吗？您老的时候跟儿子要钱买套衣服、买化妆品，您的儿子或媳妇会不会像您现在一样大方地给您？

(……)

(6) 我相信您不想造成这种结果，但如果真的不得已必须要这样时，您儿子会怎么想？您自己又会怎么想？

(不论说什么)

(7) 陈姐，有人一生当两次人家的小孩，小时候向父母要钱，年老了向儿子要钱，那实在很可怜，是吧？

(是啊)

(8) 也有人年轻时是人家的好父母，年老时是人家的好祖父母，那实在很有尊严。

(9) 陈姐，这张保单会让您活得越老越有尊严，您要不要今天就让它生效？

二、促成面谈中的异议处理①

异议处理的方法有以下几种：

---

① 摘自21世纪保险网。

1. 没需要

客户：我不需要考虑保险，就算我发生意外，我的太太还有工作。

行销员：(聆听反应) 陈先生，您很有福气，有个这么能干的太太。

行销员：除此之外，你还有没有其他原因?

客户：没有。

行销员：其实，您有没有想过，如果您发生什么意外，只有您太太一个人支持一个家，每天不但要花大量的时间在工作上，还要照顾小孩子和做家务，她会很辛苦的！陈先生您想一想，如果您今天有一份保险，不但可以帮您储蓄，而且还可以在您发生意外时保障您家人的正常生活，是不是一举两得呢?!

2. 没有钱

客户：我没钱买。

行销员：(点头回应) 陈先生，我理解您的想法，其实很多人都有同样的顾虑，除此之外，有没有其他的原因令您考虑保险呢?

客户：没有。

行销员：城市生活竞争是很激烈的，我们及家人的生活全赖收入，正因为这样，这个保险计划就更加重要了。因为您只需要将您每月开支的5%～7%用于这个保障计划上，并不会影响到您现在的生活，但是一旦发生意外，您和家人就可以得到保障了。

3. 不用急

客户：我会买的，但不用这样急。

行销员：(点头回应) 陈先生，我明白您的想法，我们都相信意外是我们无法预料及无法控制的，既然您已经接受保险，不如现在就做这件事，然后您就可以安枕无忧了，受益人填写您太太可以吗?

4. 年尾出双薪时再说吧

客户：不如等我年尾出了双薪再说吧。

行销员：陈先生，我也很明白您的想法，想清楚也是好的。除此之外不知还有没有其他原因呢?

客户：没有了。

行销员：保险可以迟点买，但是您可不可以把家人的风险延迟呢? 为什么还要等到年尾呢?

客户：那也是。

行销员：不如我先帮您填些资料吧。

5. 要交房贷没有余钱

客户：我现在要交房贷，不想加重负担。

行销员：(点头回应) 陈先生，我理解您的想法，其实很多人都有同样的想法。

行销员：除此之外，有没有其他原因令您不考虑保险呢？

客户：没有。

行销员：我们都相信意外是我们无法预料及无法控制的，既然今日您已经认同保险可以帮助您和家人，如果今天投保，就不用多担心几个月。如果有事，××发放的保险金就可以帮您继续交房贷，起码您和家人不用担心住房问题。让我帮您填写资料好吗？

6. 维持家庭生活

客户：我的收入都用来维持家庭生活，没有多余的钱来买保险啊！

行销员：陈先生，现在消费这么高，要维持一家人的生活真是不容易。除此之外，您还有其他原因吗？

客户：没有。

行销员：您现在全部收入都用来维持生活，一旦发生意外，您的家人怎么办？所以您更加需要保险，其实保险种类很多，您没有听过未必知道您自己有什么需要。

实战演练

某客户资料如下：年龄为35周岁，男性，已婚，电子公司职员，所在单位效益较好，参加社保养老保险和社保医疗，对补充医疗和大病保障较为感兴趣。

根据提供的资料，按照步骤演示促成面谈。

第四节　保险产品说明演练

实训目的

一般而言，正式的产品说明是指行销员完成事实调查后，向潜在客户说明他提供的产品及服务能带给潜在客户何种利益，期望客户能购买。从上一节中已知道如何把产品的特性转换成对客户别具意义的特殊利益，只有特殊利益才能打动客户，让客户产生“想要”的欲望；没有“想要”的欲望产生，就不会有购买的行为发生。产品说明就是系统地透过一连串需求确认、特性、优点及特殊利益的陈述，引起客户产生购买的欲望。

本次实训通过现场演示的方式，让学生演示产品说明，掌握保险产品说明的技巧，给客户提供详细、准确的产品信息，让客户充分了解产品，认识到产品给其带来的利益，促使客户产生积极响应的效果。通过实训切实将理论知识化为实际技能，强化学生的实践能力。

实训要求

要求学生明确产品说明的目的。

要求学生理解成功产品说明的特征。

要求学生根据实战演练给出的内容，模拟保险行销员进行产品说明演示的情景。

学生分好角色，选择自己认为最合适的服装进行演示。

每 9 人为一个小组，每个小组设 1 名组长，每 3 人扮演同一角色，共分 3 种角色（客户、行销员、观察员）。

每小组表演时间 15 分钟左右。出场顺序由抽签决定，小组内的出场顺序、队形由小组自行排定。

本实训以考察学生对保险产品说明的应用为主。训练后学生要清楚产品说明的技巧，熟练地进行产品说明。

本实训采用现场点评的方式，教师对学生的设计优劣要现场评定，以加深学生印象。最后评出“最佳保险产品说明行销员”若干名。

实训实施

一、保险产品说明的准备

1. 对保险产品的熟悉

对你要说明的保险产品要非常了解，对相关的保险条款、保险费率、其他公司同类产品的情况要非常熟悉。要清楚本产品与其他公司的同类产品相比，有哪些特色和优点。在说明前，要把产品说明稿准备好，对说明稿要非常熟悉。建立客户对行销员和保险产品的信心。

2. 准备好相关的资料

（1）与本产品说明相关的资料。公司的宣传资料可以用公司统一印刷的宣传资料向客户展示，直接说明某一险种的各项利益、期限、保费等内容。

（2）利用新闻报道或权威资料，说明保险的意义，引发客户需求。

（3）对已熟悉保险的客户，保险行销员应该针对其特定的需要制作专门的建议书，把推荐的险种和他的要求一一对应起来，进行详细说明。

3. 调查分析客户资料

每个客户购买保险都有不同的需求，购买动机也是不同的，对客户进行调查，从调查过程中发掘客户的特殊需求。对客户的资料进行分析，初步得出客户的购买动机。

二、保险产品说明的步骤

1. 开场白

首先要对到场的人员进行亲切的问候，感谢他们的聆听及相关人员对调查的协助。通过讲述产品的最明显的优势来引起客户的注意及兴趣。

2. 依据调查的资料，陈述客户目前的状况，指出客户目前期望解决的问题点或期望得到满足的需求

需掌握技巧：用闭锁式询问，确认客户的问题点及期望改善点。

所谓闭锁式询问是让客户针对某个主题明确地回答“是”或者“不是”。如“团体保险已经成为一项吸引员工的福利措施，不知道王经理是否同意?”其目的就是取得客户的确认，引导客户进入你要谈的主题。明确客户目前期望解决的问题是什么，弄清楚客户的需求。

3. 依据客户对各项需求的关心度，有重点地介绍产品的特性、优点、特殊利益

根据保险产品的功能、特点和优点，针对客户的各项需求，把产品的优点转化成满足客户的特殊需求，让客户得到最大程度的满足。保险产品能给客户带来的价值越多，利益越大，才能吸引客户购买产品。

4. 预先化解异议

如从客户方面、竞争者方面可能造成异议，则做产品介绍时，可以预先设定异议，并且要巧妙地处理异议。

5. 异议处理

当客户提出异议时，要分析异议产生的原因，分清楚是客户的原因还是行销员自身的原因，针对原因，掌握异议的处理技巧，正确地解决异议。

6. 要求签单

化解客户提出的异议后，就可以要求和客户签订保单。产品介绍的目的就是希望能和客户签订保单。这个过程也是行销员最紧张的时候，如果客户同意签单，行销员就大功告成了；如果客户拒绝了签单，那结果就是失败了。不管是成功还是失败，都要对前面的努力做个了结。

三、保险产品说明的注意点

1. 自信

自信不仅影响行销员本身的行为，同样也会影响客户的心态，对自己说明的保险产品要激情，表现出充分的信心。相信自己介绍的产品是最好的，正好可以满足准客户的需求。行销员的信心可以影响客户对行销员的印象和对保险产品的信心。

2. 语言要通俗易懂

在说明产品的时候，语言要简单明了，让客户能一听就懂。客户不了解的产品，再用深奥的语言来说明，客户就会对你的产品失去兴趣。

3. 数值和数据说明

数值和数据的应用在保险产品说明中有重要的作用。为了证明自己的说明的可靠性，应该以真实的数据来说话，这样可以增强产品的真实性和可信度，更容易让客户印象深刻。

4. 维持良好的产品说明气氛

保险行销员要始终保持微笑，面对客户的提问和质疑，要有足够的耐心，解说时语速要平稳而不要太快，可以适当应用幽默的语言，消除客户的紧张感，创造一个轻松愉快的环境，维持良好的产品说明气氛。

5. 配合工具说明

保险行销员在进行产品说明时可以配合相关的工具，如投影片、幻灯片、产品名录、企业简介、对销售有帮助的报刊的报导及其他任何有助于销售的辅助物。

(1) 可以用公司统一印刷的宣传资料向客户展示，直接说明某一险种的各项利益、期限、保费等内容。

(2) 利用新闻报道或权威资料，说明保险的意义，引发客户需求。

相关知识点

一、产品说明的目的

(1) 提醒客户对现状问题点的重视。

(2) 让客户了解能获得哪些改善。

(3) 让客户产生想要的欲望。

(4) 让客户认同产品或服务能解决他的问题及满足他的需求。

二、成功产品说明的特征

(1) 能毫无遗漏地说出能给客户解决问题及现状改善的效果。

(2) 能让客户相信你能做到你所承诺的。

(3) 让客户感受到热诚，并愿意站在客户的立场，帮助客户解决问题。

三、保险产品的说明技巧

产品说明是对产品进行宣传介绍，产品说明的目的在于使客户了解产品给其带来的利益，吸引客户购买该产品。

1. 从客户的需求谈起

一般来讲，要选择合适客户的需求的险种加以阐明。

说明保险产品的主题，是从主险开始还是从附加险开始，根据客户的实际需求来定。如果客户的购买点是储蓄，那么要从主寿险谈起；如果购买点是疾病，就可从医疗险开始谈起。

2. 内容要简洁

一份综合的保险计划涉及的内容非常多，要在尽可能短的时间内将所有内容完全讲清楚有一定的难度，要求行销员要重点突出，不要把条款罗列出来，让客户失去兴趣。

3. 吸引客户注意力

进行产品说明最大的困难是抓住客户的心。年轻的客户，心中多数想着男女关系、儿女私情；会计师只是想着数字是否出了错；生意人心中想着下一次的生意机会；医生想着下一个病人。总之，人人心中都有一个牵挂。如何将客户心中的牵挂排除呢？有一个方法，便是将客户的眼睛抓住。当我们看到东西的时候，我们心中便会投射出一个印象，令我们集中精神。躺在床上时，我们的意念是天马行空的，因为我们躺在床上是闭着眼睛的，但当我们张开眼睛时，心中的杂念自然会减少。由此可见，控制客户情绪的方法，是多用图片等可以看见的东西去辅助解释。

一般来说，利用图片说明是有效果的，但如何利用呢？方法只有一个：不断地苦练，将自己要讲的话，配合图片演出，直到自己练到出神入化为止。

4. 重复好处

在客户第一次听到该产品的优点时，可能还没完全领会到，也可能因为其他原因没听清楚。在进行产品说明时，要将产品给客户带来的好处换种说法重复介绍，强化产品的优点，吸引住客户。

5. 提供凭证

出示一些具体的凭证，可以更容易让客户相信行销员所作的说明。比如荣誉证书、感谢信、满意客户的名单等，这些都将有助于客户对行销员及其公司产生信任。

6. 进行利弊的权衡

为了促成交易，必须从客户的利益出发，帮助客户权衡利弊，可以采取下列办法：

（1）采取适当的手段加强客户的危机感和压迫感，使其产生购买欲望。

（2）抓住客户所关心的问题，详细阐述，使客户权衡利弊后做出选择。

（3）强调售后服务，强调建立长期合作关系的重要性，使客户对公司及行销员产生信赖感。

产品说明是行销员高度发挥销售技巧的场合，希望行销员能争取更多的机会锻炼技巧与胆识，只有更多地练习，才更有说服力。

实战演练

根据下面给出的产品说明书，对该保险产品进行说明。

××一生享有终身年金保险（分红型）产品说明书

本产品说明书仅针对××一生享有终身年金保险（分红型）。为方便您了解和购买本保险，请您仔细阅读本产品说明书。

在本产品说明书中，“您”指投保人，“我们”、“本公司”均指××人寿保险股份有限公司。

一、产品特色

- 交费期短，受益期长；
- 一年一返，一生享有；
- 保单分红，保值增值；
- 保单贷款，方便应急。

二、保障利益

保险责任	保障利益
生存保险金	自本合同生效之日起，被保险人生存至每个保单周年日，我们按基本保险金额的10%给付生存保险金。
身故或全残保险金	被保险人于本合同生效之日起身故或全残，我们按所交保险费扣除已领生存保险金、现金价值此二项较大值给付身故或全残保险金，本合同终止。
保单红利	在本合同有效期内，我们在每一会计年度末对该会计年度的分红保险业务进行核算，根据分红保险业务的实际经营状况，按照保险监管机关的有关规定确定红利分配方案。如果我们确定本合同有红利分配，则红利将于保单周年日分配给您。

三、责任免除

因下列情形之一，导致被保险人身故或全残的，我们不承担给付保险金的责任：

(1) 投保人或受益人的故意行为；

(2) 被保险人故意自伤、故意犯罪或拒捕；

(3) 被保险人服用、吸食或注射毒品，违反规定使用麻醉或精神药品；

(4) 被保险人在本合同生效（或最后复效）之日起2年内自杀；

(5) 被保险人酒后驾驶、无合法有效驾驶证驾驶，或驾驶无有效行驶证的交通工具；

(6) 被保险人患艾滋病或感染艾滋病病毒期间；

(7) 战争、军事行动、暴乱或武装叛乱；

(8) 核爆炸、核辐射或核污染。

发生上述第 (4) 项情形，本合同终止，我们退还本合同现金价值。

发生上述其他情形，本合同终止，如果您已交足 2 年以上的保险费，我们退还本合同的现金价值；如果未交足 2 年保险费的，我们在扣除手续费后退还保险费。

四、合同解除

您签收保险合同之日起 10 日内为保险合同的犹豫期。您在犹豫期内要求解除保险合同的，我们向您无息退还所交保险费。

您在犹豫期后要求解除保险合同的，保险合同自我们接到您解除合同申请书之日起终止。我们在收到上述证明和资料之日起 30 天内向您退还现金价值。若未交足 2 年保险费，我们在扣除手续费后退还保险费。

五、投保示例

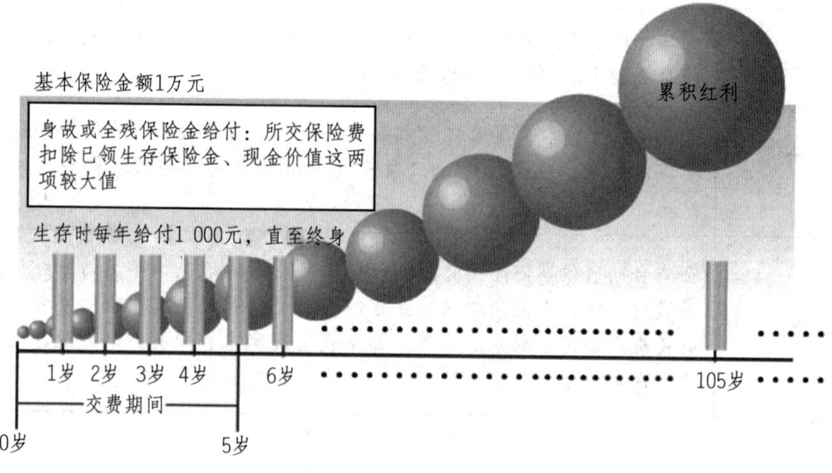

被保险人为 0 岁男性，5 年交费，保额 1 万元。

- 保费支出：年交保费 8 886 元。
- 保障利益：

生存保险金：每满一周年生存领取 1 000 元生存保险金。

身故或全残保险金：从所交保险费中扣除已领生存保险金和现金价值这二项较大值。

分红：按照保险监管机关的有关规定，本公司每年将根据分红保险业务的实际经营状况确定红利的分配。该被保险人的保障利益见下表。

单位：元

保单年度末	累计保险费	生存给付	身故或全残给付	现金价值	累积红利		
					高	中	低
1	8 886	1 000	8 886	3 979	181	129	77
2	17 772	1 000	16 772	9 056	527	376	226
3	26 658	1 000	24 658	14 523	1 048	749	449
4	35 544	1 000	32 544	20 396	1 754	1 253	752
5	44 430	1 000	40 430	26 694	2 654	1 895	1 137
6	44 430	1 000	39 430	26 627	3 577	2 555	1 533
7	44 430	1 000	38 430	26 557	4 524	3 231	1 939
8	44 430	1 000	37 430	26 485	5 496	3 926	2 355
9	44 430	1 000	36 430	26 411	6 494	4 639	2 783
10	44 430	1 000	35 430	26 334	7 518	5 370	3 222
11	44 430	1 000	34 430	26 255	8 569	6 121	3 672
12	44 430	1 000	33 430	26 173	9 648	6 891	4 135
13	44 430	1 000	32 430	26 088	10 755	7 682	4 609
14	44 430	1 000	31 430	26 000	11 891	8 494	5 096
15	44 430	1 000	30 430	25 910	13 058	9 327	5 596
16	44 430	1 000	29 430	25 816	14 255	10 182	6 109
17	44 430	1 000	28 430	25 719	15 483	11 059	6 635
18	44 430	1 000	27 430	25 619	16 744	11 960	7 175
19	44 430	1 000	26 430	25 516	18 038	12 884	7 730
20	44 430	1 000	25 430	25 409	19 366	13 833	8 299
21	44 430	1 000	25 299	25 299	20 730	14 807	8 884
22	44 430	1 000	25 185	25 185	22 129	15 806	9 483
23	44 430	1 000	25 067	25 067	23 565	16 832	10 099
24	44 430	1 000	24 946	24 946	25 040	17 885	10 731
25	44 430	1 000	24 820	24 820	26 553	18 966	11 379
26	44 430	1 000	24 691	24 691	28 106	20 076	12 045
27	44 430	1 000	24 558	24 558	29 701	21 215	12 728
28	44 430	1 000	24 420	24 420	31 338	22 384	13 430
29	44 430	1 000	24 278	24 278	33 018	23 584	14 150
30	44 430	1 000	24 131	24 131	34 742	24 816	14 889

续前表

保单年度末	累计保险费	生存给付	身故或全残给付	现金价值	累积红利		
					高	中	低
40	44 430	1 000	22 384	22 384	54 718	39 084	23 450
50	44 430	1 000	20 058	20 058	80 709	57 649	34 588
60	44 430	1 000	16 999	16 999	114 595	81 853	49 110
70	44 430	1 000	13 312	13 312	158 905	113 502	68 100
80	44 430	1 000	9 325	9 325	217 131	155 092	93 053
90	44 430	1 000	5 620	5 620	294 113	210 078	126 044
100	44 430	1 000	2 502	2 502	396 513	283 221	169 928
105	44 430	1 000	0	0	459 895	328 493	197 091

1. 被保险人在保单年度末身故或全残且已领取该年度生存保险金，上表身故或全残给付需相应扣除已领取的该年度生存保险金。

2. 现金价值不包含红利分配产生的利益。

3. 以上举例仅为理解条款所用，并不代表本产品实际分红情况，实际分红情况会以公司实际经营状况为准，请您注意。

本产品说明书所载资料供客户理解保险条款所用，各项内容均以保险条款为准。

"本人已认真阅读并理解本产品说明书。"

投保人（签名）

________年________月________日

第五节　保险产品建议书制作

实训目的

保险建议书是针对某一客户需求，将公司提供的保险产品做一组合，做出一份最适合客户的保险计划并说明和展示行销员所推荐的产品。让客户认同这一保险计划，激发客户购买产品的欲望，使客户更加清晰地了解公司产品的特色和保单利益，便于行销员组合产品、销售产品，增加客户对行销员及公司的信任，为客户购买产品打开方便之门。本次实训要求学生掌握保险建议书制作的原则、方法，能够独立制作出一份完整的建议书。

实训要求

要求学生了解建议书的制作目的和意义。

要求学生掌握建议书的制作原则。

要求学生掌握建议书的内容。

本实训应采用现场点评的方式，教师对学生的设计优劣要现场评定，以加深学生印象。

本实训以考察学生对建议书的理解和制作为主。训练后学生要能够设计一份完整的建议书。

实训实施

一、目录的制作

示例如下：

目　录

公司简介 …………………………………………………………… 第××页
保险经验 …………………………………………………………… 第××页
设计根据和思路 …………………………………………………… 第××页
具体承保方案 ……………………………………………………… 第××页
服务措施与承诺 …………………………………………………… 第××页
关键点推荐 ………………………………………………………… 第××页

二、相关内容的制作

1. 公司简介

公司简介是介绍公司成立时间、地址、规模、经营范围、法定代表人、特点等等。它包含的内容一般有：（1）公司概况：注册时间、注册资本、公司性质、技术力量、规模、员工人数、员工素质等。（2）公司的发展状况：着重介绍公司的发展速度、有何成绩、有何荣誉称号等。（3）公司的主要产品：性能、特色、创新、超前。（4）销售业绩及销售网络。（5）良好的售后服务：写下自己售后服务的承诺。

2. 保险经验

主要写以前承保和理赔的相关经验，如果是初次或经验较少可以不写。

3. 设计根据和思路

通过需求分析，得出客户最关心的事项。首先应尽量收集信息。信息的获得是建立在与客户充分交流、沟通的基础上的，进而站在客户的角度思考问题，提供切实的策略，思路要清晰、合理，使客户充分认识到“未来保障”获得的必要性与合理性。

4. 保险事项

保险事项是保险建议书中最重要的部分。这部分主要包括保险金额、保险费用、保险期限、交费方式、保险责任等各项保险事项的详细说明。

考虑客户的保费预算时，应尊重客户提出的保费预算，通常以年收入的10％～15％为基础来缴纳保费是较为合理的。

5. 特别说明

一般要注明“本建议书仅供参考，详细条款以正式条款为准”。

6. 联系方式

建议书上要写明公司的电话，行销员的姓名、工号和联系方式。

三、建议书的包装

封面封底的设计要大方、清晰、醒目。封面清楚标明项目名称或客户名称、建议书类型、提交人名称、日期等，另可依据项目情况增添类似项目插图、客户和提交人的 Logo 等；封底上可标明提交人的详细信息，如公司名称、地址、邮编、电话、传真、网址等。此外可根据建议书的薄厚考虑装订的方式，如果厚的话最好胶装。

扉页设计往往是我们忽视的细节。以往的建议书都是直奔主题，因此不妨尝试在扉页上先设计一段问候，感谢客户提供了机会，亲切的问候使客户如见其面，平添亲切之感。同时，如果建议书比较厚，希望客户通篇阅读几乎是不可能的，最好能在扉页中增加一个建议书概要，简单介绍建议书的框架及内容，突出建议书表达的中心思想，最好能够提出客户最感兴趣的问题，引导客户去阅读建议书。

［范例］

“爱家之约”保险建议书

——一张保单保全家

尊敬的先生：

您好！非常高兴能接到您的咨询电话，也非常荣幸有机会为您提供服务。看得出您是一位保险观念非常正确和全面的人，更是非常有家庭责任感和爱心的一个人。在未来的日子里，我将以专业化、规范化的标准，为您服务，很愿意成为您的理财顾问和生活上的朋友。下面的保险计划只是我根据您提供的资料和我的专业知识为您设计的，当然具体细节还要在我们进一步沟通之后再进行修改。

设计根据和思路：

1. 家是人生路上最温暖的地方，健康、幸福、美满的家庭就是立足于风雨中坚固的屏障，健康、幸福、美满的家庭首先必须是拥有保障的家庭——保障家庭成员健康的身体；保障家庭良好的经济基础；保障和谐的家庭关系；保障圆满的未来计划。尤其是对您现在来讲，应该是人生路上承担压力最大的阶段，上有老人需要赡养，下有心爱的小宝宝要抚养，更有自己的事业需要辛苦打拼。因此这个阶段的您需要首先考虑的是对家庭的保障（包括大病保障、住院医疗保障、养老规划、意外保障等等）。

2. 疾病和意外伤害已不再是人生中的意外，而是每个人生命中必须计算的成本！健康保障是每个人最急需、最基本的保障，是其他保障的前提和基础！对于一个家庭的经济支柱来说，当他健康和平安时，一切家庭开支自然都不成问题，但一旦出现疾病尤其是重大疾病或者意外时，对家人不管从精神上还是经济上都是一个严重的打击。同时对女性来说，在工作和家庭不断忙碌，因此而累积下来的压力及女性疾病也是不容忽视的。

3. 岁月催人老，您是否意识到，今天，您是为两个“您”而工作——年轻的您和年老的您。有时候“年轻的您”是自私的，把所有的积蓄花完，没留下分文给“年老的您”。尤其是女性，平均寿命要比男性多 5 年，而退休年龄却比男性早 5 年左右，因此，在养老保费支出上的比例比相同条件下的男性要高才足以应付漫长的老年生活。而目前的社保只能是低水平、广覆盖，只能保证退休后的基本生活需要，定位于最低生活水平和平均生活水平之间，同时缴费会越来越高，而且没有身价保障。所以女性更有必要在年轻时为自己补充一下养老保障，保障您有尊严的晚年生活，以财务自由的状况退休。

4. 孩子是我们的未来，是我们生命的延续，是我们此生成就的成功转移。希望孩子比我们生活得更幸福、更美好，希望孩子得到最美好的关爱与呵护，无忧无虑地成长，是我们每个父母的心愿。保险是父母送给孩子的最珍贵的终身的礼物。那么做父母的该怎样给孩子买寿险呢？（1）注重孩子的教育金计划；（2）注重孩子的医疗保障；（3）注重孩子的意外伤害保障。但是首先我们还是建议先让父母拥有保障，因为目前孩子的保费支出包括其他所有的支出都是出自父母，所以让父母首先拥有保障是前提。

5. 现代生活不仅需要优雅的环境、舒畅的心情、科学的饮食和适当的运动，更需要合理的财务安排！什么是合理的财务安排？那就是通过合理的规划和使用金钱让其先保值再增值。避免通货膨胀的损失，使辛苦挣来的钱保值；分享社会经济发展成果，使辛苦挣来的钱增值。目前大众的主要投资渠道有银行储蓄、股票、债券、基金、保险等等，相信这么成功的您对以上几种投资理财工具的优势和不足的了解肯定比我还专业，希望有机会向您请教！在这里我主要给您介绍一种不错的理财工具——分红保险，它同时具有投资理财稳健透明、抵御通货膨胀、增值养老、身价有保障的功能。

6. 一个好的保障计划要尽早开始。因为要达成我们的目标，需要两个条件：

一是必须有足够充分的时间；二是要有一个完善的计划。现在我们已经有了一个完善的计划了，那越早开始就可以越早实现我们的目标。同时对于客户而言，越早投保，除了回报高外，还越早得到保障，保费越便宜。

7. 一般而言，每个人的身价保障＝年收入×工作年限，是比较科学的保障计划；全家保费小于或等于全家年收入的20%，是比较合理科学的理财安排。

由此设计全家保险计划一览表：

险种	险种主要功能	保额	交费期	保障期	保费/年		
					丈夫（29周岁）	妻子（28周岁）	孩子（1周岁）
安享人生两全分红	养老、分红、身价	10万元	20年	终身	4 000元	3 900元	—
附加安享人生重大疾病	重疾、身价	10万元	20年	终身	400元	300元	—
附加定期保险	身价保障（疾病/意外）	10万元	20年	至55周岁	400元	—	—
个人住院医疗（津贴型）保险	住院补贴	二档＋一档	年交	1年	337元	337元	—
附加安心无忧意外伤害保险	意外（伤残、烧伤、身故）	10万元/3万元	年交	1年	210元	—	51元
附加意外伤害医疗（含门诊）	意外（医疗报销、住院补贴）	一档	年交	1年	56元	56元	67元
附加花样年华女性健康保险	意外整容、女性疾病	10万元	20年	20年	—	153元	—
附加少儿住院医疗	少儿住院报销	一档	年交	1年	—	—	499元
附加残疾豁免保费保险	豁免本人所有长期保费	4 800元	年交	1年	85元	—	—
附加投保人豁免保费保险	豁免家人所有长期保费	4 353元	年交	1年	—	150元	—
生命关怀提前给付特约	高残提前给付	免费赠送					
合计	11 011元/年，916.8元/月，30.2元/天				5 488元	4 896元	617元

被保险人所享受的保险利益：

丈夫

一、生存养老金

1. 被保险人60周岁时，可先一次性领取90 000元＋当期累积的红利58 980

元，共148 980元作为养老金。或者也可按年按月领取，那样总共领取的会更多。

2. 每年享受专家理财，累积红利至终身。如60周岁时可累积中等红利58 980元，80周岁时有112 110元，100周岁时有209 313元。

二、重大疾病保险金

1. 被保险人60周岁之前，若发生了条款所列27种疾病中任何一种时，可一次性领取100 000元作为重大疾病保险金：（1）急性心肌梗塞；（2）恶性肿瘤；（3）瘫痪；（4）慢性肾衰竭；（5）中风；（6）严重烧伤；（7）爆发性肝炎；（8）帕金森氏病；（9）重大器官移植手术；（10）冠状动脉绕道手术；（11）主动脉手术；（12）慢性肝病；（13）心脏瓣膜转换手术；（14）再生障碍性贫血；（15）阿尔茨海默氏病；（16）严重脑损伤；（17）失明；（18）昏迷；（19）脑部良性肿瘤；（20）多发性硬化；（21）原发性肺动脉高压；（22）听力丧失；（23）颅脑手术；（24）丧失语言能力；（25）终末期肺病；（26）脑炎；（27）断肢。

2. 被保险人60周岁以后，若发生了条款所列27种疾病中任何一种时，可一次性领取10 000元十当期红利作为重大疾病保险金。

三、住院医疗津贴金

1. 被保险人因疾病或意外伤害住院，按（实际住院天数－3天）×100元赔付，一年最高可赔付365天。

2. 被保险人因重大疾病住院，按实际住院天数×220元赔付，一年可赔付180天。

3. 按手术等级赔付，涵盖1 056种手术，最高手术医疗金6 000元/年，每年在限额内可多次补助。

4. 按移植的器官类别给付，最高器官移植保险金10万元/年，每年在限额内可多次补助。

5. 理赔简便迅速，只需出具住院证明，不需发票和收据，按档、按天定额给付。

6. 连续投保三年即可进入保证续保。

四、意外医疗保险金

被保险人因意外在医院治疗且治疗费用（含门诊）在100元以上的部分由保险公司100%承担，最高可赔付2 000元。若住院另给予每天20元住院津贴。

五、伤残、身故保障金

1. 被保险人遭受意外伤害而残疾、烧伤，保险公司按《残疾、烧伤保险金给付表》，赔付保险金。被保险人遭受意外伤害而身故，保险公司赔付100 000元身故保障金，若是以乘客身份搭乘水上、陆上交通工具而导致身故的，赔付200 000元；若是以乘客身份搭乘民用或商用航班而导致身故的，赔付300 000元。

2. 另外，被保险人55岁前身故，我公司一次性给付200 000元保障金十累积红利。

3. 被保险人 55～60 岁因疾病或意外身故，我公司一次性给付100 000元保障金＋累积红利。

4. 被保险人 60 岁后因疾病或意外身故，我公司一次性给10 000元保障金＋未领取完的养老金＋累积红利。

六、豁免保险金

被保险人若残疾，本公司将豁免其个人所有以后的长期险保费；投保人若身故或残疾，本公司将豁免其配偶和子女所有以后的长期险保费。

七、生命关怀提前给付

在主险有效期内，被保险人因疾病或意外伤害造成身体高度残疾，可向本公司申请领取主合同的身故保险金100 000元＋累积红利，主合同随即终止。

妻子

一、生存养老金

1. 被保险人 60 周岁时，可先一次性领取90 000元＋当期累积的红利61 150元，共151 150元作为养老金。或者也可按年按月领取，那样总共领取的会更多。

2. 每年享受专家理财，累积红利至终身。如 6 周岁时可累积中等红利61 150元，80 周岁时有115 777元，100 周岁时有215 817元。

二、重大疾病保险金

1. 被保险人 60 周岁之前，若发生了条款所列 27 种疾病中任何一种时，可一次性领取100 000元作为重大疾病保险金：(1) 急性心肌梗塞；(2) 恶性肿瘤；(3) 瘫痪；(4) 慢性肾衰竭；(5) 中风；(6) 严重烧伤；(7) 爆发性肝炎；(8) 帕金森氏病；(9) 重大器官移植手术；(10) 冠状动脉绕道手术；(11) 主动脉手术；(12) 慢性肝病；(13) 心脏瓣膜转换手术；(14) 再生障碍性贫血；(15) 阿尔茨海默氏病；(16) 严重脑损伤；(17) 失明；(18) 昏迷；(19) 脑部良性肿瘤；(20) 多发性硬化；(21) 原发性肺动脉高压；(22) 听力丧失；(23) 颅脑手术；(24) 丧失语言能力；(25) 终末期肺病；(26) 脑炎；(27) 断肢。

2. 被保险人 60 周岁以后，若发生了条款所列 27 种疾病中任何一种时，可一次性领取10 000元＋当期红利作为重大疾病保险金。

三、住院医疗津贴金

1. 被保险人因疾病或意外伤害住院，按（实际住院天数－3 天）×100 元赔付，一年最高可赔付 365 天。

2. 被保险人因重大疾病住院，按实际住院天数×220 元赔付，一年可赔付 180 天。

3. 按手术等级赔付，涵盖 1 056 种手术，最高手术医疗金6 000元/年，每年在限额内可多次补助。

4. 按移植的器官类别给付，最高器官移植保险金 10 万元/年，每年在限额内可多次补助。

5. 理赔简便迅速，只需出具住院证明，不需发票和收据，按档、按天定额给付。

6. 连续投保三年即可进入保证续保。

四、意外医疗保险金

被保险人因意外在医院治疗且治疗费用（含门诊）在 100 元以上的部分由保险公司 100%承担，最高可赔付2 000元。若住院另给予每天 20 元住院津贴。

五、女性疾病保险金

1. 被保险人因遭受意外伤害需接受意外整容植皮手术时，我公司赔付所有因此支出的合理费用。

2. 被保险人初患本条款所列的 7 种女性原位癌时，我公司赔付5 000元作为女性原位癌保险金：(1) 乳腺癌；(2) 子宫癌；(3) 子宫颈癌；(4) 输卵管癌；(5) 卵巢癌；(6) 阴道癌；(7) 女性外阴癌。

3. 被保险人初患条款所列以下任何一种时，我公司赔付扣除上述 1、2 所列费用作为女性疾病保险金：(1) 7 种原位癌以外的癌症；(2) 系统性红斑狼疮性肾炎；(3) 严重类风湿性关节炎。

六、身故保障金

1. 被保险人 60 岁前因疾病或意外身故或残疾，我公司一次性给付100 000元保障金＋累积红利＋花样年华所交保费。

2. 被保险人 60 岁后因疾病或意外身故或残疾，我公司一次性给10 000元保障金＋未领取完的养老金＋累积红利。

七、生命关怀提前给付

在主险有效期内，被保险人因疾病或意外伤害造成身体高度残疾，可向本公司申请领取主合同的身故保险金80 000元＋累积红利，主合同随即终止。

孩子

一、住院医疗保险金

1. 被保险人因疾病或意外伤害住院，治疗费用 300 元以上部分按 80%的比例报销，一年可报销5 000元。

2. 被保险人因意外在医院治疗且治疗费用（含门诊）在 100 元以上的部分由保险公司 100%承担，最高可赔付2 000元。若住院另给予每天 20 元住院津贴。

二、伤残、身故保障金

被保险人遭受意外伤害而残疾、烧伤，保险公司按《残疾、烧伤保险金给付表》赔付保险金。被保险人遭受意外伤害而身故，保险公司赔付30 000元身故保障金。

本计划特色：

1. 本家庭保障计划是根据您的家庭的个性特点而设计的，具有较强的针对性，以家庭为单位，为您的每一个家庭成员量身定做，同时组成了泰康的主打产品——“爱家之约”，全家人随时都可以根据家庭生活水平的不断变化和提高，不断增加或减少主险或附加险，不断升级，满足您不断提高的家庭保障需求，真正做到一张保单保全家。

2. 保费豁免和提前给付，最具人性化的体现，给保单再上保险。

3. 附加险种可以续保到69周岁，而不是像传统保单那样，主险交费期满，附险随之停止，且具有保额递增的功能，使客户的利益得到最大化。

4. 这是一张“活”的保单，还具有全国通存通兑、变现、融资、资产保全、节税等附加的金融功能。

结束语：

保险，可以说是两千年来人类最伟大的发明，其间充分体现了人类的互助、文明和智慧；保险，其实是一种能力，是一种我们解决未来问题的能力；保险，是一种新的生活方式，是我们生活的必需品，是决定我们未来生活在自在、安心之中还是恐惧、担忧之中。保险就是——

平时当存钱　急时可用钱　永远可领钱　万一变大钱

投保省利钱　理赔免税钱　拿钱来赚钱　小钱变大钱

珍惜信赖　不负重托　知心护佑　相伴一生！

优秀行销主任：×××

联系方式：×××××××××

E-mail：××××××

网址：×××××××

（资料来源：http：//www. life-sky. net/hy/agents/project/132. doc。）

相关知识点

一、建议书的制作目的和意义

（1）为了满足客户的需要，使客户更加了解本产品的内容和特点。

（2）增强客户对行销员和公司的信任。

（3）让客户明白自己所能获取的利益，激发客户购买的欲望。

（4）方便行销员设计险种组合，体现其专业化程度。

二、建议书的制作原则

1. 满足客户需求的原则

只有满足客户的需要的产品才能被客户接受，激发客户的购买欲望。

2. 适度的原则

保费额度、保额多少、险种搭配要适度、适合。一般而言，保费＝年收入×10%，保额＝年收入×(5～10)。

3. 统筹兼顾的原则

注意关爱子女、关爱家人，兼顾家庭成员保障。

4. 个性化的原则

建议书最好要有个性化，要根据客户的真实情况设计。

5. 简单、实用、通俗的原则

建议书要能让客户能看懂，不要出现陌生的字词和过分专业的术语。

实战演练

根据以下背景资料制作一份建议书：

客户：男，33 岁，工程师；妻，30 岁，教师，儿子 1 岁，家庭月收入 6 000元。

需求点：子女教育及医疗。

要求：1. 两人一组，进行研讨；

2. 设计建议书；

3. 找一两组发表，教师作点评；

4. 学生们课后进一步完善建议书。

第二章
客户资源管理

第一节　保险市场问卷调查表的制作

实训目的

市场调研是营销链中的重要环节，没有市场调研，把握不了市场，就如盲人骑瞎马，不能有好的结果。市场调研关系到系统地、客观地收集、分析和评价市场营销特定方面的信息，有助于管理者制定有效决策，为顾客提供优质服务的每一个环节都受此影响。问卷调查是现代社会市场调查的一种十分重要的方法，而在问卷调查中，问卷设计又是其中的关键，问卷设计的好坏，将直接决定着能否获得准确可靠的市场信息。

本实训探讨如何进行市场需求问卷调查表的制作。学生通过实训练习应掌握市场调查问卷制作的技巧，并能独立完成市场问卷调查表的制作。

实训要求

要求学生掌握问卷的分类，了解问卷的运用场合、问卷调查的原则和内容。要求学生撰写保险市场需求问卷调查表。

假设全班有 45 人，老师将全班每 3 人分成一组，一共 15 组。每组都要根据实训背景设计一份市场调查问卷。制作调查问卷主要分成两项任务：根据调查问卷表的种类不同，一是要求学生撰写调查问卷；二是通过电脑进行电子调查问卷的制作。每组成员分工合作，最终完成任务。

老师最后根据学生最终成果，进行全班评比。让学生们自己评选“最佳市场调查问卷”，且对每一组作品进行讲评。

实训实施

一、实训背景

某保险公司想要推出一个有关儿童保障的险种，为了使险种更能满足公众需求，而且增强险种的市场竞争力，并能有效投放市场，所以先进行市场调研。调研目的主要是了解目前市场状况、市场需求、市场购买力等问题。

二、实施步骤

市场调查问卷设计的过程一般包括十大步骤，确定所需信息、确定问卷的类型、确定问题的内容、确定问题的类型、确定问题的措辞、确定问题的顺序、问卷的排版和布局、问卷的测试、问卷的定稿、问卷的评价。

1. 确定所需信息

确定所需信息是问卷设计的前提工作。调查者必须在问卷设计之前就把握所有达到研究目的和验证研究假设所需要的信息，并决定所有用于分析使用这些信息的方法，比如统计检验。

依据上述的背景资料，可以确定此次市场问卷调查要了解市场对儿童保障方面的保险需求。我们通过发放市场调查问卷，收集对问题的回答，来了解消费者对儿童保险的意识、需求以及接受度。

2. 确定问卷的类型

制约问卷类型选择的因素很多，而且研究课题不同，调查项目不同，主导制约因素也不一样。在确定问卷类型时，先必须综合考虑这些制约因素：调研费用、时效性要求、被调查对象、调查内容。

我们首先可以选择使用传统的问卷调查法，即通过市场调查员走入市场，将问卷分发到每位被调查者手中。这种方法的优势在于可以选择被调查者，有针对性，而且问题回答的有效性强；缺点是调研费用较高，既要支出人力成本，还要支付纸张等费用。其次也可以选择网络问卷调查法，即在网站上进行市场调查问卷发放，这种方法的优势在于成本低，时效性强；缺点是被调查者的针对性弱，问题回答的有效性差。

实训时，老师可以根据课时以及学生的知识面进行选择，或者两种方式都实训。

3. 确定问题的内容

确定问题的内容似乎是一个比较简单的问题，其实不然，这其中还涉及个体的差异性问题，也许你认为容易的问题在被调查者眼中就是困难的问题；你觉得熟悉的问题在被调查者眼中就是生疏的问题。因此，确定问题的内容，最好与被调查对象联系起来。分析一下被调查者群体，有时比盲目分析问题的内容效果要好。

针对这个实训，我们的被调查者大多数是已为人父母或者即将成为父母的成人，设计问题时，要注意以下几点：

（1）问题设计应力求简明扼要，可有可无的问题或者没有太多实际价值的资料无须出现在调查表中。

（2）所提问题不应有偏见或误导，避免使用晦涩、纯商业以及容易引起人们误解或有歧义的语言，同时，不要把两个及两个以上的内容放在一个问题中，例如“你认为这个险种是否合理且有吸引力?”这样的问题将使回答者在不完全肯定时无法选择。

（3）问题应是能在记忆范围内回答的。当看到“你一年前购买的蛋黄酱（用蛋黄、橄榄油和柠檬汁等制成）是哪一家生产商的产品”的提问时，恐怕大多数人都不会记得。所以，必须尽力避免一般被认为超出回答者记忆范围的提问。

（4）提问的意思和范围必须明确。当看到“最近你从这家电器商店购买了什么家电产品”这样的提问时，首先使回答者感到不明确的是“最近”是指什么时间段。在此场合，应明确时间段，如“三个月之内”等。以过滤性提问的方式来展开问题，不要一开始就把问题搞得很细，而应层层细分、展开地进行提问，这样较好。比如，有两个以上答案时，提问者总是向选择特定答案的人一步步追问，层层细分。过滤性提问可以限定地向有兴趣的人提问，同时也可以排除对此不关心的人，并可以分析各项提问之间的相关联系。

（5）必须避免提起人们反感的问题，也不要提很偏的问题，只有回答者能够予以冷静的判断和回答的问题，才能得到有效的调查结果。

（6）调查表中的所有问题都应设计得能够得到精确答案。所有问题都要围绕主题。

4．确定问题的类型

应该根据问卷选择问题的类型，一般一张调查表中的问题类型是多样的。问题的类型归结起来分为四种：自由问答题、两项选择题、多项选择题和顺位式问答题。其中后三类均可以称为封闭型问题。

（1）自由问答题。

自由问答题，也称开放型问答题，只提问题，不给具体答案项，要求被调查者根据自身实际情况自由作答。自由问答题主要限于探索性调查，在实际的调查问卷中，这种问题不多。自由问答题的主要优点是被调查者的观点不受限制，便于深入了解被调查者的建设性意见、态度、需求问题等；主要缺点是难以编码和统计。自由问答题一般应用于以下几种场合：作为调查的介绍；某个问题的答案太多或根本无法预料时；由于研究需要，必须在研究报告中原文引用被调查者的原话。

（2）两项选择题。

两项选择题，是多项选择的一个特例，一般只设两个选项，如“是”与“否”、“有”与“没有”等。

两项选择题的特点是简单明了，缺点是所获信息量太小，两种极端的回答类型有时难以了解和分析被调查者群体中客观存在的不同态度层次。

（3）多项选择题。

多项选择题是从多个备选答案中择一或择几，这是各种调查问卷中采用最多的一种问题类型。

多项选择题的优点是便于回答，便于编码和统计；缺点主要是问题提供答案的排列次序可能引起偏见。这种偏见主要表现在三个方面：

第一，对于没有强烈偏好的被调查者而言，选择第一个答案的可能性大大高于选择其他答案的可能性。解决的办法可以是打乱选项的排列次序，制作多份调查问卷同时进行调查，但这样做的结果是增加了制作成本。

第二，如果选项均为数字，没有明显态度的人往往选择中间的数字而不是偏向两端的数。

第三，如果选项用A、B、C字母编号，不知道如何回答的人往往选择A，因为A多与高质量、好等相关联。解决的办法是得用其他字母，如L、M、N等进行编号。

（4）顺位式问答题。

顺位式问答题，又称序列式问答题，是在多项选择的基础上，要求被调查者对答案按自己认为的重要程度和喜欢程度顺位排列。

在现实的调查问卷中，往往是几种类型的问题同时存在，单纯采用一种类型问题的问卷并不多见。

此外，不要诱导人们回答。不要采用让人们按照提问者一开始就定下的思路（方向）回答的方法。比如，当听到“这种酱油很润口吗”的提问时，回答者往往会带着润口的先入观而去品尝，并回答说“是”。在此场合，不如问“这种酱油是润口还是辛辣”为好。

5. 确定问题的措辞

很多人不太重视问题的措辞，而把主要精力集中在问卷设计的其他方面，这样做的结果有可能降低问卷的质量。

下面是几条法则，不妨试试。

（1）问题的陈述应尽量简洁。

（2）避免提出带有双重或多重含义的问题。

（3）最好不用反义疑问句，避免否定句。

（4）注意避免问题的从众效应和权威效应。

6. 确定问题的顺序

问卷中的问题应遵循一定的排列次序，问题的排列次序会影响被调查者的兴趣、情绪，进而影响其合作积极性。所以一份好的问卷应对问题的排列做出精心的设计。

一般而言，问卷的开头部分应安排比较容易的问题，这样可以给被调查者一种轻松、愉快的感觉，以便于他们继续答下去。中间部分最好安排一些核心问题，即调查者需要掌握的资料，这一部分是问卷的核心部分，应该妥善安排。结尾部分可以安排一些背景资料，如职业、年龄、收入等。个人背景资料虽然属事实性问题，也十分容易回答，但有些问题，如收入、年龄等同样属于敏感性问题，因此一般安排在末尾部分。当然在不涉及敏感性问题的情况下也可将背景资料安排在开头部分。

还有一点就是注意问题的逻辑顺序。即使打破上述规则，有逻辑顺序的问题也一定要按逻辑顺序排列，实际运用中应灵活机动地掌握。

7. 问卷的排版和布局

问卷的设计工作基本完成之后，便要着手问卷的排版和布局。

(1) 问卷的基本要求。

一份完善的问卷调查表应能从形式和内容两个方面同时达到最好。

从形式上看，要求版面整齐、美观、便于阅读、作答和统计，这是总体上的要求，具体的版式设计、版面风格与版面要求，这里暂不详述。

从内容上看，一份好的问卷调查表至少应该满足以下几方面的要求：

1) 问题具体、表述清楚、重点突出、整体结构好。

2) 确保问卷能完成调查任务与目的。

3) 调查问卷应该明确正确的政治方向，把握正确的舆论导向，注意对群众可能造成的影响。

4) 便于统计整理。

(2) 问卷的基本结构。

问卷的基本结构一般包括四个部分，即说明信、调查内容、编码和结束语。其中调查内容是问卷的核心部分，是每一份问卷都必不可少的内容，而其他部分则根据设计者需要取舍。

1) 说明信。说明信是调查者为被调查者写的简短说明，主要说明调查的目的、意义、选择方法以及填答要求等，一般放在问卷的开头。

这个儿童保险方面的市场调查问卷我们可以这样写：

尊敬的客户：

您好！

我们是××保险公司的，为了能提供更好的服务，目前本公司正在做一项市场调查，希望能得到您的支持。如果您能完成调查问卷，我们将非常荣幸，并在参与者中随机抽取20名幸运者，幸运者将得到我公司送上的精美礼品。

这里有几个注意点：第一要使用礼貌用语，比如“尊敬的客户”、“您好”，这是对客户的尊称，也使客户感到自己备受重视。第二就是可以先提出回答问卷给予小奖励，增加问卷的有效性。

2）调查内容。问卷的调查内容主要包括各类问题、问题的回答方式及其指导语。这是调查问卷的主体，也是问卷设计的主要内容。

问卷中的问答题，从形式上看，可分为开放式、封闭式和混合式三大类。开放式问答题只提问题，不给具体答案，要求被调查者根据自己的实际情况自由作答。封闭式问答题则既提问题，又给出若干答案，被调查者只需在选中的答案上打“√”即可。混合式问答题，又称半封闭式问答题，是在采用封闭式问答题的同时，最后再附上一项开放式问题。

至于指导语，也就是填答说明，是用来指导被调查者填答问题的各种解释和说明。

3）编码。编码一般应用于大规模的问卷调查中。因为在大规模问卷调查中，调查资料的统计汇总工作十分繁重，借助于编码技术和计算机，则可大大简化这一工作。

编码是将调查问卷中的调查项目以及备选答案给予统一设计的代码。编码既可以在问卷设计的同时就设计好，也可以等调查工作完成以后再进行。前者称为预编码，后者称为后编码。在实际调查中，常采用预编码。

4）结束语。结束语一般放在问卷的最后面，用来说明问卷的一些辅助资料，如奖项设立、收取方式或者客户资料等，并且简短地对被调查者的合作表示感谢，也可征询一下被调查者对问卷设计和问卷调查本身的看法和感受。最重要的是要在最后加注信息保护声明，因为现在人们越来越重视个人隐私问题，这样做可使被调查者安心。

可以这样写：

奖项设置：一等奖3名，奖品为米奇牌书包一个（价值298元）；二等奖6名，奖品为米奇牌书包一个（价值158元）；三等奖11名，奖品为米奇牌背包一个（价值48元）。

参与方式：1. 来信请邮寄到：苏州市人民北路188号××保险公司客服一部收。2. 选择来电回答问题，拨打电话0512—47036666。3. 将答案用E-mail发送至ygins-service@ygins. com。为了便于我们公布中奖名单，也便于幸运者领取奖品，请来函来电附上您的个人资料：姓名，身份证号码，手机号码。

非常感谢您的支持！

声明：本次调查所有信息，均为本公司内部使用。

8. 问卷的测试

问卷的初稿设计工作完毕之后，不要急于投入使用，特别是对于一些大规模的问卷调查，最好的办法是先组织问卷的测试，如果发现问题及时修改，测试通常选择 20～100 人，样本数不宜太多，也不要太少。如果第一次测试后有很大的改动，可以考虑是否有必要组织第二次测试。

实训时，老师可以抽取几个学生的调查问卷表，进行全班测试，并对出现的问题进行讲评。

9. 问卷的定稿

当问卷的测试工作完成，确定没有必要再进一步修改后，可以考虑定稿。问卷定稿后就可以交付打印，正式投入使用。

10. 问卷的评价

问卷的评价实际上是对问卷的设计质量进行一次总体性评估。对问卷进行评价的方法很多，包括专家评价、上级评价、被调查者评价和自我评价。

专家评价一般侧重于技术性方面，比如说对问卷设计的整体结构、问题的表述、问卷的版式风格等方面进行评价。

上级评价则侧重于政治性方面，比如说对政治方向、舆论导向、可能对群众造成的影响等方面进行评价。

被调查者评价可以采取两种方式：一种方式是在调查工作完成以后再组织一些被调查者进行事后性评价；另一种方式则是调查工作与评价工作同步进行，即在调查问卷的结束语部分安排几个反馈性题目，比如“您觉得这份调查表设计得如何?”

问卷调查是一个了解顾客的很好的渠道，但前提是必须设计一个好的调查表。只有设计正确的调查表，才能得到正确的反馈信息。

由于实训实施的有限性，所以我们可以选择专家评价（即老师对每个学生的问卷进行简短评价，或者全班总结性评价）、被调查者评价（将班级同学分成 5～6 个小组，然后每个组负责部分同学问卷调研，完成各个问卷后，由小组给每个调查的问卷打分评价）。

[范例]

1. 运用 Microsoft Word 进行传统调查问卷的撰写

尊敬的客户：

您好！

我们是××保险公司的，为了能提供更好的服务，目前本公司正在做一项市场调查，希望能得到您的支持。如果您能完成调查问卷，我们将非常荣幸，并在参与者中随机抽取 20 名幸运者，幸运者将得到我公司送上的精美礼品。

1. 您的家庭年收入大概是________。

a 5 万元以下　　b 5～10 万元　　c 10～20 万元　　d 20 万以上

2. 您的孩子________岁？

a 0～3 岁　　b 3～10 岁　　c 10～18 岁　　d 18～24 岁

3. 您和您的爱人是否购买了商业保险？

a 是　　　　b 否（如果是的话，险种是________。）

4. 投保时，您会考虑哪些方面因素？________（可多选）

a 保费额度　　b 保障范围　　c 公司品牌　　d 保险代理人的素质

e 其他________

5. 您对目前保险市场上推出的儿童险种了解吗？________

a 了解　　b 有些认知　　c 不是很清楚　　d 完全不知道

6. 您最关注儿童险哪些功能？________（可多选）

a 保障功能　　b 教育金储备功能 c 理财功能　　d 保费豁免功能

e 培养孩子财商功能　　f 其他________

7. 您目前是否计划给孩子购买儿童险？

a 是　　b 否

8. 您能接受的为孩子每年支付的保费金额价位是________。

a 500 元以下　　b 500～1 000 元　　c 1 000～2 000 元　　d 2 000～3 000 元

e 3 000 元以上

9. 如果购买的话，您觉得儿童险的缴费年限在________合适。

a 5 年　　b 10 年　　c 15 年　　d 20 年

10. 您选择为孩子投保哪些类型的险种？________

a 保障型　　b 投资型　　c 储蓄型

11. 您会倾向于选择________渠道购买儿童险。

a 保险公司　　b 银行　　c 其他保险代理公司

12. 在购买儿童险过程中，您会考虑________方面的因素。

a 保费额度　　b 保障范围　　c 办理手续　　d 理赔流程

13. 您了解哪些保险公司的儿童险品牌？________

a 中国人寿　　b 中国平安　　c 友邦保险　　d 泰康人寿

e 其他________

奖项设置：一等奖 3 名，奖品为米奇牌书包一个（价值 298 元）；二等奖 6 名，奖品为米奇牌书包一个（价值 158 元）；三等奖 11 名，奖品为米奇牌背包一个（价值 48 元）。

参与方式：1. 来信请邮寄：苏州市人民北路 188 号××保险公司客服一部收。2. 选择来电回答问题，拨打电话 0512—47036666。3. 将答案用 E-mail 发送至 ygins-service@ygins. com。为了便于我们公布中奖名单，也便于幸运者领取奖品，请来函来电附上您的个人资料：姓名，身份证号码，手机号码。

非常感谢您的支持！

2. 运用网页制作软件（比如 FrontPage 或者 Dreamweaver）制作网站调查问卷

保险行业问卷调查表

主办单位：××保险公司营销二部

为进一步提高我公司少儿保险的服务质量，现推出有关少儿保险调查活动，敬请参与者根据个人实际情况，认真填写下表。我们将从参与者中随机抽取60名幸运者，并送上精美礼品。精美礼品奖项设置：一等奖3名，奖品为米奇牌书包一个（价值298元）；二等奖6名，奖品为米奇牌书包一个（价值158元）；三等奖11名，奖品为米奇牌背包一个（价值48元）。调查结果将经过科学的分析后在本公司网站上发布，并针对调查结果调整少儿保险营销策略，以便更好地为客户送上适合的保险产品。

本次调查截止日期为20××年3月31日。

- 1. 您的家庭年收入大概是：

◉ 5万元以下
○ 5～10万元
○ 10～20万元
○ 20～30万元
○ 30万元以上

- 2. 您孩子的年龄：

◉ 0～3岁
○ 3～10岁
○ 10～18岁
○ 18～24岁

- 3. 您和您的爱人是否购买了商业保险？

◉ 是
○ 否

- 4. 投保时，您会考虑哪些方面因素？

☑ 保费额度
☑ 保障范围
☑ 公司品牌
☑ 保险代理人的素质

☐ 其他

- 5. 您对目前保险市场上推出的儿童险种了解吗?

○ 了解
○ 有些认知
○ 不是很清楚
○ 完全不知道

- 6. 您最关注儿童险哪些功能?

☑ 保障功能
☑ 教育金储备功能
☑ 理财功能
☐ 保费豁免功能
☐ 培养孩子财商功能
☐ 其他

- 7. 您目前是否计划给孩子购买儿童险?

◉ 是
○ 否

- 8. 您能接受的为孩子每年支付的保费金额价位是:

◉ 500 元以下
○ 500～1 000 元
○ 1 000～2 000 元
○ 2 000～3 000 元
○ 3 000 元以上

- 9. 如果购买的话,您觉得儿童险的缴费年限在________合适。

○ 5 年
◉ 10 年
○ 15 年
○ 20 年

- 10. 您选择为孩子投保哪些类型的险种?

○ 保障型
○ 投资型
◉ 储蓄型

- 11. 您会倾向于选择________渠道购买儿童险。

◉ 保险公司
○ 银行
○ 保险代理公司
○ 邮政

- 12. 在购买儿童险过程中，您会考虑________方面的因素。

○ 保费额度
◉ 保障范围
○ 办理手续
○ 理赔流程

- 13. 您了解哪些保险公司的儿童险品牌?

☑ 中国人寿
☐ 中国太平洋人寿
☑ 平安人寿
☐ 光大永明
☑ 新华人寿
☐ 泰康人寿
☐ 太平人寿
☑ 信诚人寿
☐ 平安养老险
☐ 华泰保险
☑ 美国友邦
☐ 其他保险公司

提交

为了便于我们公布中奖名单，也便于幸运者领取奖品，请在提交后的页面上留下您的个人资料：姓名，身份证号码，手机号码。

非常感谢您的支持！

相关知识点

根据资料来源，市场调研分为两种：一手资料调研是进行一手资料的收集，即利用小组访谈、一对一访谈、问卷调查、购买行为观察等方式进行原始资料的收集活动；二手资料调研则是对二手资料的收集，即通过报告、杂志、文献资料、历史数据等信息得到调研所需的二手资料。这种方法信息容量大，但是信息来源不稳定。根据资料内容，市场调研可以分为市场需求调研、消费者需求调研、营销因素调研、竞争对手资料调研等。

一般市场调研的方法主要有观察调查、座谈会、深度访谈、街访、入户调查、邮寄问卷、电话访谈等实地调查和文案调查两种方式。

一、调查问卷表的分类

调查问卷，又称调查表，是调查者根据一定的调查目的精心设计的一份调查表格，是现代社会用于收集资料的一种最为普遍的工具。

按照不同的分类标准，可将调查问卷分成不同的类型。

1. 根据市场调查中使用问卷方法的不同划分

根据市场调查中使用问卷方法的不同，可将调查问卷分成自填式问卷和访问式问卷两大类。

所谓自填式问卷，是指由调查者发给（或邮寄给）被调查者，由被调查者自己填写的问卷。而访问式问卷则是由调查者按照事先设计好的问卷或问卷提纲向被调查者提问，然后根据被调查者的回答进行填写的问卷。一般而言，访问式问卷要求简便，最好采用两项选择题进行设计；而自填式问卷由于可以借助于视觉功能，在问题的制作上可以更加详尽、全面。

2. 根据问卷发放方式的不同划分

根据问卷发放方式的不同，可将调查问卷分为送发式问卷、邮寄式问卷、报刊式问卷、人员访问式问卷、电话访问式问卷和网上访问式问卷六种。其中前三类大致可以划归自填式问卷范畴，后三类则属于访问式问卷。

送发式问卷就是由调查者将调查问卷送发给选定的被调查者，待被调查者填答完毕之后再统一收回。

邮寄式问卷是通过邮局将事先设计好的问卷邮寄给选定的被调查者，并要求被调查者按规定的要求填写后回寄给调查者。邮寄式问卷的匿名性较好，缺点是问卷回收率低。

报刊式问卷是随报刊的传递发送问卷，并要求报刊读者对问题如实作答并回寄给报刊编辑部。报刊式问卷有稳定的传递渠道、匿名性好、费用低，因此有很大的适用性，缺点也是回收率不高。

人员访问式问卷是由调查者按照事先设计好的调查提纲或调查问卷向被调查者提问，然后再根据被调查者的口头回答填写问卷。人员访问式问卷的回收率高，也便于设计一些深入讨论的问题，但不便于涉及敏感性问题。

电话访问式问卷就是通过电话中介来对被调查者进行访问调查的问卷类型。此种问卷要求简单明了，在问卷设计上要充分考虑几个因素：通话时间限制、听觉功能的局限性、记忆的规律、记录的需要。电话访问式问卷一般应用于问题相对简单明确，但须及时得到调查结果的调查项目。

网上访问式问卷是在互联网上制作，并通过互联网来进行调查的问卷类型。此种问卷不受时间、空间限制，便于获得大量信息，特别是对于敏感性问题，相对而言更容易获得满意的答案。

二、问卷调研的原则

利用问卷进行市场调查是一种非常有效的方式，可以向市民发放调查问卷，也可以选择在相关网站上设置在线调查表，用以收集用户反馈信息。问卷调查常用于产品调查、消费者行为调查、顾客意见调查、品牌形象调查等方面，是获得第一手调研资料的有效工具。但如何提高问卷调查结果的质量，是开展市场调研过程的关键。因此，我们应遵循以下原则：

1. 认真设计问卷

问卷应该主题明确、简洁明了、问题便于被调查者正确理解和回答，且便于调查结果的处理，这是所有问卷设计的基本原则。

2. 吸引尽可能多的人参与调查

参与者的数量对调查结果的可信度至关重要，问卷设计应体现出“您的意见对我们很重要”，让被调查者感觉到填写调查表就好像在帮助自己或所关心的人，这样往往有助于提高问卷回收率。当然，问卷回收率的提高也离不开有力的宣传推广，尤其是网上在线调查与适当的激励措施相结合会有明显的作用，必要时还应该和访问量大的网站合作以增加参与者数量。

3. 尽量减少无效问卷

提醒被调查者不要遗漏的项目，不要明显超出正常范围来答问卷。

4. 公布保护个人信息声明

无论哪个国家，用户对个人信息都有不同程度的自我保护意识。调研者应让用户了解调研目的并确信个人信息不会被公开或者用于其他任何场合。

5. 避免滥用市场调查功能

市场调研信息也向用户透露出企业的某些动向，使得市场调查具有一定的营销功能，但应该将市场调查与营销严格区别开来，如果以市场调查为名义收集用户个人信息来开展所谓的数据库营销或者个性化营销，不仅将严重损害企业在消费者（至少是被调查者）心中的声誉，同时也将损害合法的市场调查。

6. 尽量降低样本分布不均衡的影响

样本分布不均衡表现在用户的年龄、职业、受教育程度、用户地理分布等方面，因此，在进行市场调研时要对发放问卷的用户结构有一定的了解，尤其是样本数量不是很大的情况下。

7. 奖项设置合理

作为补偿或者为刺激参与者的积极性，问卷调查机构一般都会提供一定的奖励措施，合理设置奖项有助于减少不真实的问卷。

8. 采用多种调研手段相结合

常用的调研手段除了问卷调查之外，还有对访问者的随机抽样调查、一对一的访谈、历史数据分析整理等等。根据调查目的和预算采取多种调查手段相结合的方法，以最小的投入取得尽可能多的有价值的信息。

三、问卷市场调研的主要内容

1. 市场需求研究

研究和分析市场需求情况，主要目的在于掌握市场需求量、市场规模、市场占有率，以及如何运用有效的经营策略和手段，其具体内容包括：现有市场对某种产品的需求量和销售量；市场潜在需求量有多大，也就是某种产品在市场上可能达到的最大需求量有多少；不同的市场对某种产品的需求情况，以及各个市场的饱和点及潜在的能力；本企业的产品在整个市场的占有率以及不同市场的占有率，哪些市场对企业最有利；分析研究市场的进入策略和时间策略，从中选择和掌握最有利的市场机会；分析研究国内外市场的变化动态及未来的发展趋势，便于企业制定长期规划等。

2. 用户及消费者购买行为的研究

用户及消费者购买行为研究的方向和内容主要包括：用户的家庭、地区、经济等基本情况及其变动情况和发展趋势；社会的政治、经济、文化教育等发展情况，对用户的需要将会产生什么影响；不同地区和不同民族的用户，他们的生活习惯和生活方式有何不同，有哪些不同需要；消费者的购买动机，包括理智动机、感情动机和偏爱动机，特别是理智动机对产品设计、广告宣传及市场销售活动的影响及产生这些动机的原因；用户对特定的商标或特定的商店产生偏爱的原因；谁是购买商品的决定者、使用者和具体执行者，以及他们之间的相互关系；消费者喜欢在何时、何地购买，他们购买的习惯和方式，以及他们的反应和要求；用户对某种产品的使用次数，每次购买的单位数量及对该产品的态度；某新产品进入市场时，哪些用户最先购买，其原因和反应情况；对潜在的用户的调查和发现等。

3. 营销因素研究

（1）产品的研究。研究企业现有产品处在产品生命周期的哪个阶段，应采取的产品策略；研究产品的设计和包装；产品应采用的原料和制造技巧以及产品的保养和售后服务等。

（2）价格研究。价格对产品的销售量和企业盈利的大小都有着重要的影响。价格研究的内容包括：有哪些因素会影响产品价格；企业产品的价格策略是否合理；产品的价格是否为广大消费者所接受，价格弹性系数如何等。

（3）分销渠道的研究。其内容包括：企业现有的销售力量是否适应需要，如何进一步培训和增强销售力量；现有的销售渠道是否合理，如何正确地选择和扩大销售渠道，减少中间环节，以利于扩大销售，提高经济效益等。

（4）广告策略的研究。其内容包括：如何运用广告宣传作为推销商品的重要手段，以及正确地选择各种广告媒介；如何制定广告预算，怎样才能以较少的广告费用取得较好的广告效果，了解广告的接收率及广告推销效果，以评估广告效果；确定今后的广告策略等。

（5）促销策略的研究。其内容包括：如何正确地运用促销手段，从而刺激消费，创造需求，吸引用户竞相购买；对企业促销的目标市场进行选择研究；企业促销策略是否合理，效果如何，是否被广大用户接受等。

4. 宏观环境研究

宏观环境包括人口、经济、自然地理、科学技术、政治法律和社会文化等因素。一切营销组织都处于这些宏观环境之中，不可避免要受其影响、制约。

（1）经济环境是指国民生产、国民收入、社会购买力及其投向的变化，在它的影响下市场供应和需求总量及结构的变化趋势；在一定时期内个人收入水平、平均工资水平和物价水平的变化；消费水平和消费结构将会对市场产生的影响等。

（2）自然地理环境是指产品（或劳务）供应区的地理位置、交通运输状况、气候条件和气象变化规律等。

（3）科学技术环境是指在一段时期内本行业的科技发展新动态，新工艺、新技术的研发状况及对本企业产生的影响等。

（4）政治法律环境是指在一定时期内，政府的经济方针和有关税收、财政、外贸等方面的政策会对市场营销产生的影响，以及政府的有关法令和规章制度对企业发展的影响等。

（5）社会文化环境是指一定时期，一定范围内人口的数量及其文化、教育、职业、性别年龄等结构的变化，及对各类消费者需求的影响；各地的风俗习惯、民族特点对消费需求产生的影响等。

5. 竞争对手研究

商品经济社会，是一个竞争激烈的社会，企业要在竞争中取胜，必须“知己知彼”，每个企业都应充分地掌握并分析同行业竞争者的各种情况，认真地分析我方优点和缺点，做到知己知彼，学会扬长避短，发挥优势。竞争对手研究的主要内容有：市场上的主要竞争对手及其市场占有率情况；竞争对手在经营、产品技术等方面的特点；竞争对手的产品、新产品水平及其发展情况；竞争者的分销渠道、产品价格策略、广告策略、销售推广策略等情况；竞争者的服务水平等。

实战演练

1. 虽然目前人们的生活水准、医疗技术日益提高，使人们的寿命较之以前增长了，但是环境的不断恶化、人们工作压力增大等问题也在不断危害着人们的身体健康，导致很多疾病的发病年龄提早，或者引发出新的疾病来，所以人们对疾病的风险保障需求增加。保险公司也想推出相应的险种，但在险种推出之前，要先了解市场，请你为保险公司设计一份了解市场对医疗保险需求的调查问卷表。

2. 我国保险行业走过了60年的风风雨雨，人们的保险意识从不知保险为何物，到主动要求购买保险。如今又面临世界经济危机，保险在我国目前发展状况如何？请你设计一份保险行业调查问卷。

第二节 客户信息卡的建立与管理

实训目的

保险行销员为了开展业务，必须与大量的客户进行接触、拜访，掌握大量的客户资料，随着对客户的深入接触、了解，对客户的认识也在不断地变化。为了牢牢抓住客户，以及开发潜在客户，必须对这些资料进行分析、整理，然后分门别类建立客户信息档案。这样有利于行销员记住客户，而且在今后的拜访和拓展业务中可以利用这些资料，抓紧客户心理、需求，提供最适合客户的险种，从而促成保险业务。因此客户档案信息建立与管理在保险业务开展过程中也是至关重要的。

本实训通过老师讲解如何建立客户信息卡以及客户信息档案库，让学生懂得如何将客户信息进行归类，从而便于今后的展业工作，同时也能使展业更有成效。

实训要求

要求学生学会对客户进行分级；建立并管理客户信息档案库；根据客户资料

制作客户信息卡。

假设全班有 45 人，老师将全班每 5 人分成 1 组，一共 9 组。每组都要根据实训要求建立客户信息卡，从而建立客户档案。每组 5 人分工合作：其中 2 人进行信息调查、2 人进行客户信息卡的制作、1 人建立客户档案库。

老师最后在全班进行评比，看哪一组的客户信息卡中记载的客户资料最准确、全面，且对每一组作品进行讲评，最终评选出“最优客户信息档案库”。

●●· 实训实施

一、客户分级管理

大学者苏格拉底的弟子曾求教老师，怎样才能找到理想的伴侣。苏格拉底带弟子们来到一片麦田，让他们每人选摘一枝最大的麦穗，不能走回头路，且只能摘一枝。结果前两个弟子一心想着要选摘一枝最大的麦穗，结果错过了很多好麦穗，直到即将走出麦田时，才无奈地匆匆摘了一枝。只有第三个弟子汲取了前两位师兄弟的教训，在心里将麦穗分为大、中、小三类，然后比照选择了属于大类中的一枝金黄的麦穗。

其实，我们做保险，又何尝不是在摘麦穗呢？每个保险行销员都大量接触客户，在这些客户中有人非常愿意投保，有人则不愿投保。对待不同的客户所采取的策略也不一样，那如何去判断客户呢？接下来的一周、一个月或一年之内，我们将重点攻关哪些客户才有希望获得成功，而不是东冲西撞地“眉毛胡子一把抓”呢？我们首先要做的工作是寻找、调查客户，接下来更重要的是对客户分门别类，按促成保单的可能性大小对其进行排位，即建立客户档案。有针对性地运用不同策略、不同精力和时间，逐个突破。

老师可以传授学生“推销之神”原一平的客户归类法。原一平将客户按照成交的可能性进行分类，大体将客户分为 A～F 六级。

“A”级是在投保边缘的客户。这一级的客户，只要经劝说，随时都可能投保。

“B”级是因某种因素而不能立刻投保的客户。但是这一级的客户，只要稍待时日，就会晋升至“A”级。

“C”级的客户与“A”级的客户相同，都属于随时会投保的客户，但因身体健康上的关系，目前被公司拒绝投保。

“D”级的客户健康没有问题，不过经济状况不太稳定。由于人寿保险合同属于长期性保险合同，保险费需要长期缴纳，若收入不稳定，要长期支付保费就成问题了。这类客户则有待他们的经济状况改善后再行动。

总而言之，从“A”级到“D”级的客户的共同点是，对保险有充分的了解，他们也都有投保的需要和意愿。保险业务员需要就彼此间的不同点，加以分门别类，以便于自己的分析与辨认。尤其“B”级到“D”级，属于要密切注意发展动态的对象，一旦投保条件成立，就要准备出击，各个击破，将之变为“A”级客户。

另外需要注意的是，保险行销员不要勉强客户购买保险，如果忽视了这一点，而用种种软硬兼施的方法，勉强客户购买的话，将会产生许多如中途解约的后遗症，这是得不偿失的，甚至会产生一个负面的宣传效应，使保险行销员对其他客户的展业受到影响。保险行销员最高兴的事莫过于客户主动说：“你好！你来得正好，我左思右想，还是决定购买保险了。”设法使客户对保险的相关性能和价格有正确认识之后，再诱导他们自发前来购买保险，这是保险行销员的任务。

“E”级的客户对保险的认识还不够，行销员与客户之间还有一段距离。这表示行销员的努力不够，还必须再下工夫进行深入调查。

“F”级的客户包括两种：第一种是在一年之内很难升级者，第二种是仅止于调查阶段者。

针对第一种“F”级客户，需要根据实际状况，再作调查或继续拜访，以求能逐渐晋升等级。

至于第二种“F”级客户，他们可能很富有也很健康，但由于还在进行调查阶段，所以尚未正式拜访过。这些人很可能在面谈之后，立即晋升至“A”级。

上述“A”级至“F”级的客户，不论哪一级，保险行销员只要与他们一有接触，就应该立即把资料详细记在客户卡上。诸如：

(1) 与客户交往的情况：时间、地点、谈话内容、感想等。

(2) 若不能见面，把原因详细记下。

(3) 自己为客户所做的服务工作。

(4) 自己对这次访问的意见。

行销员通常会根据这些客户卡上的记录，回想当时交谈的情形及对方的反应，然后边想边反省，并做下列两件事：

(1) 检讨与客户交谈的内容，加以修正或补充。

(2) 改变自己的姿态，以便于更能接近客户。

从客户卡上，不但要看到客户的全部情况，还要看出自己在这次展业中的全部记录，然后反省、检讨、修正，再拟订出下一次的拜访计划。尽量促成可能成交的客户，或者促使成交的可能性较小的客户逐步升级，即促使接触阶段的客户抓紧时间进入说明阶段，然后到促成、售后服务、客户开拓……形成一个良性循环。

除了上述的“A”级至“F”级的客户之外，还有保险行销员无法掌握其未来动向的客户。如因为行销员的努力不够，或是没有找到正确的切入点，或是客户的投保条件不符，致使无法把他们归类到“A”级至“F”级上。应该把这些无法归类的客户的资料整理成一堆，暂时束之高阁，等待时机。不过，每逢闲暇时刻，可以取出这些客户卡，一一仔细重新检查，看看过去的做法是否有遗漏或疏忽之处，以便给这些卡片新生命，也扩大了自己的客户群。

客户卡的建立虽然是举手之劳的事情，但意义非同小可，它能使你全面了解客户的各种情况，使展业更有条理和目的性。否则，会如同“摘麦穗”一样，满眼都是客户，又都不是确定能入保的客户。

二、制作客户信息卡

老师可以让学生将班级同学看做是客户，要求每个学生对除自己以外的学生建立一个客户信息卡。

那么在客户信息卡都需要填写什么内容呢？

1. 客户的基本资料信息

主要包括客户的姓名、家庭住址、家庭电话等。这些资料便于联系客户，但是要注意的是，如果客户很讨厌让人知道个人的家庭住址和家庭电话的话，不要追根问底。

2. 客户及家庭成员的出生日期

包括客户本人、配偶、子女的出生日期。这些资料便于了解客户情况，可以给客户及家庭在提供人身保险上以帮助，也有利于以后做好售后服务。

3. 客户的职业资料

包括客户的职业、任职公司名称、所任职位。这些资料便于提供合理保险计划，给客户最大的保障。

4. 客户经济状况、家庭情况

包括客户收入支出状况、身体状况、配偶工作状况、生活情况等。有利于为客户选择保险险种，不会因为选择了保险，而影响客户的生活水准。

5. 学历背景

毕业学校、有何特长、工作经历。

6. 专长、兴趣、参加的社团

和上面学历背景资料一样，了解了这些客户资料，在与客户接触过程中，便于寻找接触的契机点，增加接触机会，甚至可以拉近关系，为售后服务提供资料。

7. 作息时间

何时拜访最适合，上下班时间等。清楚这些资料，便于在一个合适的时间里去拜访客户，不给客户增添麻烦，也利于客户接受保险行销员向客户解说的险种。

8. 其他资料

包括身份证号码、身高、体重、过往病史、每次谈话的时间和内容、对保险的态度等。

客户的资料必须准确记录，并且统一登记。对客户的资料越全面，开展业务的便利性越强。客户信息卡的格式可以选择表格，这样一目了然、直观。可以总括式列成一张表格，也可以根据内容分列几张表，根据保险行销员自己的喜好自由选择。

总括式的表格见表2—1～表2—3。

表2—1　　客户信息卡

编号：

客户姓名		性别		年龄	
学历		职业		年均收入	
付款方式		性格特征			
购买险种			购买日期		
住址			联系电话		
E-mail			备注		

表2—2　　团体保险客户资料卡

编号：

团体名称		营业地址	
团体性质		经营规模	
联系电话		主要决策人	
主要决策人性格特征			
购买险种		购买日期	
付款方式		信用等级	
营业状况			
备注			

表 2—3 **客户信息登记表**

编号：

本人情况	姓名	职称	籍贯	身高	体重	特征	婚姻	地址（H）	电话（H）
	出生年月	就职公司	经营内容	股份	地址（O）	电话（O）	兴趣爱好	结婚纪念日	毕业院校
配偶情况	姓名	出生年月	配偶教育	就职公司	收入状况	兴趣爱好	夫妻相处情况	配偶影响力	
子女情况	姓名	出生年月	教育程度	兴趣	参加社团				
其他	宗教信仰	忌讳事项	家族病史	饮酒习惯	抽烟习惯	饮食习惯	喜爱的运动	喜欢的话题	处世态度
	理财方式	财务状况	投资状况	人生计划	行销成功要点	评价			

分列式表格见表 2—4～表 2—7。

表 2—4 **客户信息卡 1：资料基本表**

编号：

客户名称		性别		年龄		电话	
E-mail			住址			邮编	
职务		传真		兴趣			
配偶情况		子女情况		健康情况		教育程度	
备注							

表 2—5 **客户信息卡 2：信用资料**

编号：

客户财务状况		理财方式	
投资状况		缴费日	
信用额度		信用期限	

表 2—6　　　　**客户信息卡 1（基本资料）**

<table>
<tr><td>准客户卡号</td><td colspan="3"></td><td colspan="3" rowspan="2">客户联系卡</td><td colspan="2" rowspan="2">A B C D
准客户</td></tr>
<tr><td>客户卡号</td><td colspan="3"></td></tr>
<tr><td>姓名</td><td></td><td>职业</td><td colspan="4"></td><td>身份证号码</td><td></td></tr>
<tr><td>性别</td><td></td><td>职务</td><td colspan="4"></td><td rowspan="2">客户来源</td><td rowspan="2">1 陌生拜访　2 客户转介绍
3 展示行销　4 缘故
5 主动投保　6 其他</td></tr>
<tr><td rowspan="3">家庭成员（姓名、关系）</td><td colspan="2"></td><td rowspan="3">出生年月</td><td colspan="3"></td></tr>
<tr><td colspan="2"></td><td colspan="3"></td><td>住址，电话</td><td></td></tr>
<tr><td colspan="2"></td><td colspan="3"></td><td colspan="2"></td></tr>
<tr><td>寿险需求</td><td colspan="8"></td></tr>
<tr><td rowspan="4">家庭现有保障</td><td>公司</td><td>险种名称</td><td>被保险人</td><td>保单生效日</td><td>保险期限</td><td>保险金额</td><td colspan="2">保险费</td></tr>
<tr><td></td><td></td><td></td><td></td><td></td><td></td><td colspan="2"></td></tr>
<tr><td></td><td></td><td></td><td></td><td></td><td></td><td colspan="2"></td></tr>
<tr><td></td><td></td><td></td><td></td><td></td><td></td><td colspan="2"></td></tr>
</table>

注：缘故是指向熟人或通过熟人、客户的介绍向其他陌生人推荐保险的一种方式。

表 2—7　　　　**客户信息卡 2（保险状况表）**

<table>
<tr><td rowspan="4">准客户等级
A
B
C
D</td><td>新保险单号</td><td></td><td>险种名称</td><td></td><td>保险期限</td><td></td></tr>
<tr><td>保单生效日</td><td></td><td>保险金额</td><td></td><td>保险费</td><td></td></tr>
<tr><td>交费期限</td><td></td><td>开户银行</td><td></td><td>账号</td><td></td></tr>
<tr><td>被保险人姓名</td><td></td><td>基本情况</td><td></td><td>缴费方式</td><td>年/半年/趸交</td></tr>
<tr><td>保单状况（中止、复效终止、理赔、给付）备注</td><td colspan="6"></td></tr>
<tr><td>附加保险情况</td><td colspan="6"></td></tr>
<tr><td>转介绍名单</td><td colspan="6"></td></tr>
<tr><td>日期</td><td colspan="6">接洽拜访记录</td></tr>
<tr><td></td><td colspan="6"></td></tr>
<tr><td></td><td colspan="6"></td></tr>
<tr><td></td><td colspan="6"></td></tr>
<tr><td></td><td colspan="6"></td></tr>
</table>

建立了客户信息卡，掌握了部分客户资料后，就可以去开展业务。但是开展业务前，必须根据客户级别做好计划，见表 2—8。

表 2—8 客户级别与计划制订表

编号：

类别	等级说明	计划拜访次数	计划购买时间	计划销售数量
A	具备完整的购买条件	一周 1～2 次	当月购买	
B	具备购买潜力，具有访问价值	每隔一周 1 次	2～3 个月内购买	
C	偶尔访问	每月 1 次	半年内购买	
D	具备长远的开拓价值	顺路拜访或电话访问	1～2 年内购买	

相关知识点

一、客户信息卡使用中应注意的事项

（1）每天对拜访过的客户进行资料存入、修订。

（2）整理好第二天要拜访的客户信息卡，并按拜访顺序排列。

（3）当天没能拜访的客户资料应该排列在第二天再次拜访。

（4）当天拜访不成功的客户资料应放回原处，并记下拜访日志（主要是拜访时间，拜访情况，不成功原因）。

（5）对拜访后确定为无保险意愿的客户，可以将此客户资料封存，不要丢弃，因为可能在将来的某一天成为潜在的客户。

二、建立客户信息资料档案库

将客户信息卡建立资料档案库，分门别类，有利于保险行销员掌握客户资料，便于进行保险展业，也便于拜访后对客户信息进行评价、分析、整理。

1. 客户档案分类方法

（1）按地域分类。

即按客户家庭住址或者公司地址分，利于区域拜访。

（2）按行业分类。

这种分类便于保险行销人员对专业知识的掌握。

（3）按客户姓氏分类。

这种分类便于查找。

（4）按客户等级分类。

这种分类可以掌握客户重要程度，从而采取区别性的营销策略。

2. 建立档案的注意事项

（1）客户信息卡使用活页，这样便于增添内容。

（2）客户信息卡使用相同尺寸、质地的纸张，利于整理。

（3）便于携带。

（4）档案整理时需要写下索引，并在每个档案上加注标签，便于查找。

3. 建立档案的其他文件材料

客户信息档案文件除了客户信息卡之外，还有其他一些重要文件，主要有：

（1）名片。

每天与人交换名片，有些人虽然不是客户，但名片仍需要存档，以备未来需要。可用名片本或名片盒，按行业或者姓氏来保存。

（2）记事本。

这是每个行销人士必备的物品。为了增加工作效率，在开展业务之前，必须先做好计划，这就要借助记事本来记录每天行程，以及需要见的客户的信息。

（3）演讲记录、录音带、录像带或者视频资料。

听完演讲或受训时，一定要做好笔记，因为这可以在日后作为参考。如不能当堂记录下来，可以使用录音笔进行记录。在整理记录时，一定要字迹工整，页面洁净。笔记使用活页记录，这样可以将它们根据内容进行归档。

（4）公司文件、普通文件。

一些营销、管理和财务方面的文件，可以用普通文件夹、硬式档案夹来归类分档放置。

（5）剪报。

在报纸杂志上看到与保险展业有关的生活、财务、医学和税收等方面的文章和资料，应剪下放到活页纸上，一方面可以丰富自己的知识，另一方面今后拜访客户时有可能会用得上。

（6）复印件、理赔文件、契约变更文件。

视个人情况及需要而定，大部分记录可以写在客户信息卡中，方便查找，又可以节省空间。

（7）文件传送资料。

保单、邮件、支票等需要传送总公司或寄发，必须记录，以免遗失，并将记录装订成册。

（8）保户续缴记录、薪资表。

一般保险公司用计算机处理保单，之后将保单交给行销员，上面记载了保户投保内容和资料；续缴卡是追踪服务用的，可单独存放或同原资料卡一起存放；薪资表可用一般文件袋存放。

实战演练

根据班级同学信息建立自己的“客户信息卡”。

第三节　保险信函书写

实训目的

信函是一种最直接的销售方法，是对客户的尊重，可避免拜访时客户不在造成的时间浪费，更可以避免因拜访而造成影响客户工作的尴尬场面，从而防止给客户留下恶性印象。因此信函推销法是提高保险行销效率，给客户留下良好印象的妙法。优美而又与众不同的信函可以给客户留下深刻的印象，帮我们拉近自己与客户的距离。

本实训就是探讨信函的书写，增强学生的应用文的写作能力。

实训要求

要求学生掌握信函的书写格式；书写各种用途的书信。

要求全班每一个同学都必须进行信函书写，自己独立完成。根据不同情况，写出不同类型的信函。

老师最后在全班进行评比，学生间相互进行，且对每人的作品进行讲评。

实训实施

本实训让学生进行书写信件，根据学校条件，可以选择手写，也可以选择电子稿件，要求每人都必须完成。

保险的信函通常用在以下几种情况下：进行拜访前的征求函或通知函；新产品的推荐函；产品、服务补充说明函；成交感谢函；促成信函；道歉函；节假日问候函；感谢函；日常问候函；异议处理信函；约访函；自荐函（未见面）。

老师在教学中，应该先向学生传达信函的基本知识，如信函的书写格式、信函的作用等。当学生掌握后，学生就能独立进行信函的书写。

在学生写作过程中，要特别注意掌握几点：

一、信函的格式要合理

（1）在信件整页页面上要注意布局合理。页面四周留有合理的宽度，两边上下要留有对称的空白框。称呼、问候、信件正文、礼节性结尾、写信人名字和日期都要各自另起一行。

（2）正确使用标点符号。

二、信函的内容

（1）大多数信函的正文内容是由三部分组成：一是阐明写信的原因；二是对信中提到的产品做概括性总述；三是进一步指明行销人员或者客户下一步该做的事。就其信中提到的信息一定要“新”（新产品、新理念或者是最新的活动动态），表达方式也要新颖。因为人们都有求新心理，信息越新，越能引起人们的好奇心，也就会吸引客户的注意力。除此之外，信函内容要与客户的生活、利益有关，这样使客户觉得亲近，而且熟悉的事物人们才会更容易接受。

（2）虽然写信的目的是销售产品，是一封商业信件，但是最好是一对一的私人信件，语气要亲切，态度要诚恳，不要做成产品广告。即使围绕着产品，也要向客户说明是你能通过产品为他做什么。为了突出客户，信件把任何一个客户都当成最重要客户，对客户要尊称“您”，使他感觉自己备受重视，从而增强好感。

（3）根据客户的不同，写不同版本的信。在信件开头使用简短语气，如果语句太冗长，使人缺乏耐心再读下去。要避免使用专业术语，免得造成客户理解上的误区。为了说明产品，可以使用故事来引出产品。例如著名的《华尔街日报》的商业信函讲述了两个年轻人的故事。一位年轻人成了一家公司的老板，另一位年轻人成了一家集团公司的经理，什么原因造成了这两人的差别？是《华尔街日报》！这封信得到了数以万计人的回应，为报社创下了100万美元的收入。真可谓一字千金！也可以使用提问，引发客户思考，让他去关注保险问题。

（4）信函结尾处留下保险行销员的姓名、手机号码、E-mail等联系方式。这样如果客户对信中提到的保险产品感兴趣的话，可以联系到你。

（5）信件最好亲手书写，给人以亲切之感。此外信封最好不要用本保险公司的商用信封，商用信封往往会使信函没有被拆封就被扔进废纸篓里。有些节日或者生日等祝福信函，不要忘记在信中也祝福客户的家人。信函最好在拜访后第二天寄出，然后在客户收到信的第二天给客户打个电话问候一下，确认是否收到信函。收到回访信函的客户通常都会因这份礼貌和用心而感动，紧接着在愉快的气氛下提出再次拜访的要求，客户一般都会欣然同意。

［范例］

1. 保险产品推荐函

（1）大病医疗保险推荐信函。

尊敬的××：

您好！

这封信并不是要您购买人寿保险，而是要介绍我自己，并和您谈一些新的理念。因为大多数的专业人士均认为，合理的理财规划事关他们的前途。

我是从事寿险服务数年之久的专业保险管家，希望能以诚信的态度及专业的能力，为您及您的家人提供有关财务规划及风险规避的妥善建议与服务。

成功人士大都能够详细地告诉我，在百年后可以留下多少的钱财给受益人，然而至今为止，我还未碰到过哪位专业人士能够清楚地告诉我，在他想停止工作时，他会有多少的大病保障基金，会有多少的退休收入，您能吗？

或许您认为想要把这个问题搞清楚，可能需要花点钱和许多的时间，其实不必，您只需准备一点时间及一颗关心大病保障基金、退休福利计划的心即可。

不知您是否听说过我们的另一种保险——重大疾病医疗保险。如你方便的话，请您给我30分钟的时间，来与您解释其特色与好处。30分钟的时间不算太短，但这30分钟所谈的内容，却能使您的家人在未来的某一天，得以省下巨额的支出。

因此，这几天，我想和您聚聚，以便和您一起分享大病保障基金、退休福利计划以及保险理财的一些新理念与发展趋势，稍后我会再打电话与您约个双方都合适的时间。

祝

一切安好！

您诚挚的朋友：×××

手机：×××××××××

QQ：××××××

E-mail：×××@qq.com

20××年××月××日

（2）少儿基金推荐函。

尊敬的××：

您好！

欣闻您初为人父，宅第生辉，特驰函恭贺！

在接下来的日子里，您的新生儿需要您给予的是一份全身心的呵护——从关爱、教导，一直到了解，每一个阶段都需要您的悉心照顾。在孩子这段“人之初”时期，您是否想到，为人父母应给予生命最大的“保障”，特别是遇到紧急状况时，可以协助其渡过难关，并继续茁壮成长？

现在，有个小小的动作请您来做，请拿一只宝宝的鞋，并将它摆在您鞋子的旁边，比比看，它是不是看起来很小？婴幼儿的保费也正好如此，他与您的保费相比实在是小多了，而现在既然有这么好的机会，何不好好把握呢？

事实上，为人父母总希望能留给子女一笔“财产”。而现在正是您可以实现这个希望的时候，这个适合留给子女的财产就是“少儿基金”。

此寿险与众不同之处在于——它是特别针对幼童而设计的，保障孩子的生活需求的经济支柱，且越早投保保费越便宜。

如果您下周方便的话，我将与您会面，并做详细说明。届时，如果您不满意，请尽量直说无妨，我还是要再次提醒您，千万别忘了安排您孩子的未来！

祝

安　好！

您诚挚的朋友：×××

手机：×××××××××

QQ：×××××××

E-mail：×××@qq. com

20××年××月××日

(3) 儿童教育保险推荐函。

尊敬的××：

您好！

作为一位家长，您是否考虑过以下问题？

——如果现在马上就要拿出一大笔钱来支付子女的大学学费，您拿得出来吗？

——如果您的孩子十年后、十五年后念大学，届时您依然可以拿得出来吗？

“虽然大学一年的学费将达到20 000元之多，但是我们的存款仍然是足够支付。”这是当您的子女准备念大学时的好消息。

可惜的是许多家长总是“事到临头”时才慌慌张张地东拼西凑，不曾事先做好妥善安排，来张罗子女的大学教育费，如此一来，就算其子女有“计划”进入大学，充其量也不过是“白日梦”罢了！

因此，现在正是您有系统地为孩子筹备大学学费的时候，这样才有可能保证届时所需的经费不成问题。我将会很乐意与您谈谈本公司的“大学学费服务计划”，当然，您没有义务非要照单全收不可，而且您也不必因为“不好意思拒绝”而勉强接受。我过几天再与您联络，以便做进一步的讨论。

祝

安　好！

您诚挚的朋友：×××

手机：×××××××××

QQ：×××××××

E-mail：×××@qq. com

20××年××月××日

2. 感谢函

尊敬的××：

您好！

非常恭喜您以智慧的眼光选择了这份人生的保障！其次，衷心地感谢您对我公司的支持和对我本人的关爱，您的支持是我前进的动力，您的关爱是我成功的基石。当我历经风雨站在成功的舞台上接受掌声和鲜花时，我要把这束最美丽的鲜花送给您，以表达我最诚挚的谢意，深深地祝福您人生之旅平安如意！

人是生活在彼此互助的环境里的，很高兴在寿险的路上有您相伴，感谢您的信任，使我得以成长，更希望借由我的服务使您的人生更美满！

真诚服务到永远是我的心愿，也是我的承诺！

您诚挚的朋友：×××
手机：×××××××××
QQ：××××××
E-mail：×××@qq. com
20××年××月××日

尊敬的王总：

您好！

非常感谢您今天在百忙之中拨出宝贵时间和我面谈。

与您短短20分钟的交谈让我受益匪浅。您对人生及事业积极、热忱的态度极大地鼓舞了我，让我明白成功非一时的努力便可获得。同时，您的成功经历也让我感到，只要永葆一颗积极向上、努力的心，脚踏实地地工作，再加上您及其他众多客户对我的支持，我也一定会成为保险行业的佼佼者。

寿险事业是一份终身事业。我一定通过我的用心和专业努力做好每一件事情，尽量为所有的客户提供最高满意度的服务，以报答您这样一位德高望重的老总在我迈向成功的起步阶段对我慷慨无私的支持。

谢谢您！

祝身体健康，万事如意！

您诚挚的朋友：×××
手机：×××××××××
QQ：××××××
E-mail：×××@qq. com
20××年××月××日

3. 道歉函

尊敬的××：

您好！

感谢你愿意花这么多的时间，与我交流您对保险的想法与期望，也要向您说声抱歉，由于我为您规划的保单未尽周全，不能使您满意，以至于拖延了您享有保险保障的时间。

作为一个专业的寿险从业人员，我非常了解您对于自身权益所保持的审慎态度。同时，对于先前我未能深入而精确地掌握到您真正的想法，致使不能切实满足您的保障需求，我也感到由衷的抱歉，不过我相信，您一定同意以下两点：

第一：人不一定一生都有钱，也会有不能赚钱、没有收入的这一天，这一天的来临，可能是因为年老、退休，或是退休之前遭遇的意外或疾病状况。

第二：当这一天来临的时候，我们不能保证我们身边一定有一大笔钱。事实上，人寿保险是一种工具——解决问题的工具；人寿保险是特殊用途的急用现金，需要的时候给您最多。

近期内，我将再次打电话与您联络，我祈愿再次与您见面时，进行更贴切的建议与说明，以向您提供我所规划的建议书，并进一步确认您的需求和想法。届时方便的话，希望您能拨出点时间给我。

期待下次和您见面的时刻，并感谢您热情的接待！

敬祝

身体健康 一切顺利！

您诚挚的朋友：×××

手机：××××××××

QQ：××××××

E-mail：×××@qq. com

20××年××月××日

（资料来源：http：//www. wenmi114. com。）

相关知识点

一、信函推销法的优点

1. 节约时间

可以避免登门拜访客户时却发现客户不在的事情发生，节约了保险行销员的时间。同时也节约了客户时间，以免因突然拜访造成他工作、生活上的困扰。

2. 加深印象

用信函来简短说明保险产品，能够使客户有独立空间来思考有关保险的问题，从而对保险产品印象深刻。而且信函给人以亲切、备受人重视的感觉，尤其在电子化信件横行的社会，信函也可以加深客户对保险行销员的印象。可以说，信函是进行保险产品销售非常有效的前奏。

二、信函信封的书写①

1. 在信封上写上有冲击力的词句

一些商业信函促销专业人员推荐使用“白”信封。事实证明情况正好相反。美国促销专家丹尼·哈奇在他的营销著作《百万美元的商业信函》一书中总结了71种最为成功的商业信函信封模式，这些模式无一例外地都在信封上写有极具

① http：//www. sia1995. net/shownews. asp？ newsid＝2452。

吸引力的词句。

2. 不要让信封的背面空着

收信人看到信封正面和背面的机会是 50∶50。为什么不把信封的背面也利用起来，让收信人成为你潜在的客户呢?

3. 问一个带刺激性的问题

全球最优秀的广告词撰写人比尔·吉米在为美国《今日心理学》杂志拟制商业信函时，在信封上写上了这样的句子：“当只有你一人在家洗澡时，你把浴室的门关上了吗?”

4. 突出你提供的小礼品

如果在邮件中提供了小礼物，千万不要让它被人忽视而扔到一边，最好把小礼物在商业信函的信封上注明。

5. 把收信人的名字写在信封上

不仅仅在信封上要写上地址，而且还要吸引收信人的注意力。一家液化气公司在寄给一位用户的商业信函中，故意把信封弄得像被煤灰染得黑漆漆的样子，信封上写着：“嘿，史密斯先生，你还在用那脏乎乎的煤炉吗?”

6. 写收信人名字时，要多写几处

苹果电脑公司在给一位客户的商业信函中这样写道：艺术指导，李方；账户经理，李方；媒体指导，李方。苹果电脑公司的用意非常明确，就是要告诉用户，它们的计算机可以应用到各种不同的工作中。

7. 尝试使用特快专递 EMS

这可以提高收信人的重视程度。这样做的价格可能会很贵，但是没有什么事开始做时是不需要投入的。但是，你要解释清楚，为什么你这么着急地寄送你的商业信函。

8. 把信封制作得像特快专递信封

有些公司寄出的信很像特快专递，让人一看到这些信件就感觉是非常的重要。这样做的成本比使用特快专递要低很多。

9. 尝试使用西联快递

在邮寄跨国商业信函时，可以使用美国西联快递，它可以以最快的速度传递你的商业信息，并且这种信件在交付时邮递员会要求收信人当面拆阅。

10. 使用一个邮递盒

人们收到盒装的邮件时一般都会打开它。你要在显著的位置上写清你的名字和公司的名称，这样才不会被误认为是不明邮件（邮包炸弹）而被销毁。不要使用卷式包装，这种邮件打开后收信人很不容易阅读。

11. 在邮包里装一支钢笔

美国 AT&T 公司曾经进行过这样的测试，发现装有钢笔的邮包的回应率要比没有钢笔的高出 50%，其实这些钢笔并不贵。

12. 在邮包上写一个谜语

美国的一家软件公司 Mathworks 经常向工程师们邮寄商业信函，他们发现在信封上写一个谜语会大大提高回应率。

13. 把信封制作得别具一格

把你的商业信函放到一大堆商业信函中，请一位朋友来做个测试，如果他一眼就能挑中你的邮件，那就成功了一半。

14. 在信封上多搞点色彩

许多公司花很多钱把信函里面的宣传册制作得五彩缤纷，但有些收信人可能从来就不打开信封，五彩缤纷的宣传册一点都没有发挥作用。与其这样，不如在信封设计上多下工夫，信封上多搞些色彩，吸引客户眼球，并达到让客户阅信的目的。

15. 抓住老客户

如果商业信函明显是针对收信人的，他们就很可能会打开它。例如，在信封上写上这样的句子："内有特殊礼物赠给联想电脑的客户。"

16. 尝试用不寻常的信封

例如 AT & T 公司使用的信封就像是公司的内部信件，而另一家公司的信封则是一个很大的纸袋，还有的使用聚乙烯材料做的信封。

17. 让信封特别抢眼

新西兰敦豪公司向客户邮寄一种世界上最大的商业信函，信封有 3 英尺长、2 英尺宽。要尽量使你的商业信函最抢眼、最刺激、最与众不同。

如果你能找到潜在的真正需要你的产品或服务的收信人，你的商业信函就有了成功的机会。

实战演练

1. 请向准客户写一封有关意外伤害保险或者养老保险的保险产品推销函。
2. 请向保险客户写一封感谢函。
3. 请向保险客户写一封道歉函。

第四节 保险市场调查报告

实训目的

市场调查报告是市场调查的最终总结。通过市场调查，把来自各个地方、社会各个阶层的人们对调查的主题的看法等信息资料汇集一起，并结合企业生产经营需要而完成的一篇报告。市场调查报告通过对调查数据分析，找出问题所在、导致问题的原因，提出建设性建议，指导企业（或公司）今后发展道路、营销策略、发展方针。

本实训就是探讨如何写市场调查报告。学生通过实训练习掌握市场调查报告写法上的技巧，并能独立完成市场调查报告。

实训要求

要求学生掌握市场调查报告的主要内容、写作技巧等，并要求学生撰写保险调查报告。

假设全班有 45 人，老师将全班每 5 人分成一组，一共 9 组。每组都要根据背景资料写一份市场调查报告。

老师最后根据学生最终成果，全班进行评比。让学生自己评选“最有实效的市场调查报告”且对每一组作品进行讲评。

实训实施

市场调查报告的撰写，首先是以市场调查的主题及其分解的题目为中心，进行草拟；然后扩展成以一个个分项题目为主体的分列报告；再对这些分列报告进行组合、扩充，加上必要的内容后成为市场调查报告的主体；再根据主体内容的需要，编写附录；最后，根据主体的内容，写出市场调查的摘要及目录。

根据撰写提纲的要求，由多人分工负责撰写，各部分的写作格式、文字数量、图表和数据要协调，统一控制。初稿完成后，就要对其进行修改，先看各部分内容和主题的连贯性，是否需要增减，顺序安排是否得当，然后整理成完整的报告，提交审阅。

一、准备工作

整理与本次调查有关的资料，包括过去已有的调研资料、相关部门的调查结果、统计部门的有关资料（包括统计年鉴）、本次调查的辅助性材料和背景材料等。

整理统计分析数据。要认真研究数据的统计分析结果，可以先将全部结果整理成各种便于阅读比较的表格和图形。在整理这些数据的过程中，对调查报告中应重点论述的问题自然就会逐步形成思路。

对理论假设做出接受或拒绝的结论。

对难以解释的数据，要结合其他方面的知识进行研究，必要时可针对有关问题找专家咨询或进一步召开小范围的调查座谈会。

确定报告类型及阅读对象。调查报告有多种类型，如综合报告、专题报告、研究性报告、说明性报告等，阅读的对象可能是企业、公司领导，专家学者，也可能是一般用户，也就是说，要根据具体的目的和要求来决定报告的风格、内容和长度。

二、报告的构思

通过收集到的资料、获得的实际数据资料及各方面的背景材料，初步认识客观事物，然后深入研究客观事物的性质、作用、表层原因和本质原因，得出所要分析的市场问题的一般规律性。

在认识客观事物的基础上，确立主题思想。主题的提炼要努力做到准确、集中、深刻、新颖。准确，是指主题能根据调查的目的，如实反映客观事物的本质及其规律性；集中，是指主题突出中心；深刻，是指主题能深入揭示事物的本质；新颖，是指主题有新意。

确立基本观点，列出主要论点、论据。确定主题后，对收集到的大量资料，经过分析研究，逐渐消化、吸收，形成概念，再通过判断、推理，把感性认识提高到理性认识，然后列出论点、论据，得出结论。

安排报告的层次结构。在完成上述几步后，构思基本上就有个框架了。在此基础上，考虑报告正文的大致结构与内容，安排报告的层次段落。报告一般分为三个层次，即基本情况介绍、综合分析、结论与建议。

三、选取数据资料

市场调查报告的撰写必须根据调查所得的数据资料进行分析，即介绍情况要有数据作依据，反映问题要用数据做定量分析，提建议、措施同样要用数据来论证其可行性与效益。恰当选材可以使分析报告主题突出、观点明确、论据有力。因此有无丰富的、准确的数据资料作基础是撰写调查报告成败的关键。在确立主题、论点、论据后，就要围绕主题，研究和选取数据资料。

在进行市场调查、收集资料的过程中，调研人员思想上还没有形成任何固定的观点，因此，收集到的大量调查数据资料不可能都是切中主题、能准确反映事物本质特征的典型材料，因此，必须对所收集的数据资料进行去粗取精、去伪存真、由此及彼、由表及里的分析研究、加工判断，才能挑选出符合选题需要、最能够反映事物本质特征、形成观点、作为论据的准确资料。在写作时，要努力做到用资料说明观点，用观点论证主题，详略得当、主次分明，使观点与数据资料协调统一，以便更好地突出主题。

四、分析结论的提出

市场商情分析结论是市场调查报告的最终结果。提出的市场商情分析结论应当是客观事物的真实反映，不能有任何迎合领导期望的倾向。要通过市场商情分析找出市场商业活动中具有规律性的东西，揭示事物发展的趋势和本质，提炼出对于市场商业活动具有指导意义的结论。有时，使用的分析工具不同，可能得出不同的结论，这时，需要综合各方面的情况，比较不同的分析结果，通过去粗取精、去伪存真的过程，得出最终的结论。

五、撰写初稿

1. 市场调研报告的结构

（1）题目。

（2）内容提要。

（3）调研报告正文：

1）绪言（调研报告的目的）。

2）主要的结论（一系列简短的陈述）。

3）调研采用的详细细节。

4）调研结果（含图表）。

5）调研结果小结。

6）总的结论和建议。

（4）参考资料。

（5）附录。

2. 撰写网上市场调研报告应注意的事项

（1）调研报告应该用清楚的、符合语法结构的语言表达。

（2）调研报告中的图表应该有标题，对计量单位应清楚地加以说明，并且，如果采用了已公布的资料，应该注明资料来源。

（3）正确运用图表，对于过长的表格，可在调研报告中给出它的简表，详细的数据列在附录中。

（4）调研报告应该在一个有逻辑的框架中陈述调研结果。若涉及宣传方面的问题，调研报告的内容和形式都应满足特定要求。

六、定稿

写出初稿，征得各方意见并进行修改后，就可以定稿。在定稿阶段，一定要坚持对事客观、服从真理、不屈服于权力和金钱的态度，使最终报告较完善、较准确地反映市场活动的客观规律。

［范例］

苏州人身保险理赔服务情况调查报告

保险理赔管理是保护被保险人利益的核心，也是保险公司参与市场竞争和提升公众形象的关键。为全面了解人身保险理赔服务情况，评估理赔服务质量，有效解决理赔难问题，江苏保监局联合苏州市保险行业协会对人身保险理赔服务情况开展了专项调查。结果显示，近年来人身保险理赔服务质量有较大好转，但依然存在一定程度的理赔难问题。保险业要在深入分析原因的基础上，研究解决问题的有效途径和方法。

一、调查的基本情况

苏州市现有18家人身保险公司，此次调查选择其中开业满4年的8家作为调查对象，包括中国人寿、太平洋、平安、新华、泰康、太平、友邦和信诚（分别以A～H指代)。2007年，人身险公司共实现保费收入57.3亿元，理赔给付①2亿元，8家公司分别占比94.5%和96.1%，具有一定的代表性。

主要调查三方面内容：一是了解理赔服务的基本情况，对各公司理赔制度及相关流程进行对比分析。二是统计分析各项理赔给付指标，包括理赔人数、调查比例、拒赔比例、平均结案时间、投诉件数、诉讼件数等，并按照随机等距抽样方法抽取各公司意外险、短期医疗险、重大疾病保险、人寿保险单各25件，共计712份样本②进行抽样分析。三是召集相关公司理赔专业人士组成“理赔争议案件研究小组”，重点对所有19份诉讼案件及按照随机等距的抽样方式抽取的100份拒赔案件逐案研究讨论，评估诉讼案件和拒赔案件的合理性。

二、苏州市人身保险理赔服务总体情况

总体上看，各公司均建立并完善了相关工作流程，能较好地执行理赔管理制度，理赔服务水平有较大提高。

（一）件均理赔给付金额偏低，保险保障程度有待进一步提高。2007年，各相关公司理赔给付案件19.6万件，理赔给付1.93亿元，件均理赔给付985元。其中，个险件均理赔给付2 589元，团险仅671元。件均理赔给付金额偏低的主要原因是，个人短期医疗险、意外险理赔案件数量占80%以上，团险超过95%，而短期医疗险、意外伤残的给付金额一般不高，因此摊薄了件均指标整体水平。即便如此，人身保险保障程度依然不高，理赔给付超过10万元的仅3件。

（二）个险、团险在调查和拒赔比例方面差异较大。调查显示，2007年，经加权平均的各相关公司（不含H公司）个险理赔案件调查比例为10.4%，团险理赔案件调查比例1.7%；个险拒赔比例2.3%，团险拒赔比例1.8%，个险两项指标均高于团险。造成这种差异的原因，一是团险理赔案件绝大部分是短期医疗险、意外险，理赔给付金额偏低；二是以团体承保的被保险人逆选择的可能性较小。

理赔案件的整体调查比例、拒赔比例在较大程度上反映公司的理赔态度，同时，与承保业务质量紧密相关，也受到公司间险种结构不同的影响。调查结果显示，A、F公司的个险调查比例分别为17.0%、33.3%，分别偏离平均值6.6

---

① 指短期险赔款支出和长期险死伤医疗给付，不包括满期给付和年金给付。

② 有的公司如重大疾病或人寿保险案件不足10件，因而总计不足800件。

个、22.9个百分点；C、D公司的个险拒赔比例分别为7.6%、10.4%，分别偏离正常值5.3个、8.1个百分点，对此应予以适当关注。

（三）拖赔问题得到根本性改变，集中管理模式优势凸显。评价公司理赔是否及时包括三个环节：收齐理赔申请资料、理赔处理、理赔款项支付。任何一个环节处理不好，都有可能给申请人留下“拖赔”的印象。从收齐理赔申请资料及时性看，随着公司服务水平的提高，以往要求申请人多次补齐资料的现象已大为减少。从理赔处理及时性看，目前，各总公司普遍加大了对平均结案时间的考核力度，该指标得到明显改善。调查显示，2007年各公司标准件平均结案时间为5日，非标准件平均结案时间为11日。其中，大部分公司个险标准件的平均结案时间在2～3日。团险平均结案时间总体长于个险，主要原因是大多团体医疗保险批次申请、批次处理，导致理赔人力阶段性不足。从理赔款项支付及时性看，由于绝大部分公司不存在现金流问题，银行划账时间较长是影响支付及时性的主要因素。为此，大部分公司结案后即短信告知申请人，有的探索通过网上银行即时支付，取得了良好的效果。可见，公司对在理赔工作流程上的改进，有效解决了“拖赔”问题。

调查发现，A、E、G公司理赔案件由总公司统一审核，采取流水作业的标准化模式，平均结案时间少于其他同业公司，凸显出总公司集中管理模式的优势。

另外，从公司提供的投诉记录看①，2007年涉及理赔方面的投诉有80件。其中，个险理赔投诉60件，团险理赔投诉20件。C、F、G三家公司没有投诉记录。理赔投诉内容主要涉及投保时行销员未明确说明相关情况、医疗险部分拒赔不合理、理赔款项未在短期内到账等方面。

三、对拒赔件和诉讼件的调查分析

（一）拒赔件调查与分析。通过对100件拒赔案件的统计分析，拒赔原因中，未如实告知既往病史的占比最高，达到52%；属于条款约定除外责任的占27%；不符合条款约定保险责任范围的占12%；其他情况占9%，如孕妇不符合投保条件、保额已赔足再次申请理赔、保险合同失效等。

“理赔争议案件研究小组”认为，合理的拒赔案件有91件、不合理的3件、存在争议的6件。不合理案件均为医疗险。

案例一：某被保险人因“急性胆囊炎症，右下肺炎，多囊肾多囊肝”住院申请医疗费用赔付，某公司以“多囊肾多囊肝”为先天性疾病属除外责任为由拒赔。经讨论认为，其中的“急性胆囊炎症，右下肺炎”不属于先天性疾病，公司应对该项目下的医疗费用予以赔付，不区分项目而全部拒赔不合理。

案例二：某被保险人因鼻中隔偏曲入院手术，某公司以鼻中隔偏曲治疗为矫正手术属除外责任为由拒赔。经讨论认为，鼻中隔偏曲影响呼吸，而非简单的矫

① 需要说明的是，由于目前各公司理赔投诉记录的标准不一致，该指标仅作为参考。

正手术，公司应予以赔付。

案例三：某被保险人因意外摔伤入院，某公司以既往有糖尿病史不符合投保规则拒赔。经讨论认为，意外摔伤与糖尿病无关，拒赔意外险不合理。

案件争议焦点包括：一是保险条款。如对无证驾驶或驾驶未经年审的车辆出险、醉酒后行为等免责条款的理解，对交界性肿瘤等重大疾病定义的理解等存在争议等。二是未如实告知的责任认定。三是保险事故性质认定。如对疾病死亡（猝死）与意外死亡的界定，特别是多种因素并存时争议较多，此类争议多见于意外险。四是医疗费用是否适用补偿原则。

（二）诉讼件调查与分析。通过对 2007 年相关公司所有 19 件诉讼案件的分析，诉讼案由中，投保前存在既往病史的占 35%，非意外事故申请意外险给付的占 30%，伤残标准理解不一的占 15%，医疗费用是否适用补偿原则的占 5%，其他占 15%。解决诉讼案件的方式中，双方协商调解是主要方式，达到 8 件。此外，保险公司胜诉 5 件，败诉 4 件，未结案 2 件。

大多数诉讼案件拒赔依据比较充足，部分案件由于政策法规条文不够完善或客户认知不清导致。此外，个别诉讼案件中，保险公司存在过错或不可推卸的责任。如某被保险人申请理赔，某公司柜面人员在未向理赔人员咨询的情况下直接口头拒赔，客户遂进行诉讼，后经法院判决公司败诉。又如，某公司以被保险人病历记载曾有“小三阳”病史为由拒赔肝癌重疾赔付，无直接证据，依据不足，经法院调解，公司进行部分赔付。

四、对理赔难问题的总体评价

理赔评价主要考察两个方面：一是理赔申请手续是否简单、方便，理赔是否及时；二是赔付是否合理。调查发现，由于公司服务意识提高，总公司加强了对“平均结案时间”的考核，理赔及时性得到明显改善。对于赔付合理性问题，虽然各公司对拒赔案件处理较为慎重，但仍然存在少数不合理赔付问题，甚至导致申请人诉讼。不合理拒赔及诉讼案件产生新闻效应，放大了理赔难现象，造成“投保容易理赔难”的行业形象。初步判断理赔难的主要原因有三：

（一）保险公司方面。一是从销售环节看，销售过程存在误导客户、代签名、不如实告知、冒名体检等问题；二是从理赔服务看，理赔人员专业水平不高、理赔程序过于繁琐等；三是从经营结果看，大部分公司在考核短期业务时，将费用率与赔付率挂钩，而长期业务由于精算复杂，赔付率考核较为宽松，导致基层公司对短期险理赔（尤其是大额理赔）案件的审核较严，出现“可赔可不赔的一般不赔”的现象。

（二）客户方面。一是道德风险，如隐瞒既往病史；二是客户认知，如对保险责任、除外责任、理赔流程等认知不全。

（三）政策环境方面。一是保险条款含糊、生涩造成理解差异；二是行为界定问题，如未如实告知是客户原因还是行销员原因难以界定；三是对于医疗费用是否适用补偿原则，当事人看法不一；四是伤残认定标准存在差异，如保险业使用1998年人民银行颁布的《人身保险残疾程度与保险金给付比例表》，与2002年公安部发布实施的《道路交通事故受伤人员伤残评定》、2006年国家技术监督局实施的《劳动能力鉴定——职工工伤与职业病致残等级分级》相比，标准等级过于笼统，无法满足当前行业发展和投保人需求，极易引起理赔纠纷。

五、相关建议

必须从战略的高度充分认识解决理赔难问题的必要性和重要性，采取切实措施加以解决。

（一）加强公司内控建设。一是针对存在的问题，各人身保险公司要进一步加强理赔管理，完善理赔工作流程。二是不能就理赔谈理赔，要从源头上加强展业行为管理，完善防范误导的长效机制，减少理赔纠纷，真正做到“严进宽出”。

（二）加强行业交流与合作。一是加强行业合作，建立并完善理赔纠纷处理机制。苏州市保险行业协会牵头成立的“人民调解委员会”在解决理赔纠纷方面效果良好。二是加强理赔实务方面的交流和研究。建立“高风险客户数据库”，切实打击骗赔行为。三是加强与卫生、公安等部门的协调，为保险公司做好案件调查创造良好环境。四是加强保险消费者教育。

（三）加强监管。一是建议借鉴国际先进经验，结合我国实际情况，建立人身保险理赔服务标准。二是建议制定相关标准条款，如关于意外伤害的标准定义、医疗保险协调给付条款，修订《人身保险残疾程度与保险金给付比例表》。三是加强监管力度。对保险公司理赔情况进行检查和评估，对拒不履行给付保险金责任或者因理赔明显不公正导致客户诉讼的，依法进行行政处罚，必要时进行信息披露。

（资料来源：http：//money. 163. com。）

相关知识点

一、市场调查报告的格式内容的补充说明

1. 标题

市场调查报告的标题应概括全文的基本内容，做到准确、简洁、醒目。常见的写法有：

（1）单行标题可由调查对象、调查内容（范围）、文种构成，如“天津自行车在国内外市场地位的调查”。

（2）可直接揭示调查结论，如“皮革服装在济南市场畅销”。

（3）也可提出问题，如“电动玩具为何如此热销”。

（4）双行标题一般由正、副两行标题构成，如：

“皇帝的女儿”也“愁嫁”

——关于舟山鱼滞销情况的调查

2. 正文

正文一般由前言和主体两部分构成。

(1) 前言。

前言常见的写法有：

1) 介绍调查活动的一般情况。如调查组织单位、目的、时间、地点、对象、范围、方式、结果等。

2) 介绍调查对象的基本情况。

3) 提出问题。如：目前人们的保险意识是否有所提高？市场调查表明：随着保险业的高速发展，现在人们的保险意识已经得到提高，全国保费收入飞速发展，逐年提高。

(2) 主体。

主体部分也是调查报告的核心部分，一般包括三个方面的内容：

1) 基本情况。即调查对象过去和现在的客观情况。如发展历史、市场布局、销售情况等。

2) 分析与结论。对调查所收集的材料进行科学的分析，从分析中得出结论性意见。

3) 措施与建议。根据调查结论，提出相应的措施和建议。

一些小型市场调查报告，反映的是微观的、局部性的问题，它们篇幅短小，在形式上、写法上往往很灵活，但也足以向人们传递市场某一方面的信息。作为初学者，可以多练习写这样的小型市场调查报告。

二、市场调查报告的写作要领

1. 要做好市场调查研究工作

写作前，要根据确定的调查目的，进行深入细致的市场调查，掌握充分的材料和数据，并运用科学的方法，进行分析研究判断，为写作市场调查报告打下良好的基础。

2. 要实事求是，尊重客观事实

写作市场调查报告一定要从实际出发，实事求是地反映出市场的真实情况，一是一，二是二，不夸大，不缩小，要用真实、可靠、典型的材料反映市场的本来面貌。

3. 要中心突出，条理清楚

运用多种方式进行市场调查，得到的材料往往是大量而庞杂的，要善于根据主旨的需要对材料进行严格的鉴别和筛选，给材料归类，并分清材料的主次轻重，按照一定的条理，将有价值的材料组织到文章中去。

三、几种主要的图表

收集来的数据，经过加工处理后，才有可能成为有价值的信息。信息的提供方式有多种，而图表是较好的一种。统计资料往往以图表的形式来描述，能简洁、系统地说明各种有关的数字资料。通过图表较好的视觉效果，我们可以直接查看数据的差异和预测趋势，并能对有关数据进行对比，反映变量的变化趋势及其相互关系。另外，图表也是专业人员和非专业人员沟通的重要方式。主要的图表有：

1. 圆饼图

圆饼图（见图 2—1）是以圆的整体面积代表被研究现象的总体，按各构成部分占总体比重的大小，把圆面积分割成若干扇形来表示部分与总体的比例关系。

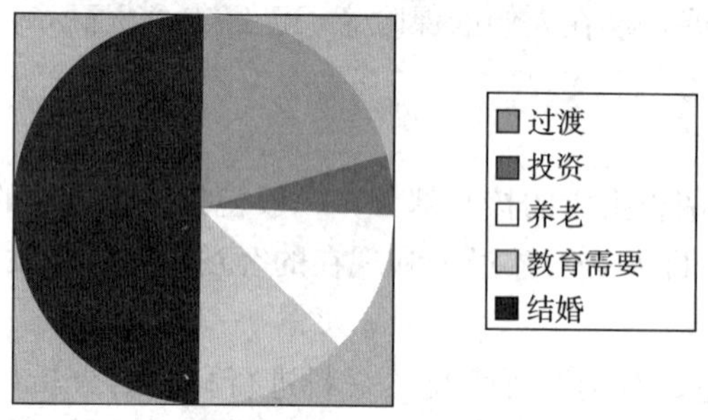

图 2—1 圆饼图示例

2. 曲线图

曲线图（见图 2—2）是利用线段的升降来说明现象的变动情况，主要用于表示现象在时间上的变化趋势、现象的分配情况和若干个现象之间的依存关系。

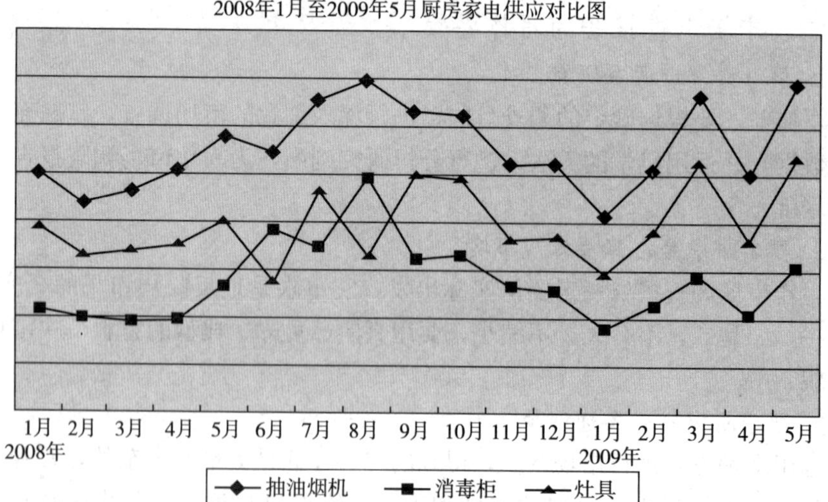

图 2—2 曲线图示例

曲线图可分为简单曲线图和复合曲线图。简单曲线图用于描述一段时间内单个变量的历史状况及发展趋势，复合曲线图描述两个或两个以上变量一段时间内的历史状况及发展趋势。

3. 柱形图

柱形图（见图 2—3）是利用相同宽度的条形的长短或高低来表现数据的大小与变动。柱形图可以清楚地表现各种不同数值资料相互对比的结果。柱形图可分为简单柱形图和复合柱形图。简单柱形图适用于说明一段时间内一个变量的变化，复合柱形图适用于说明两个或两个以上变量的变化及对比关系。

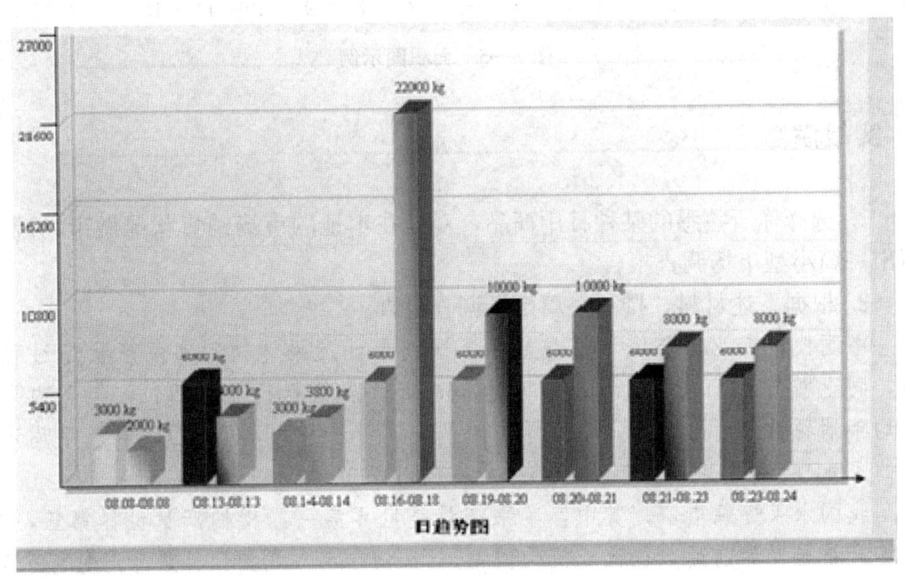

图 2—3　柱形图示例

4. 其他图形

此外，还有其他一些常用的图形，如散点图（见图 2—4）、面积图（见图 2—5）、高低图、控制图、雷达图、箱型图等，这里不详细介绍。

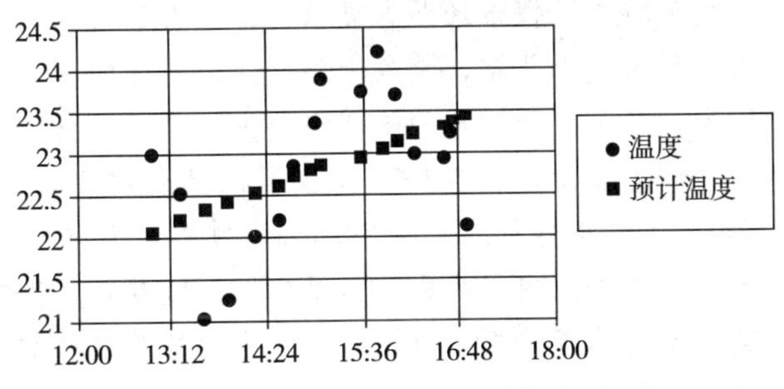

图 2—4　散点图示例

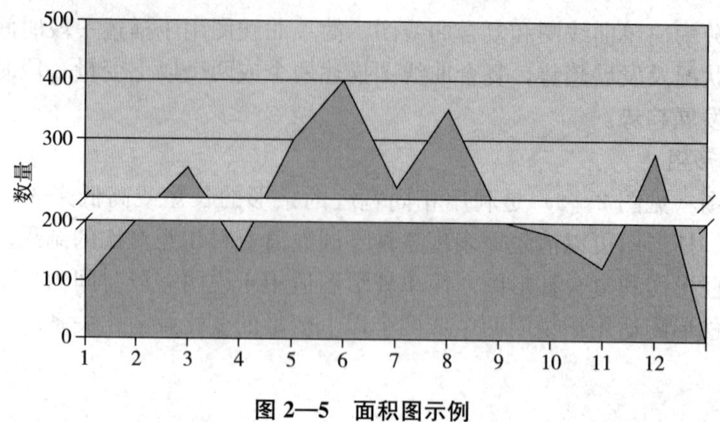

图 2—5 面积图示例

实战演练

1. 选择你所熟悉的某种日用商品，对其在本地的市场销售状况做市场调查，写出一篇小型市场调查报告。

2. 根据下述材料，撰写一篇市场调查报告。

中国饮料工业协会统计报告显示，国内果汁及果汁饮料实际产量超过百万吨，同比增长 33.1%，市场渗透率达 36.5%，居饮料行业第四位，但国内果汁人均年消费量仅为 1 公斤，为世界果汁平均消费水平的 1/7，西欧国家平均消费量的 1/4，市场需求潜力巨大。

我国水果资源丰富，其中，苹果产量是世界第一，柑橘产量世界第三，梨、桃等产量居世界前列。据权威机构预测，到 2005 年，我国预计果汁产量可达 150 万～160 万吨，人均果汁年消费量达 1.2 公斤左右。2015 年，预计果汁产量达 195 万～240 万吨，人均年消费量达 1.5 公斤。

近日，我公司对市果汁饮料市场进行了一次市场调查，根据统计数据，我们对调查结果进行了简要的分析。

追求绿色、天然、营养成为消费者和果汁饮料的主要目的。品种多、口味多是果汁饮料行业的显著特点，据市场调查显示，每家大型超市内，果汁饮料的品种都在 120 种左右，厂家达十几家，竞争十分激烈，果汁的品质及创新成为果汁企业获利的关键因素，品牌果汁饮料的淡旺季销量无明显区分。

目标消费群——调查显示，在选择果汁饮料的消费群中，15～24 岁年龄段的占了 34.3%，25～34 岁年龄段的占了 28.4%，其中，又以女性消费者居多。

影响购买因素——口味：酸甜的味道销得最好，低糖营养性果汁饮品是市场需求的主流。包装：家庭消费首选 750ml 和 1L 装的塑料瓶大包装；260ml 的小瓶装和利乐包为即买即饮或旅游时的首选；礼品装是家庭送礼时的选择；新颖别致的杯型因喝完饮料后瓶子可当茶杯用，所以也影响了部分消费者的购买决定。

饮料种类选择习惯——71.2%的消费者表示不会仅限于一种，会喝多种饮料；有什么喝什么的占了20.5%；表示就喝一种的有8.3%。

品牌选择习惯——调查显示，习惯于多品牌选择的消费者有54.6%；习惯性单品牌选择的有13.2%；因品牌忠诚性做出单品牌选择的有14.2%；价格导向占据了2.5%；追求方便的比例为15.5%。

饮料品牌认知渠道——广告：75.4%；自己喝过才知道：58.4%；卖饮料的地方：24.5%；亲友介绍：11.1%。

购买渠道选择——在超市购买：61.2%；随时购买：2.5%；个体商店购买：28.4%；批发市场：2.5%；大中型商场：5.4%；酒店、快餐厅等餐饮场所也具有较大的购买潜力。

一次购买量——选择喝多少就买多少的有62.4%；选择一次性批发很多的有7.7%；会多买一点存着的有29.9%。

（资料来源：http：//www.vcmc.net/xuekan/read.php？id=7919。）

第三章
保险营销模式创新

第一节　保险营销人员个人网站的建立

实训目的

在当今这个数字化的时代中，网络已经成为了人们日常生活中必不可少的部分。保险营销人员要想通过网络给自己创造一个事业发展的契机，给企业和个人一个宣传的途径，开展保险网络销售，拥有自己的个人网站是必不可少的。本实训的目的就是让大家学会如何建立自己的个人网站。

实训要求

参照具体的实训步骤，要求学生能够完成下列操作内容：

（1）申请一个网站的域名。

（2）建立网站空间和个人主页，将主页上传到网站空间上，并且能够通过网络浏览此主页。

实训实施

本实训描述了一个网站从建立到后期维护的完整过程。建立网站是一个长期复杂的工程，有些步骤在短短的几次实训操作中是无法实现的，此处只是列出来，让大家能了解一个完整的过程。

一、确定主题

一个网站必须要有一个明确的主题。特别是对于个人网站，它不可能像综合网站那样做得内容多而全，包罗万象。个人没有这个能力，也没这个精力，所以必须要找准一个自己最感兴趣的内容，做深、做透，凸显出自己的特色，这样才能给浏览者留下深刻的印象。网站建设的主题没有限制，只要是个人感兴趣的任何内容都可以，但主题要鲜明，在自己的主题范围内把内容做到多而全、精而深。当然，现在流行的博客是另外一种意义上的个人网站，它关注的是个人的观点与爱好，内容丰富，没有固定明确的主题。

当网站主题确定好了以后，一个好的网站名将是推广网站的利器。网站名称不要太长，要易记，最好在四个字以内，长了别人不易记。比如新浪、淘宝、网易、百度、天极网、谷歌，你能够一口气说出的网站都是名字比较短的，并且一般都在四个字内。

二、域名申请

除了网站名之外，一个容易记忆的域名也是优秀网站的必备条件。域名是网站在全球 Internet 上的唯一标识，也是网络用户浏览该网站的门牌号和进入标识。域名的使用是全球范围的，没有严格的地域性限制。从时间性的角度看，域名一经获得即可永久使用；域名在网络上是绝对唯一的，一旦取得注册，其他任何人不得注册、使用相同的域名，因此其专有性也是绝对的。

在新的经济环境下，域名所具有的商业意义已远远大于其技术意义，已经成为企业在新的科学技术条件下参与国际市场竞争的重要手段。它不仅代表了企业在网络上的独有的位置，也是企业的产品、服务范围、形象、商誉等的综合体现，是企业无形资产的一部分。同时，域名也是一种智力成果，它是有文字含义的商业性标记，与商标、商号类似，体现了一定的创新性。

常见的 . com、. net、. cn 属于一级域名，而一级域名下的域名称为二级域名，域名整体包括两个“.”，例如“. abc. com”或“. abc. cn”。新浪中文的主页 www. sina. com. cn 其实就是一个二级域名。

域名的使用必须经过法定机构的注册，并且需要缴纳固定的年费。中国互联网络信息中心（China Internet Network Information Center，简称 CNNIC）是经国家主管部门批准，于 1997 年 6 月 3 日组建的管理和服务机构，行使国家互联网络信息中心的职责。只有由 CNNIC 认证的域名注册服务机构才能提供域名注册服务。这些机构在 CNNIC 的网站（http：//www. cnnic. cn）上都可以找到。

当然，免费是网络最大的特点。在网上，也能找到很多免费域名注册网站。但这里一般只能申请到二级域名，提供顶级免费域名的往往是陷阱。通常免费期是一年，第二年的续费很高，申请时一定要看清注意事项，以防受骗。

域名的注册遵循先申请先注册原则，管理机构对申请人提出的域名是否违反了第三方的权利不进行任何实质审查。各个机构管理域名的方式和域名命名的规则有所不同，但也有一些共同的规则：

1. 域名中只能包含的字符

(1) 26个英文字母。

(2)“0、1、2、3、4、5、6、7、8、9”10个数字。

(3)“-”(英文中的连字符)。

2. 域名中字符的组合规则

(1) 在域名中，不区分英文字母的大小写。

(2) 域名最长可达67个字节(包括后缀 .com、.net、.org等)。

(3) 中文国内域名组合规则：各级域名长度限制在20个合法字符(汉字，英文a～z，A～Z，数字0～9和“-”等均算一个字符)；不能是纯英文或数字域名，应至少有一个汉字。“-”不能连续出现。

三、空间申请

有了自己的域名这个门牌号码后，下一步就需要一个空间盖房子建立自己的网站，而这个空间在Internet上就是服务器。通常情况下，有以下几种方式可供选择：

(1) 虚拟主机方式：所谓虚拟主机是使用特殊的软硬件技术，把一台服务器分成多台“虚拟”的主机，在外界看来，虚拟主机与真正的主机没有任何区别。网络上有很多地方提供收费或免费的空间，基本上都是采用这种方式。一般虚拟主机提供商都能向用户提供100MB、500MB、1 000MB甚至一台服务器的虚拟主机空间。用户可视网站的内容设置及其发展前景来选择。一页网页所占的磁盘空间大约(20～50)KB，100MB可以放置2 000～5 000页，但如果对网站有特殊的要求，如图片较多、动画较多、需要提供文件下载或有数据库等，就需要多一些空间。

(2) 独立的服务器：对于经济实力雄厚且业务量较大的网站，也可以购置自己独立的服务器，但这需要很高的费用。当然，如果你的流量或访问量还没有达到一定的水平，使用一台普通的电脑也能暂时充当服务器主机的功能。

但无论使用哪种方式，都要将服务器主机的IP地址告知域名注册的机构，这样才能保证网络用户通过域名的方式访问你的网站。

这里推荐一个国内的免费空间网址 http：//cn.5944.net，它可以申请1 000MB的免费空间，并且可以直接申请一个免费二级域名，如图3—1所示。

四、网站规划

Web站点是一组具有相关主题、类似的设计、链接文档和资源的网站。Dreamweaver是一个站点创建和管理工具，使用它不仅可以创建单独的文档，还可以创建完整的Web站点。网站建设得成功与否，与设计者的规划能力有相当大的关系。规划网站就像建筑师设计大楼一样，纸上作业设计好了，才能建成一座

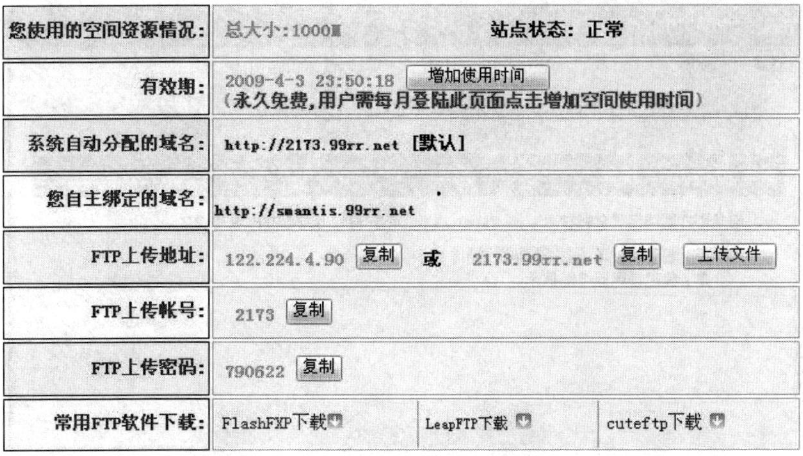

您使用的空间资源情况:	总大小:1000M	站点状态: 正常	
有效期:	2009-4-3 23:50:18 增加使用时间 (永久免费,用户需每月登陆此页面点击增加空间使用时间)		
系统自动分配的域名:	http://2173.99rr.net [默认]		
您自主绑定的域名:	http://smantis.99rr.net		
FTP上传地址:	122.224.4.90 复制 或 2173.99rr.net 复制 上传文件		
FTP上传帐号:	2173 复制		
FTP上传密码:	790622 复制		
常用FTP软件下载:	FlashFXP下载	LeapFTP下载	cuteftp下载

图 3—1

漂亮的楼房。网站规划包含的内容很多，如网站的结构、项目的设定、网站的风格、颜色搭配、版面布局、文字图片的运用等，只有在制作网页之前把这些方面都考虑到了，才能在制作时驾轻就熟、胸有成竹，也只有如此，制作出来的网页才能有个性、有特色、有吸引力。

此处以 Dreamweaver MX 2004 为例，简单介绍如何创建站点。请执行以下操作：

启动 Dreamweaver MX 2004，选择“站点”→“管理站点”（即从“站点”菜单选择“管理站点”），出现“管理站点”对话框。

在“管理站点”对话框中，单击“新建”，然后从弹出式菜单中选择“站点”，出现“站点定义”对话框。

如果对话框显示的是“高级”选项卡，则单击“基本”。出现“站点定义向导”的第一个界面，要求你为站点输入一个名称。

在文本框中，输入一个名称以在 Dreamweaver MX 2004 中标识该站点。该名称可以是任何所需的名称。

单击“下一步”，出现向导的下一个界面，询问你是否要使用服务器技术。

选择“否”选项，指示目前该站点是一个静态站点，没有动态页，如图 3—2 所示。

单击“下一步”，出现向导的下一个界面，询问你要如何使用你的文件，如图 3—3 所示。选择标有“编辑我的计算机上的本地副本，完成后再上传到服务器（推荐）”的选项。在站点开发过程中有多种处理文件的方式，初学网页制作的朋友请选择此选项。

单击文本框旁边的文件夹图标，随即会出现“选择站点的本地根文件夹”对话框。

单击“下一步”，出现向导的下一个界面，询问你如何连接到远程服务器。

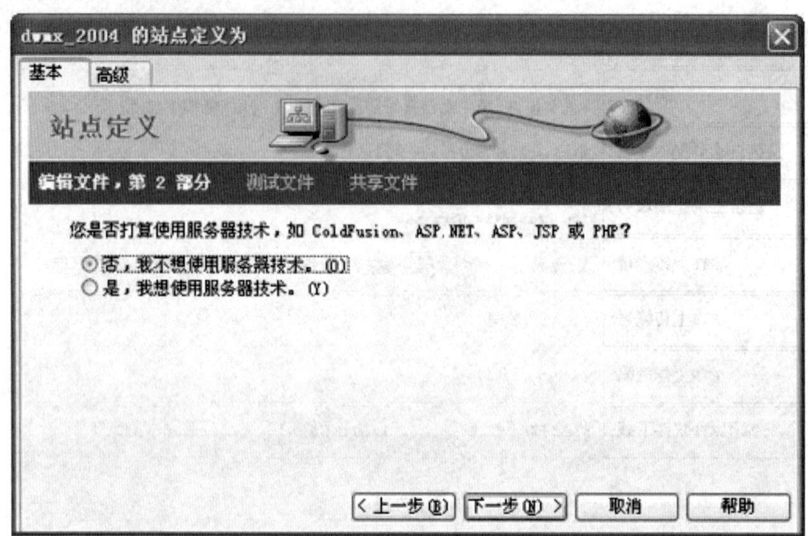

图 3—2

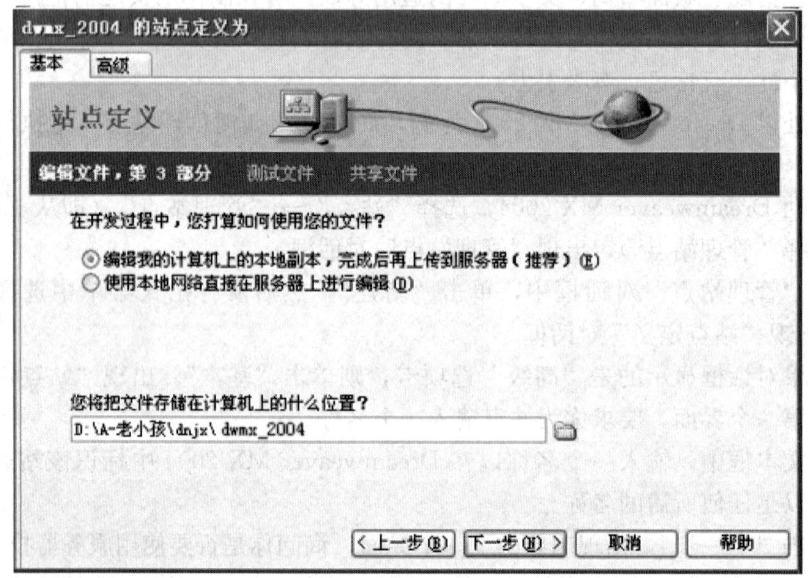

图 3—3

从弹出式菜单中选择“无”。你可以稍后设置有关远程站点的信息。目前，本地站点信息对于开始创建网页已经足够了。单击“下一步”，该向导的下一个界面将出现，其中显示你的设置概要，如图 3—4 所示。

单击“完成”完成设置，随即出现“管理站点”对话框，显示你的新站点。单击“完成”关闭“管理站点”对话框。

规划完之后就要围绕主题开始搜集材料了。俗语说“巧妇难为无米之炊”，

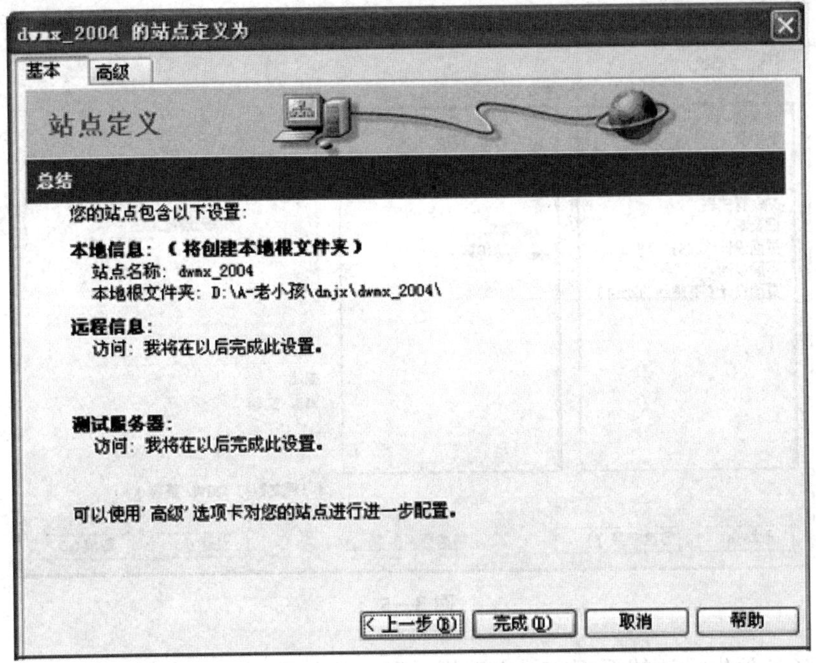

图 3—4

要想让自己的网站有血有肉，能够吸引住浏览者，就要尽量搜集材料，搜集的材料越多，以后制作网站就越容易。材料既可以从图书、报纸、光碟、多媒体上得来，也可以从网络上搜集，然后把搜集的材料去芜存菁，作为自己制作网页的素材。

五、网页制作

网页设计是所有步骤中最具创造性的工作。好的设计能牢牢吸引住来访者。新手做的网页，可能不如一些大网站的网页花俏，不过一个清晰简洁的网页同样可以吸引读者，你可以不断改进网页来迎合来访者，内容吸引人才是最关键的。如果你对学习网页设计毫无兴趣，你可以选择套用网页模板或要求服务商为你制作。

尽管选择什么样的工具并不会影响设计网页的好坏，但是一款功能强大、使用简单的软件往往可以起到事半功倍的效果。制作网页比较流行的工具是 Macromedia 公司的 Dreamweaver、Flash、Fireworks 三套件。Dreamweaver 生成网页，Flash 制作动画，Fireworks 处理图片。另外再配合上 Photoshop、Gif Animator 等辅助工具，基本上就可以满足日常所需了。

此处我们依然以 Dreamweaver MX 2004 为例，创建自己的主页。

从头创建自己的页面，可以使用 Dreamweaver MX 2004 起始页创建新页面，或者可以选择“文件”→“新建”，弹出如图 3—5 所示的对话框。

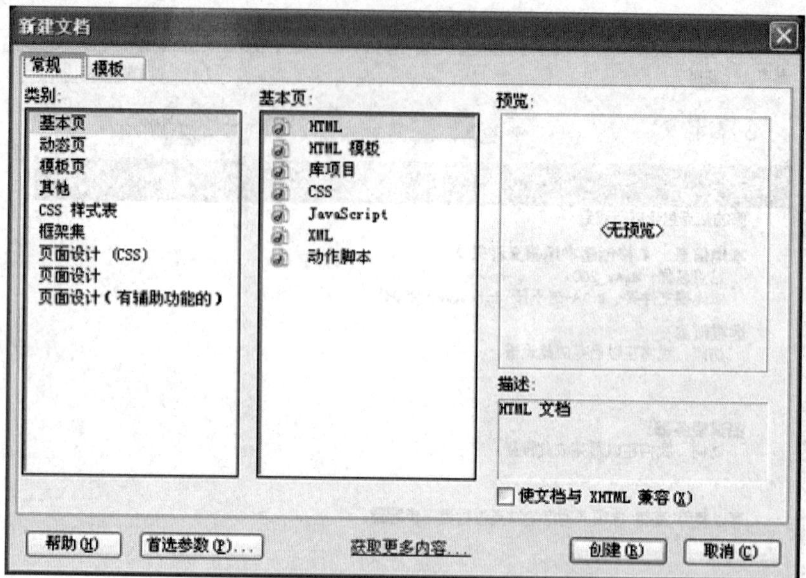

图 3—5

从各种预先设计的页面布局中选择一种。比如选择“基本页”HTML，单击“创建”按钮。Dreamweaver MX 2004 即展开工作区界面（一个空白页），如图 3—6 所示。

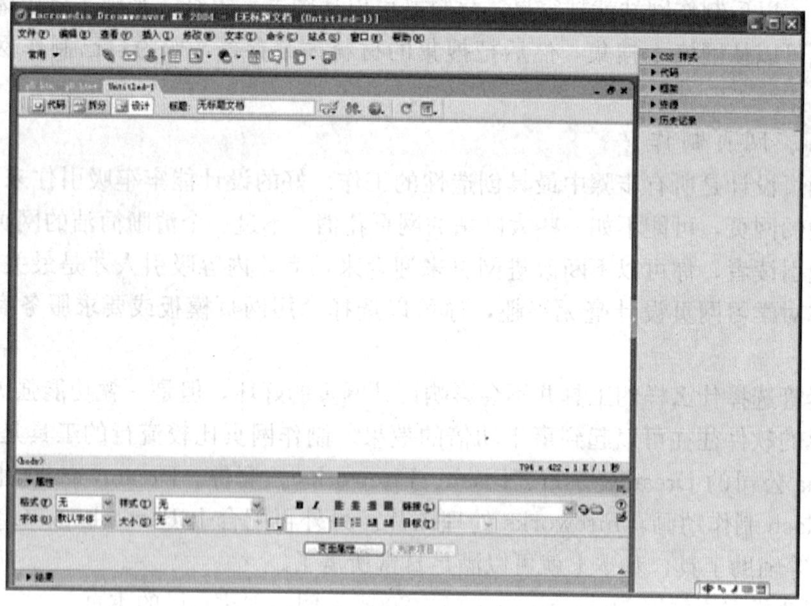

图 3—6

你可以在这个空白页添加表格和输入文本进行编辑。如果你要向页面添加图片或其他元素，应先保存这个空白页。选择“文件”→“另存为”，在“另存为”对话框中，浏览到站点本地根文件夹下，填入文件名，保存退出。网站中的第一页，也就是首页，我们通常在存盘时取名为 index. htm。

现在，我们以如图 3—7 所示的简单网页为例，叙述一下制作过程。

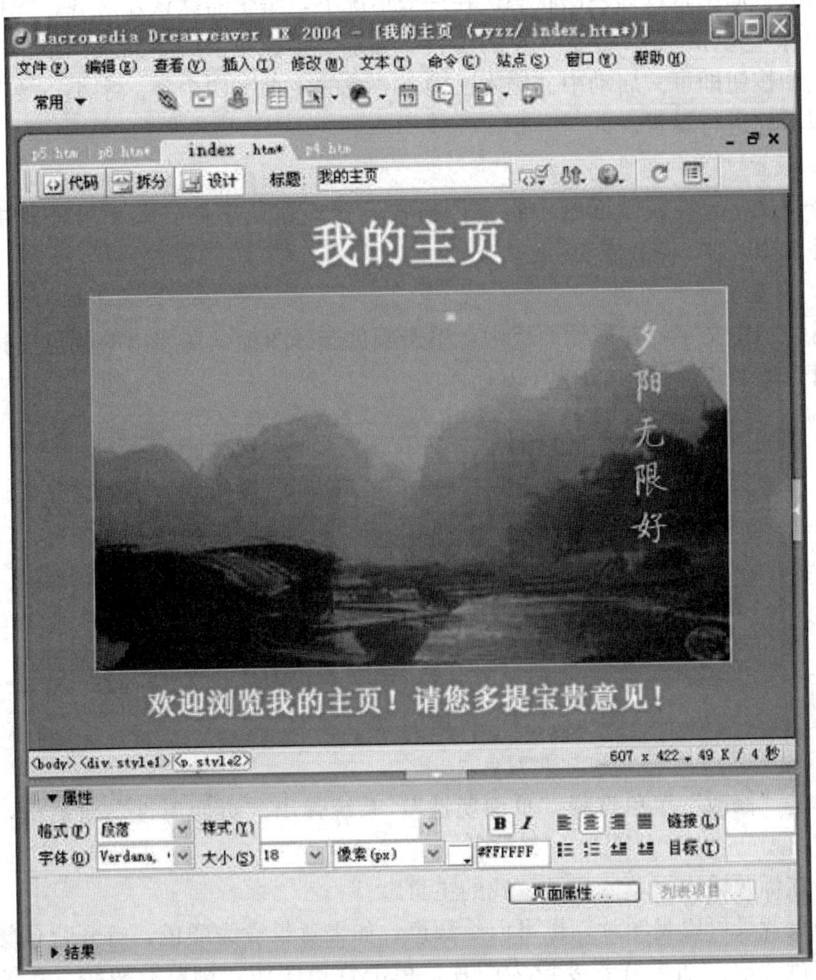

图 3—7

在开始制作之前，我们先对这个页面进行一下分析，看看这个页面用到了哪些东西。

◇ 网页顶端的标题“我的主页”是一段文字。

◇ 网页中间是一幅图片。

◇ 最下端的欢迎词是一段文字。

◇ 网页背景是深紫红色。

知道了这个网页的结构以后我们就可以开始制作了。

首先启动 Dreamweaver MX 2004，确保已经用站点管理器建立好了一个网站（根目录）。为了制作方便，请事先打开资源管理器，把要使用的图片收集到网站目录 images 文件夹内。

1. 插入标题文字

进入页面编辑设计视图状态。在一般情况下，编辑器默认左对齐，光标在左上角闪烁，光标位置就是插入点的位置。如果要想让文字居中插入，单击属性面板的居中按钮即可。启动中文输入法输入“我的主页”四个字。字小不要紧，我们可以对它进行设置。

2. 设置文字的格式

选中文字，在属性面板中将字体格式设置成默认字体，大小可任意更改字号，并选中“B”将字体变粗。

3. 设置文字的颜色

首先选中文字，在属性面板中，单击颜色选择图标，在弹出的颜色选择器中用滴管选取颜色即可，如图 3—8 所示。

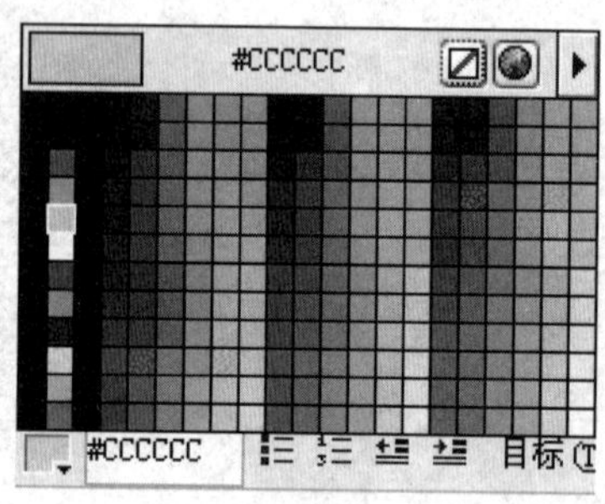

图 3—8

4. 设置网页的标题和背景颜色

单击“修改”菜单选择“页面属性”，系统弹出“页面属性”对话框，如图 3—9 所示。

请在标题输入框填入标题“我的主页”。

网页背景可以是图片，也可以是颜色。如果背景设为颜色，打开背景颜色选择器进行选取。如果背景要设为图片，单击背景图像“浏览”按钮，系统弹出“图片选择”对话框，选中背景图片文件，单击“确定”按钮。

5. 插入图像

设计视图状态，在标题“我的主页”右边空白处单击鼠标，回车换行，选择以下任意一种方法插入一幅图片，并使这张图片居中：

（1）使用插入菜单：在“插入”菜单选“图像”，弹出“选择图像源文件”对话框，选中该图像文件，单击“确定”按钮，如图 3—10 所示。

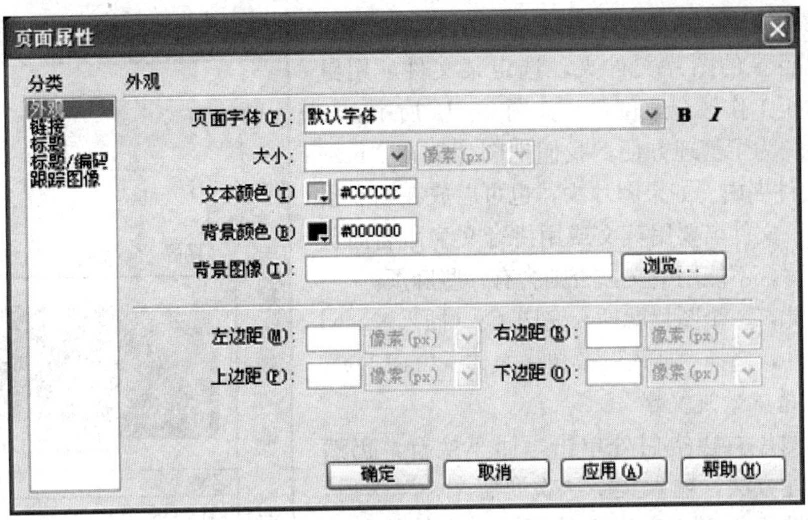

图 3—9

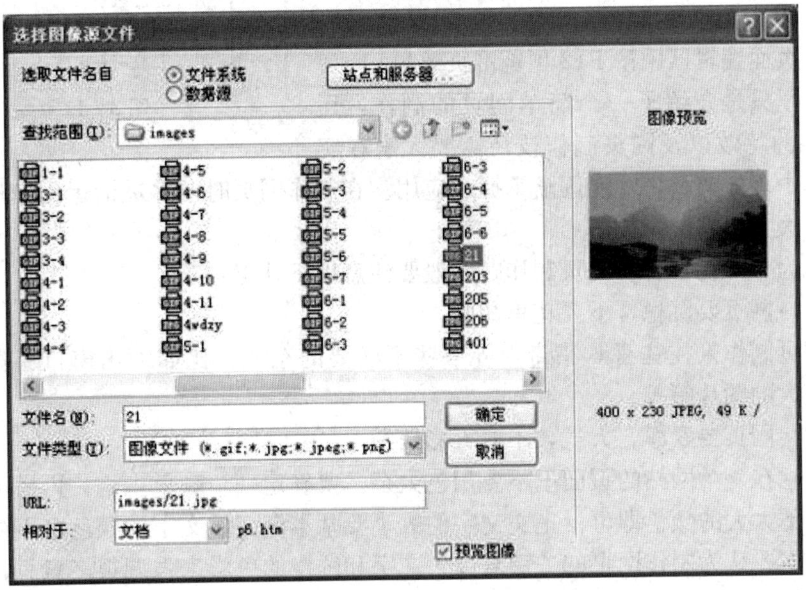

图 3—10

(2) 使用插入栏：单击“插入栏对象”按钮→选按钮，弹出“选择图像源文件”对话框，其余操作同上，如图 3—11 所示。

图 3—11

(3) 使用面板组“资源”面板：点按钮，展开根目录的图片文件夹，选定某文件，用鼠标拖动至工作区合适位置，如图 3—12 所示。

图 3—12

注：为了管理方便，我们把图片放在“images”文件夹内。如果图片少，也可以放在站点根目录下。文件名要用英文或用拼音文字命名而且使用小写，不能用中文，否则会有一些麻烦。

至此，一个图片就插入完毕了。(插入×.swf 动画文件，选择“插入”菜单→媒体→Flash)。

6. 输入欢迎文字

在图片右边空白处单击，回车换行，仍然按照上述方法，输入文字“欢迎您……”然后，利用属性面板对文字进行设置。一个简单的页面就这样编辑完毕了。

7. 预览网页

在页面编辑器中按 F12 预览网页效果。

这里只是介绍了一个简单网页的制作，还有很多的特效以及网页制作技巧需要大家在实际操作中多加实践，才能逐渐掌握和应用。在制作网页时要多灵活运用模板，这样可以大大提高制作效率。

作为一个初学者，网页制作时一般要注意以下几点：

(1) 网页要沉稳，不要花里胡哨。

网页制作人往往喜欢猎奇，弄一些不必要的东西，比如弹出窗口、脚本代码、很大的图片等等。

(2) 网页要素净、大气，不要五彩缤纷。

注意在一个网站的页面里不要用色太杂。要确定一个颜色主调，再搭配一两种反差不太大的颜色即可。正文文字的大小要基本统一，文字的颜色也不要花花绿绿。不要认为制作网页的关键是以大文字和鲜艳的色彩来强调很多意思，实际上这样使人眼花缭乱，什么都强调不了，也很不大气。

(3) 网页要有个性、有风格，要突出行业的特点。

比如娱乐网站可以热烈一些、活泼一些；政府网站则要庄重一些；收藏、书画业的网站要古朴典雅；策划、时装业的网站则要前卫一些，保险业的网站要突出保险诚信的主题。

(4) 一个网页不要太长，一般两屏到三屏就可以了。

在同一个网页里，如果文字或图片太多，既不美观，也会影响网页打开的速度。如果内容实在太多，应该分作几个页面，或者分为几个二级栏目。

（5）重点做好网站的首页。

网站的首页就好比一个人的脸面，如果脏兮兮的，会把客户吓跑。网站的首页做得好，里面的内容一般也会不错。

（6）做好统筹安排。

立体规划网页设计的内容，对整个站点做好统筹安排、规划，对所有的内容进行细致斟酌，把所有的想法组织起来设计一个合理的页面样式。

六、上传测试

网站建设完毕，最后要发布到 Web 服务器上，才能够让全世界的朋友浏览，现在上传的工具有很多，有些网页制作工具本身就带有 FTP 功能，利用这些 FTP 工具，你可以很方便地把网站发布到自己申请的主页存放服务器上。网站上传以后，你要在浏览器中打开自己的网站，逐页逐个链接地进行测试，发现问题，及时修改，然后再上传测试。全部测试完毕就可以把你的网址告诉客户和潜在的客户，让他们来浏览。

七、推广宣传

网页做好之后，还要不断地进行宣传，这样才能让更多的潜在的客户认识它，提高网站的访问率和知名度。一般比较常见的推广方法包括：搜索引擎推广法、电子邮件推广法、资源合作推广法、信息发布推广法、病毒性营销法、快捷网址推广法、网络广告推广法、综合网站推广法等，这里就不一一展开说明了。

八、维护更新

再好的网站，如果建设好后没有定期的维护更新，经过时间的流逝，网站的内容将变得越来越陈旧，访问的流量也会越来越少。所以，当网站建设成功的时候，真正的工作才开始。保险营销人员一定要注意经常维护并更新内容，保持内容的新鲜，只有不断地给它补充新的内容，才能够留住老客户，吸收新客户。

当然，如果只是希望在网络上发表一些自己的观点，一个博客网站应该可以满足全部需求。博客可以理解为利用一些技术手段，让大家都可以方便地在互联网上建立自己的站点，用来表达自己的观点、知识和见解。除了展现自己外，还能够方便地获得访问站点的读者的反馈，并且可以方便地对他们的反馈进行回复。

相关知识点

一、网站

网站（Website）：是指在因特网上，根据一定的规则，使用 HTML 等工具制作的用于展示特定内容的相关网页的集合。简单地说，网站是一种通讯工具，就像布告栏一样，人们可以通过网站来发布自己想要公开的资讯，或者利用网站来提供相关的网络服务。人们可以通过网页浏览器来访问网站，获取自己需要的资讯或者享受网络服务。在因特网的早期，网站还只能保存单纯的文本。经过几年的发展，当万维网出现之后，图像、声音、动画、视频，甚至3D技术开始在因特网上流行起来，网站也慢慢地发展成我们现在看到的图文并茂的样子。通过动态网页技术，用户也可以与其他用户或者网站管理者进行交流。网站由域名、网站源程序和网站空间三部分构成。

二、域名

域名（Domain Name）：是一个Internet中用于解决地址对应问题的一种方法。网络是基于TCP/IP协议进行通讯和连接的，每一台主机都有一个唯一的标识固定的IP地址，以区别在网络上成千上万个用户和计算机。IP地址用二进制数来表示，每个IP地址长32bit，由4个小于256的数字组成，数字之间用点间隔，例如166.111.1.11表示一个IP地址。由于IP地址是数字标识，使用时难以记忆和书写，因此在IP地址的基础上又发展出一种符号化的地址方案，来代替数字型的IP地址。每一个符号化的地址都与特定的IP地址对应，这样网络上的资源访问起来就容易得多了。这个与网络上的数字型IP地址相对应的字符型地址，就被称为域名。

实战演练

根据老师讲授的实训步骤，建立自己的网站空间。

要求：1. 3～4人一组，进行研讨。

2. 申请一个网站的域名。
3. 建立网站空间和个人主页，将主页上传到网站空间上，并且能够通过网络浏览此主页。
4. 课后进一步完善。

第二节　保险营销人员即时通讯的建立

实训目的

即时通讯（Instant Messaging，简称IM）是一种允许两人或多人使用网络即时传递文字信息、文档、语音与视频交流的服务。最早的即时通讯软件是ICQ（ICQ是英文中I seek you的谐音，意思是我找你）。后来，国内出现了现在大家使用最为广泛的腾讯QQ。一个可爱的卡通小企鹅，却在国内有超过9亿的注册用户，同时在线用户达到5 000万，占据了国内80%的市场份额。而在国际上，微软的 MSN、雅虎的 Yahoo! Messenger 也牢牢占据了一席之地。利用即时通讯，保险营销人员不仅可以与客户进行沟通，还可以进行保险业务的介绍和宣传，挖掘潜在的客户。

本实训的目的就是通过简单的介绍，让大家学会常见即时通讯工具腾讯 QQ 和 MSN 的使用，并给大家介绍一个可以支持多协议即时通讯的客户端——Pidgin。

实训要求

要求学生通过实训步骤中的描述，完成一个 QQ 账户的申请，查找用户并添加为好友，给好友用户发送即时消息，传送和接收文件。

要求学生完成一个 MSN 账户的申请及简单使用。

要求学生学会使用 Pidgin 软件，和 QQ 用户、MSN 用户同时进行即时通讯。

实训实施

一、腾讯 QQ

腾讯 QQ 是深圳市腾讯计算机系统有限公司开发的一款基于 Internet 的即时通讯（IM）软件。它支持在线聊天、视频电话、点对点断点续传文件、共享文件、网络硬盘、自定义面板、QQ 邮箱等多种功能，并可与移动通讯终端等多种通讯方式相连。

1. 腾讯 QQ 的安装

你可以从腾讯的网站上下载最新的软件版本进行安装。阅读《软件许可协议和青少年上网安全指引》并勾选“我已阅读并同意”，在下一界面选择 QQ 软件的使用环境，选择需要安装的一些腾讯 QQ 相关产品后，选择在默认目录下安装 QQ 或者单击“浏览”选择你的 QQ 安装目录，继续单击按钮“安装”，即可完成。

2. 注册 QQ 账号

在登录界面中单击“注册新账号”，如图 3—13 所示。

在打开的新页面“申请 QQ 账号”（http：//freeqqm. qq. com）中，你可以选择“网页免费申请”、“手机免费申请”、“手机快速申请”、“QQ 靓号申请”等不同的方式。

3. 登录 QQ

安装了腾讯 QQ 以后，如果将腾讯 QQ 设置为自动启动，每次启动 Windows 后腾讯 QQ 都会自动弹出对话框提示，输入 QQ 号码及密码即可登录 QQ。

如果腾讯 QQ 未设置为自动启动，你可以双击 QQ 图标，会弹出对话框提示，输入 QQ 号码及密码即可。

如果有多个号码，可以用鼠标单击 QQ 号码下拉框，选择某个 QQ 号码再登

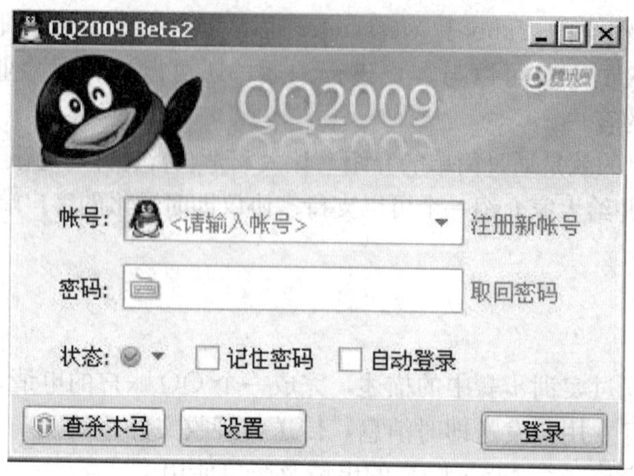

图 3—13

录。如果不想被别人打扰，但又确实想和其他网友交流，可以选择“隐身登录”，这样 QQ 好友看到你的头像仍然是灰色的，以为你不在线，就不会给你发消息了，但是你可以正常使用 QQ 的所有功能，不受影响。

4. 设置 QQ 的状态

登录 QQ 后，也可以改变 QQ 的状态。可以在 QQ 主面板左上方单击头像右下角的箭头，在下拉菜单中选择“我在上线”、“Q 我吧”、“忙碌”、“离开”、“静音”、“隐身”、“离线”等状态，还可以对系统托盘中的企鹅图标单击鼠标，在弹出菜单中完成此变换状态的操作，如图 3—14 所示。

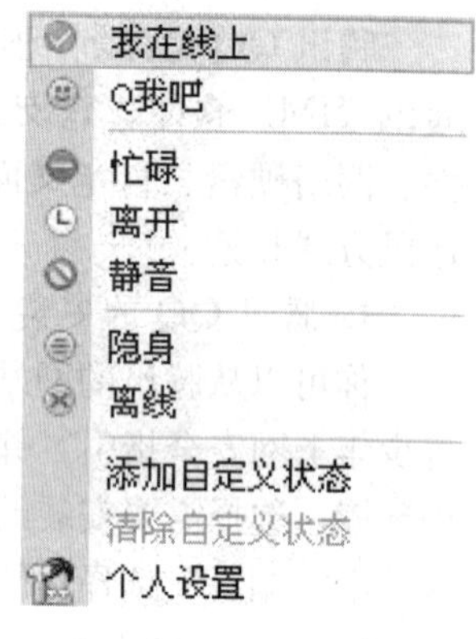

图 3—14

5. 查找和添加好友

在第一次使用 QQ，登录新号码时，好友名单是空的，如果要和其他人联系，必须要添加好友。

（1）可以通过精确查找添加好友。如果知道好友的 QQ 账号、E-mail 或昵称，可以直接通过输入相应的信息进行查找，比如你知道对方的号码是 10000，就可以单击 QQ 面板下方的“查找”按钮，输入对方的号码，再把对方添加为好友，对方通过你的请求后你们两人就可以互发消息了，如图 3—15 所示。

（2）可以通过“按条件查找”添加好友。首先打开查找添加对话框，根据自己的要求，设定城市、年龄、性别等条件进行筛选，如图 3—16 所示。找到感兴趣的网友，可以将对方加为好友，如果对方设定了需要通过身份验证才能添加为好友的话，就需要对方接受请求后，才能将对方加为好友。在验证信息栏输入请求文字，单击“确定”按钮，请求对方通过验证，如图 3—17 所示。

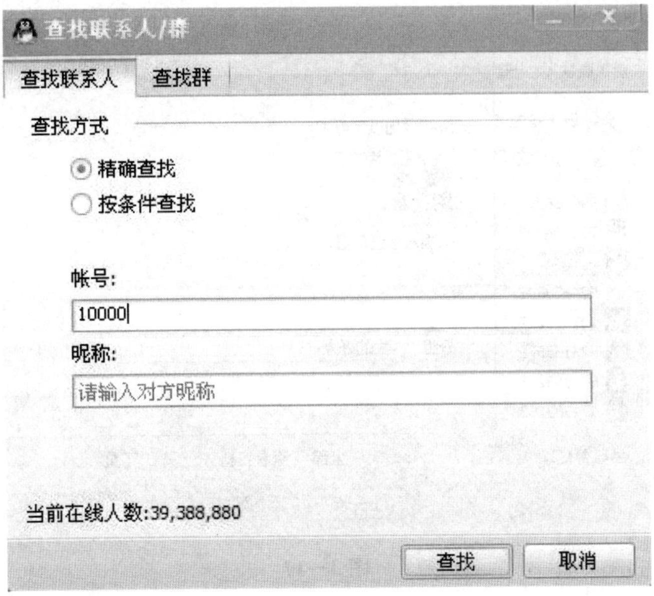

图 3—15

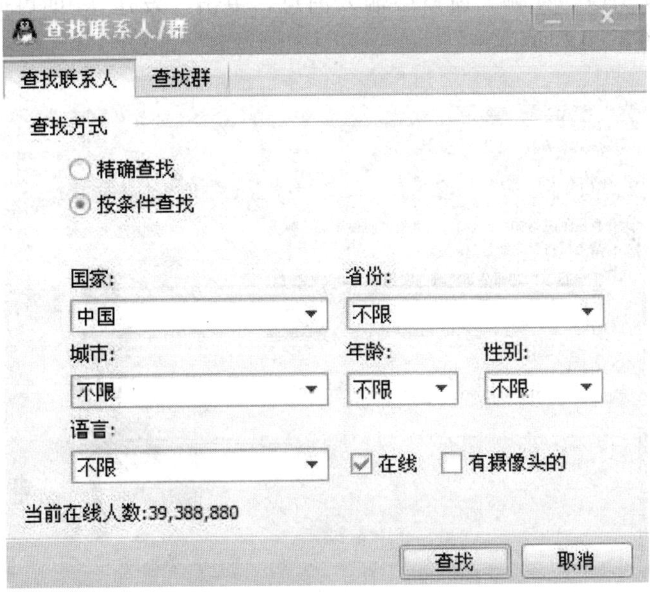

图 3—16

如果对方同意，系统会有提示，加入时可能需要选择一个组。当然也可能会被拒绝，表现为对方不给予通过身份验证或返回一个拒绝理由或者设置禁止任何人加为好友。如果对方主动发送来消息，他的头像会出现在“陌生人”组中，如果要移到“好友”组也可能会出现身份验证提示框。

图 3—17

6. 给好友发送 QQ 消息

双击好友头像，在聊天窗口中输入消息，单击“发送”，即可向好友发送即时消息，如图 3—18 所示。

图 3—18

7. 给好友发送文件

通过QQ可以向好友传递任何格式的文件，例如图片、文档、歌曲等，并支持断点续传，传送大文件也不用担心中途中断了。

右击好友头像，在弹出菜单中选择“发送文件”向好友发送文件。

在聊天窗口中选择“传文件”向好友发送文件，如图3—19所示。

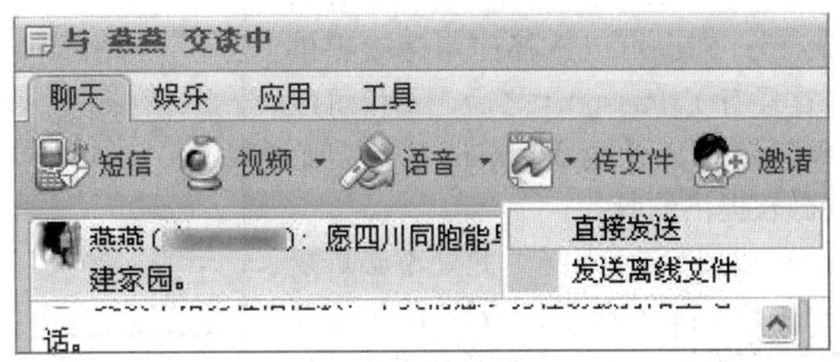

图3—19

等待对方选择目录接收，连接成功后聊天窗口右上角会出现传送进程。文件接收完毕后，QQ会提示打开文件所在的目录。接收文件步骤同上。

除此之外，QQ还有很多功能，如设定和查看资料、语音聊天和视频电话、发送贺卡、个人主页、聊天记录、上线通知、备忘录管理、档案管理、好友分组、网络收藏夹、QQ邮箱等，你可以登录到QQ的网站上进一步学习使用。

二、MSN

MSN Messenger是微软公司推出的即时消息软件，凭借该软件自身的优秀的性能，目前在国内已经拥有了大量的用户群。使用MSN Messenger可以与他人进行文字聊天、语音对话、视频会议等即时交流，还可以通过此软件来查看联系人是否联机。

1. MSN的安装

在微软的官方站点上有各种语言版本的安装程序下载。下载完后，运行文件即可进行安装。安装过程中只需同意协议，选择“是”，其他一切MSN将自行选择安装路径。

整个安装程序结束后，Windows将自行运行MSN，并且将MSN最小化，如图3—20所示。此时，MSN图标上有一小叉，表示MSN没有正常登录。

图3—20

2. MSN 的申请与登录

双击带小叉的 MSN 图标，打开 MSN 软件窗口，如图 3—21 所示。单击“单击这里登录”，出现图 3—22 所示画面的登录窗口。这里的登录名不像普通的聊天软件那样是一串号码，而是一个 E-mail 地址。这个 E-mail 地址就是所谓的“. NET Passport”。你也可以选择使用微软提供的免费邮箱，这样有了 Passport 之后，不仅可以使用 MSN，而且还可以使用 Hotmail 的免费邮箱以及一系列微软提供的服务。

图 3—21

如果你有一个 Passport 账号，此处不必重复申请，填入你的 Passport 账号以及密码即可登录。如果没有，下面会一步一步教你如何申请，如图 3—22 所示。

第一步，单击登录窗口中的“在这里获取”链接，系统自动打开浏览器。

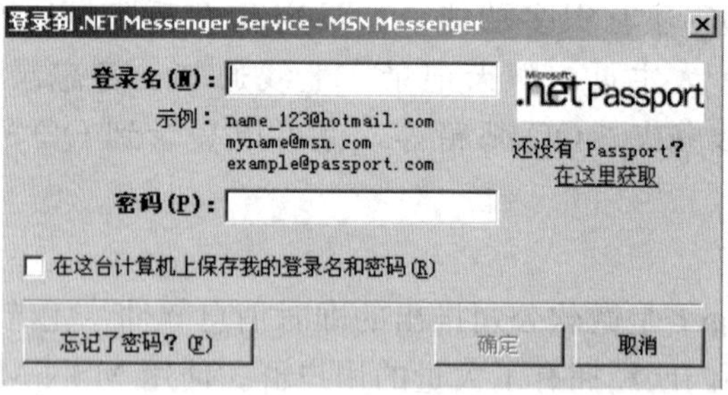

图 3—22

第二步，在打开的新网页中，填入各项注册信息。

第三步，单击“同意”按钮，提交表单。

这时候，所有的申请工作完成。登录的用户名就是在注册表单里使用的 E-mail地址。推荐大家采用在 www. hotmail. com 申请邮箱的做法，既可以得到免费的邮箱，又可以得到 Passport。申请的过程与以上过程类似，不再重复介绍。

3. MSN 的基本界面

登录到 MSN 后，界面如图 3—23 所示。整个界面与大部分的聊天工具不太一样，可以分为 7 个区域。下面简单介绍一下每个区域的功能。

区域 1：菜单栏，在菜单的各选项中可以完成 MSN 中所有的功能。

区域 2：Microsoft. NET Alerts 标签，有了这个标签，就可以轻松在 MSN

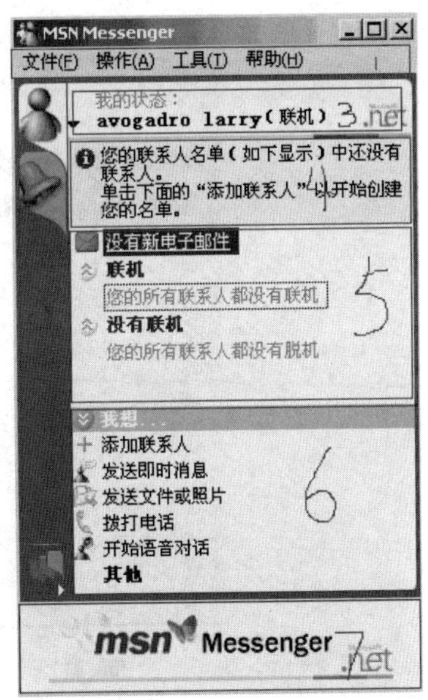

图 3—23

聊天窗口与 Microsoft. NET Alerts 窗口间转换。想要隐藏这个区域，只需选择“工具”→“显示标签”→“Microsoft. NET Alerts”，前面打钩即表明此区域为显示状态。

区域 3：这里称之为状态栏，可以改变自己的状态，如“联机”、“忙碌”、“马上回来”、“离开”、“接听电话”、“外出就餐”以及“显示为脱机”七种状态。单击自己的名字，就会出现更改菜单栏，如图 3—24 所示。

区域 4：信息栏，在这里显示的是 MSN 的相关消息。不过一般情况下，这类消息是不大会出现的。

区域 5：这里是主要界面，显示了所添加的好友。此外，使用 MSN 的用户如果是 Hotmail 用户，在这一栏里会增加邮件信息，若有未读信件，MSN 将会在此显示。

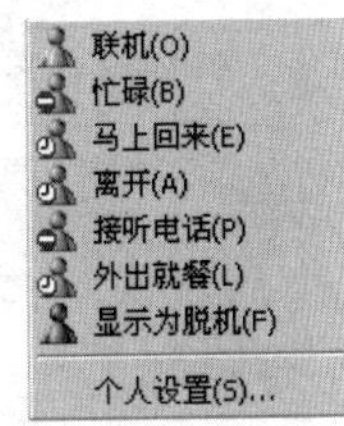

图 3—24

区域 6：操作窗口，在这个操作窗口中可以进行各种操作，如“添加好友”之类。当然这块区域相当占面积，可以单击“我想…”按钮将操作窗口最小化，或者单击“工具”→“选择操作窗口”隐藏操作窗口。

区域 7：这是一个 Microsoft 特大型的 Banner，单击可以登录到 MSN 官方网站。

4. 添加好友

第一次使用 MSN，是没有任何好友的，因此我们从加入一个好友开始说起。

MSN 加入好友的准则是必须知道好友的 Passport 或者知道 Passport 中的姓名，不然是无法找到好友的。MSN 不像一般的聊天工具那样有“在线用户查找”功能，所以在 MSN 中不怕被陌生人骚扰。

单击操作栏中的“添加联系人”，或者单击“工具”→“添加联系人”，出现如图 3—25 所示的“添加联系人”对话框。

在已知对方邮件地址的情况下，选择第一项，单击“下一步”。在新出现的窗口中，输入对方的 E-mail 地址，如 avogadro-p@hotmail. com，如果这个 E-mail 地址存在，将会出现添加成功窗口，如图 3—26 所示。这里单击“完成”按钮，就可以完成整个添加过程。如果还想添加另外的用户，需要再单击“下一步”按钮。

注意：如果所添加的 E-mail 地址并不是 Passport，例如 sherlock@citiz. net，MSN 会自动提出发给这个 E-mail 一封邮件，如图 3—27 所示，单击“下一步”

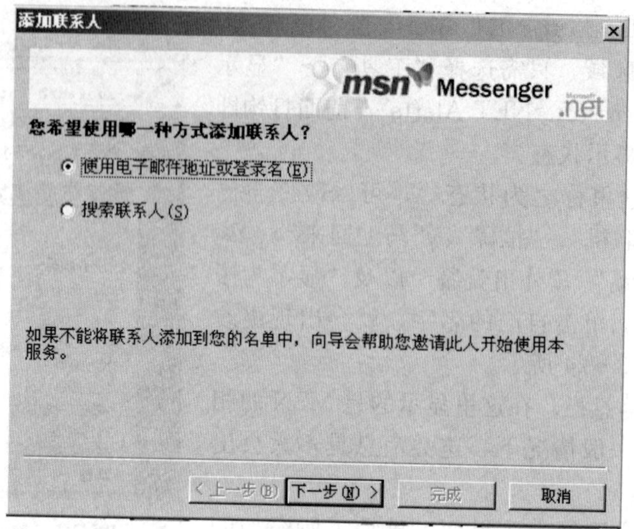

图 3—25

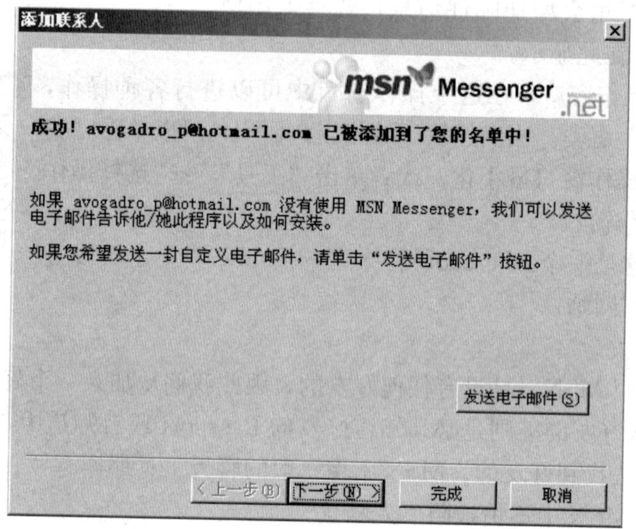

图 3—26

按钮即表明同意给 sherlock@citiz. net 这个信箱发一封邮件，这时会出现图 3—28 所示的画面，在该对话框中输入想要交谈的内容后，单击“下一步”按钮，邮件将会自动发送完成。

如果未知对方的具体的 Passport，只需要知道对方好友的姓名，就可以进行搜索。在添加联系人对话框中，选择第二项“搜索联系人”，出现如图 3—29 所示的对话框。输入相应的关键词，即可搜索得到。不过 MSN 的要求比较高，必须姓与名全部填写正确才能搜索得到，如图 3—30 所示。

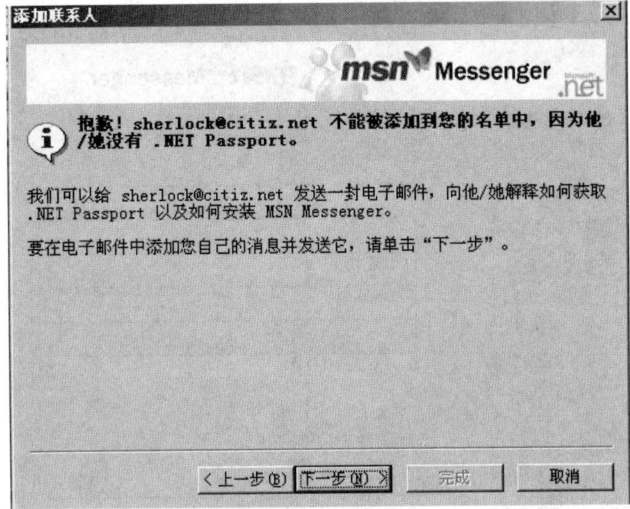

图 3—27

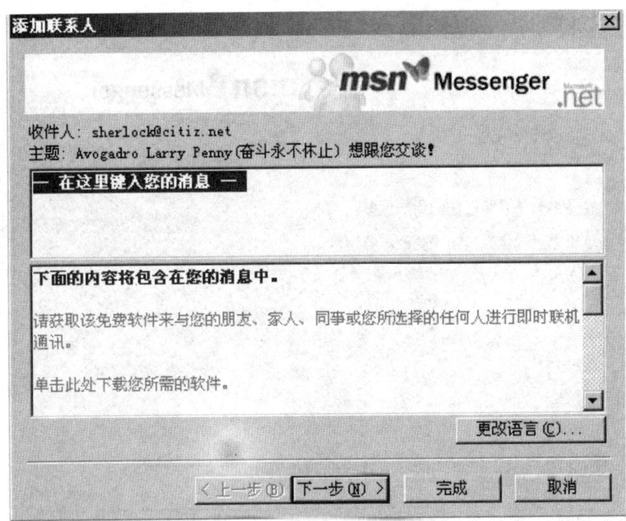

图 3—28

当然你也会收到别人的邀请加入好友的信息，此时会弹出对话框，如图 3—31 所示。

5. 与好友聊天

有了第一个好友，我们便可以开始进行一些普通的交谈。当然这个好友必须是在线的。MSN 默认每个好友登录会在右下角处给出提示，如图 3—32 所示。单击图 3—32 中的“××刚刚登录”字样即可打开图 3—33 所示的聊天界面，当然，同样可以通过 MSN 主界面双击在线用户打开聊天界面。

图 3—29

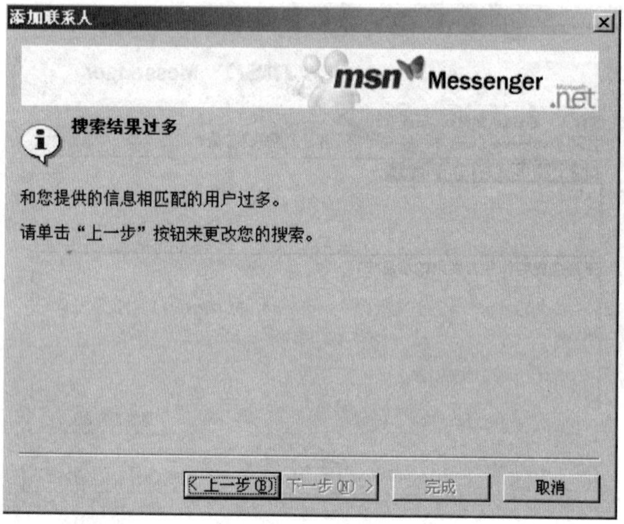

图 3—30

在图 3—33 所示的聊天界面中，可以输入文字，然后单击“发送”按钮发送信息（也可以使用快捷键 Alt+S）。如果想美化我们的聊天记录，可以单击聊天界面中的字体按钮，进行字体设置。此外，MSN 还提供了很多有个性的图画，可以插入在文字中，如图 3—34 所示。

6. 语音聊天与文件发送

MSN 同样也支持语音聊天，在聊天窗口单击“开始交谈”后，出现语音聊天的配置窗口，按照操作进行配置即可。语音聊天需要得到对方的许可，MSN

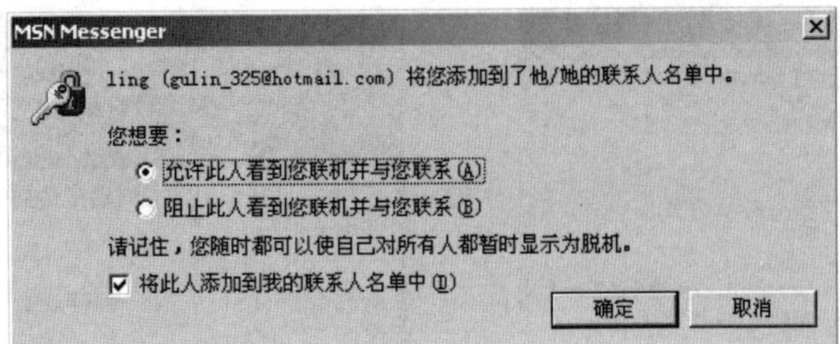

图 3—31

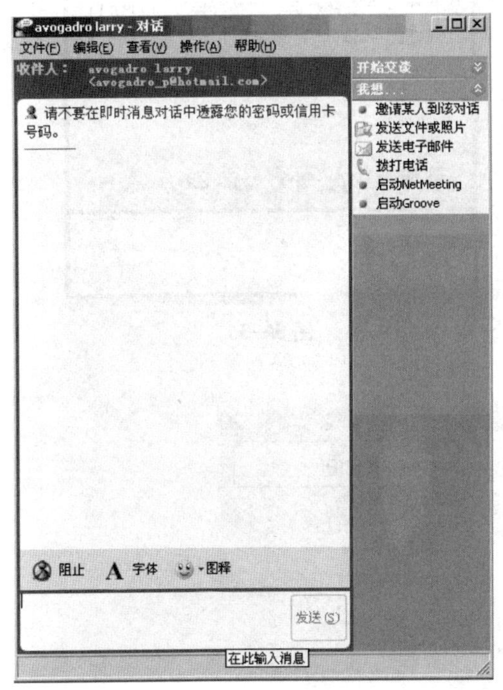

图 3—33

图 3—32

图 3—34

会发出请求给对方，如图 3—35 所示。接受方的消息如图 3—36 所示。接受方单击接受，就可以开始语音聊天。

MSN 也支持发送文件的功能。用法与语音聊天相似，都需要对方的验证。在这里不做具体介绍。

7. 多人聊天

MSN 还具有一个非常有趣的功能，就是可以在线邀请多个好友一起聊天。实现方法：在聊天界面中单击“邀请某人到该对话框”，如图 3—37 所示。图中罗列了所有在线的好友（不包括已经添加的），选择用户后，单击“确定”即可。在聊天对话框中，多方输入的消息均可被接收到。很可惜的是这个功能并不支持语音聊天。

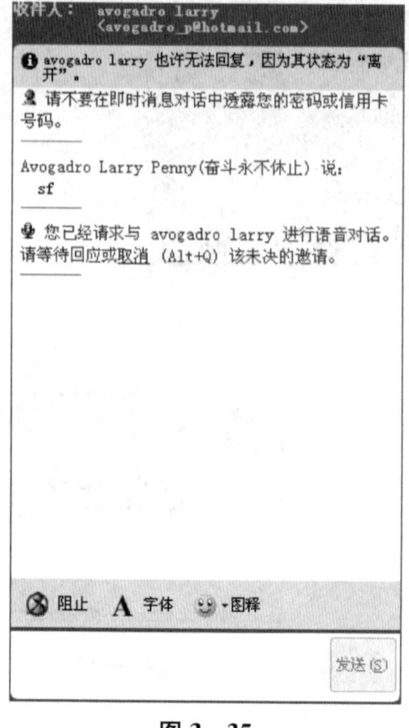

图 3—35

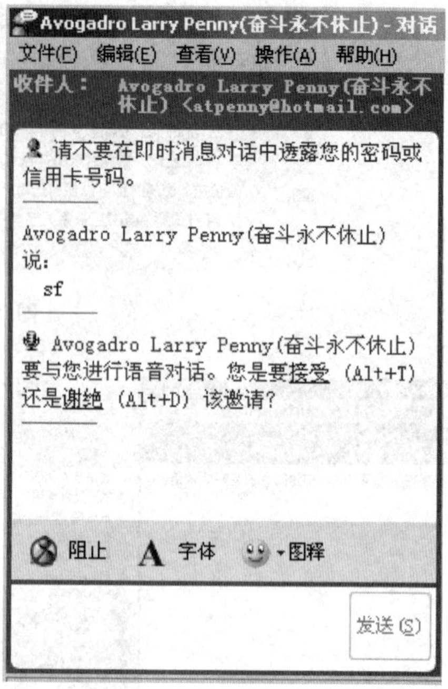

图 3—36

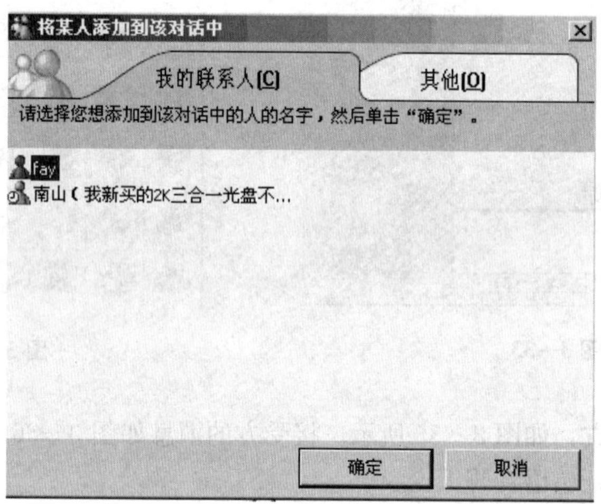

图 3—37

此外，MSN 结合了相当多的邮件功能，比如当注册 Passport 所使用的 E-mail地址收到 E-mail 时，MSN 将给出信息提示有新的 E-mail。此外，在 MSN 的主界面中也会显示 Hotmail 中未读邮件的数量。如果好友不在线，双击好友的名字可以通过 Hotmail 给好友发邮件，不管在何种状态，双击自己的名字就会进入 Hotmail 的邮箱。支持好友分类（默认有四个分组：家人，朋友，同事，其他联系人），并且在其新版本中增加了聊天记录导出功能等等。MSN 提供了详细的中文解说，这里不再重复。

三、Pidgin

Pidgin 是一个可以在 Windows、Linux、BSD 和 UNIX 下运行的多协议即时通讯客户端，可以让你用你所有的即时通讯账户登录使用。Pidgin 支持的通讯工具包括：AIM、Bonjour、Gadu-Gadu、Google Talk、Groupwise、ICQ、IRC、MSN、MySpaceIM、QQ、SILC、SIMPLE、Sametime、XMPP、Yahoo!、Zephyr。

你可以在 http：//cnpidgin. cn（中文）或 http：//www. pidgin. im（英文）网站上下载最新的安装软件，按照提示完成软件的安装。

双击桌面上的快捷启动图标，首先会弹出对话框，如图 3—38 所示。此时，还没有添加任何的账户信息，单击图中的“add”按钮。在协议选择框中选择 QQ，如图 3—39 所示。

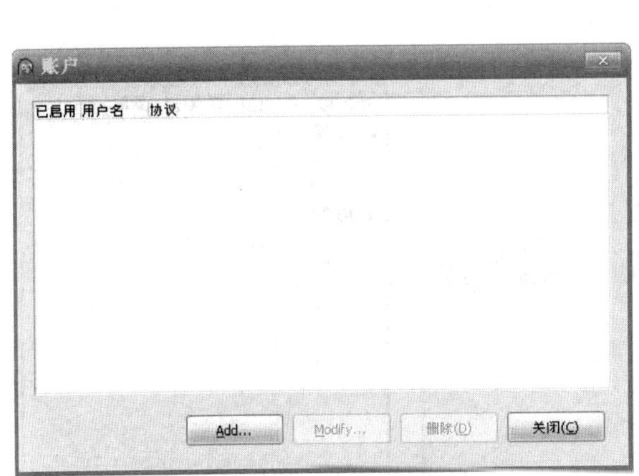

图 3—38

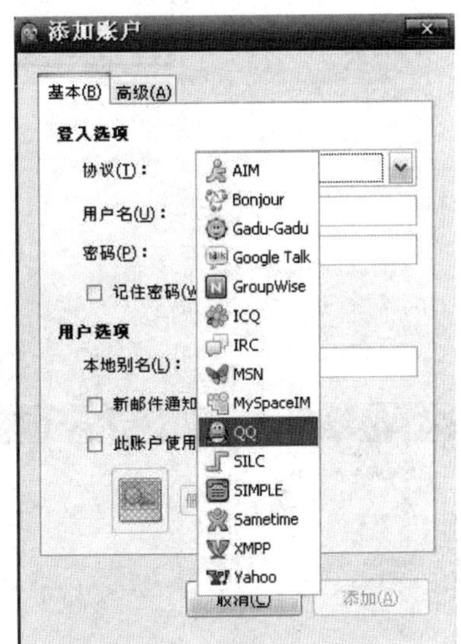

图 3—39

在用户名和密码框中输入你申请过的 QQ 账户和密码，选择“添加”，就可以完成账户的添加，如图 3—40、图 3—41 所示。

当你选中此账户时，会弹出提示框，要求输入登录密码。当登录成功后，会弹出好友列表，如图 3—42 所示。

图 3—40

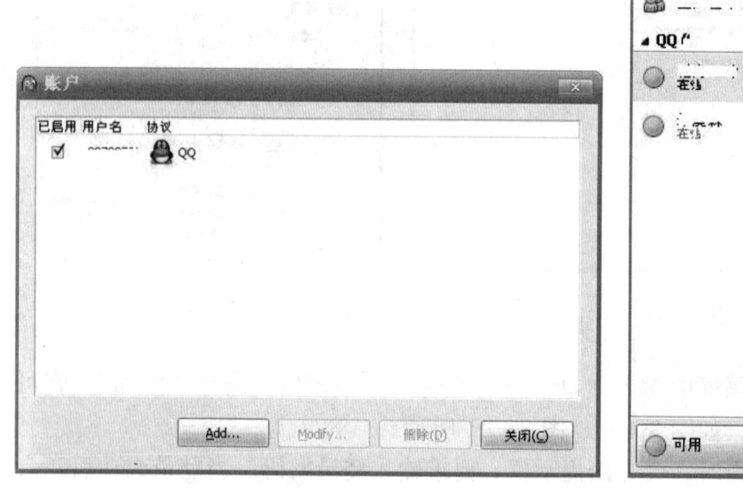

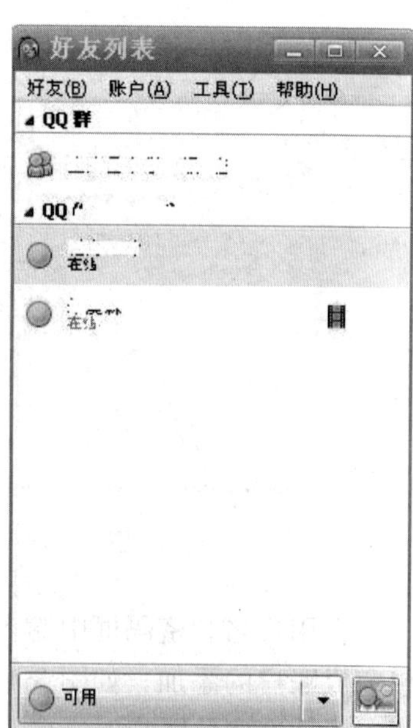

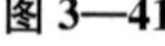

图 3—41

图 3—42

此时，你就可以实现和 QQ 类似的功能。此处就不多做描述，感兴趣的同学可以自己去试试，如图 3—43、图 3—44 所示。

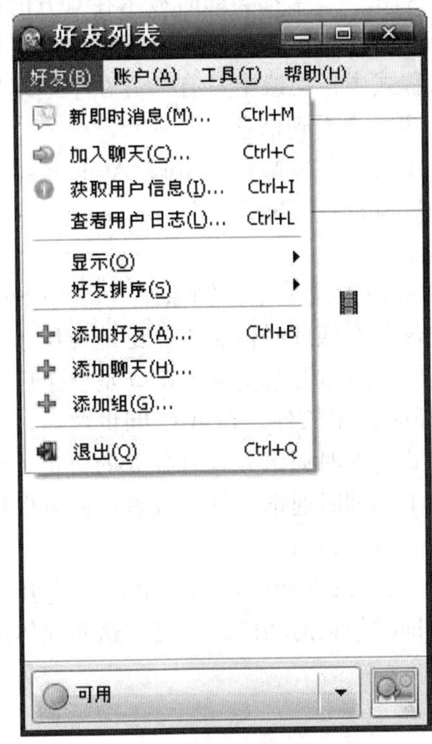

图 3—43

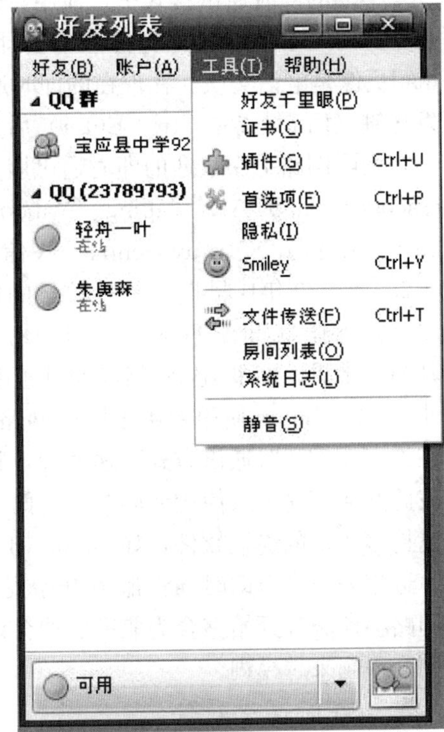

图 3—44

当然，也可以在添加账户时选择添加 MSN 账户或 Yahoo 账户，这样就可以使用这一个软件运行多种即时通讯账户了。

相关知识点①

即时通讯是一个终端服务，允许两人或多人使用网路即时地传递文字信息、档案、语音与视频交流。即时通讯又分手机即时通讯和网站即时通讯，手机即时通讯的代表是短信，网站即时通讯如 QQ，MSN，北京和风清扬 CALLING，擎旗 UcSTAR，百度 HI，恒聚 ICC，中国移动飞信，企业平台网的聚友中国等应用形式。

一、概要

即时通讯是一个终端连往一个即时通讯网路的服务。即时通讯不同于 E-mail 之处在于它的交谈是即时的。大部分的即时通讯服务提供了 presence awareness 的特性——显示联络人名单、联络人是否在线上和能否与联络人交谈。

① http://baike.baidu.com/view/1526.htm。

在早期的即时通讯程式中，使用者输入的每一个字都会即时显示在双方的屏幕上，且每一个字的删除与修改都会即时地反映在屏幕上，这种模式比起使用E-mail更像是电话交谈。在现在的即时通讯程式中，交谈中只有一方在本地端按下发送键（Enter 或是 Ctrl+Enter）后另一方才会看到信息。

在网际网路上受欢迎的即时通讯服务包含了 MSN Messenger、AOL Instant Messenger、UcSTAR、calling、Yahoo！Messenger、NET Messenger Service、Jabber、ICQ 与 QQ、juyouchina、飞信、奥博等。

20 世纪 70 年代早期，一种较早的即时通讯形式是柏拉图系统（Plato System）。之后在 20 世纪 80 年代，UNIX/Linux 的交谈即时信息被广泛地应用于工程师与学术界，20 世纪 90 年代即时通讯跨越了网际网路交流。ICQ 是首个广泛被非 UNIX/Linux 使用者用于网际网路的即时通讯软件。在 ICQ 问世之后，同时在许多地方即时通讯方式飞速发展，且各式的即时通讯方式有独立的协定，无法彼此互通。这导致使用者同时执行两个以上的即时通讯软件，或者他们可以使用支持多协定的终端软件，如 Gaim、Trillian 或 Jabber。

近年来，许多即时通讯服务开始提供视讯会议的功能，网络电话（VoIP），与网路会议服务开始整合为兼有影像会议与即时信息的功能。于是，这些媒体的区别变得越来越模糊。

二、即时通讯软件

1. 起源

最早的即时通讯软件是 ICQ，ICQ 是英文中 I seek you 的谐音，意思是我找你。四名以色列青年于 1996 年 7 月成立 Mirabilis 公司，并在 11 月份发布了最初的 ICQ 版本，在六个月内有 85 万用户注册使用。

早期的 ICQ 很不稳定，尽管如此，还是受到大众的欢迎，雅虎也推出 Yahoo！pager，美国在线也将具有即时通讯功能的 AOL 包装在 Netscape Communicator，而后微软更将 Windows messenger 内建于 Microsoft Windows XP 作业系统中。

腾讯公司推出的腾讯 QQ 也迅速成为中国使用量最大的即时消息软件。即时消息软件也面临着互联互通、免费或收费问题的困扰。

2. 即时通讯的新发展

以中国移动飞信为代表。飞信是中国移动推出的一项业务，可以实现即时消息、短信、语音、GPRS 等多种通讯方式，保证用户永不离线。实现无缝链接的多端信息接收，让用户随时随地都可与好友保持畅快有效的沟通。

飞信由 PC 即时通讯向手机客服端转移，具有以下特点：

（1）省钱：通过飞信可以免费发短信，打电话也更便宜；使用语音聊天，通话方会产生通讯费（忙时 0.25 元/分钟、闲时 0.15 元/分钟、漫游 0.50 元/分钟），真正超低资费。

（2）方便：你和好友无论通过手机或电脑都可以随时随地聊天，并且还不限量！

（3）可靠：它是中国移动提供的可同时在电脑和手机上使用，能实现消息、短信、语音等多种沟通方式的综合通讯服务。

（4）超强：飞信可通过PC客户端、手机客户端或WAP方式登录，也可用普通短信方式与各客户端上的联系人沟通，具有超低语音资费、手机电脑之间文件互传等诸多强大功能。

（5）够酷：飞客是飞信空间的一项功能，每个飞信用户都可以拥有自己的飞客，将自己的所听所看所想发布在飞客中，从而实现展示自我、抒发情怀的功能。发布在飞客上的文章会按类别发布到空间频道中，使其他飞信用户能够方便地找到自己感兴趣的文章，并能够在空间频道中结识新朋友。你还可以通过百度、搜狐等知名网站直接搜索到你的空间和你写的文章。

（6）时尚：你可以创建自己的飞信群，它是为不同兴趣、地区、年龄层的朋友提供的交流平台，你可邀请朋友或与有着共同爱好的人聚在一起，畅快交流、联络分享。

（7）安全：飞信具备防骚扰功能，当被用户授权为好友时，才可与对方进行通话和发送短信，有效地防扰。

（8）惊喜：你随时随地可以在飞信上查询、办理你的各种手机业务，快捷方便。

（9）厉害：新增群组、定时短信、联系人显示模式、换肤、截屏发送、积分等服务，使用全球第一大通讯运营商的联系平台，用得完全放心、省心、安心。

三、即时通讯的行业应用

1. 个人即时通讯

个人即时通讯，主要是以个人（自然）用户使用为主，开放式的会员资料，非营利目的，方便聊天、交友、娱乐，如QQ、雅虎通、网易POPO、新浪UC、百度HI、盛大圈圈、移动飞信等。此类软件，以网站为辅、软件为主，免费使用为辅、增值收费为主。

2. 商务即时通讯

此处商务泛指买卖关系。商务即时通讯，以5107网站伴侣、企业平台网的聚友中国，阿里旺旺贸易通、北京和风清扬CALLING、擎旗技术UcSTAR、阿里旺旺淘宝版、惠聪TM、QQ（拍拍网，使QQ同时具备商务功能）、MSN、SKYPE，螺丝通（提供给螺丝行业人员的即时通讯软件）。

商务即时通讯的主要功用，是便于寻找客户资源或商务联系，以低成本实现商务交流或工作交流。此类以中小企业、个人实现买卖为主，外企方便跨地域工作交流为主。

3. 企业即时通讯

企业即时通讯，如和风清扬 CALLING、恒聚 ICC 系统、擎旗技术 UcSTAR，可分两类：一种是以企业内部办公为主，建立员工交流平台；另一种是以即时通讯为基础、系统整合、边缘功能，由于企业对信息类软件的需求还在“探索”与“尝试”阶段，所以会导致很多系统不能“互通”，这也成了即时通讯软件的一个使命。当信息软件被广泛使用之后，“互通”接口具备否，将被作为软件被选用的重要条件。

四、即时通讯的安全问题

目前，即时通讯的安全威胁包括 ID 被盗、隐私威胁、病毒威胁等，下面是即时通讯用户应该遵循的一些安全准则，以保护自身的网络安全和隐私：不随意泄露即时通讯的用户名和密码；不在第三方网站登录网页版即时通讯软件；定期更改密码；谨慎使用未经认证的即时通讯插件；在即时通讯设置中开启文件自动传输病毒扫描选项；不接收来历不明或可疑的文件和网址链接。

实战演练

根据老师讲授的实训步骤，申请 QQ 和 MSN 账户。

要求：1. 2 人一组，进行研讨。
2. 学会 QQ 的使用，如查找用户并添加好友，给好友用户发送即时消息，传送和接收文件。
3. 学会 MSN 账户的简单使用。
4. 学会使用 Pidgin 软件，和 QQ 用户、MSN 用户同时进行即时通讯。

第三节　其他营销创新

实训目的

从营销学的观点出发，保险营销就是指通过挖掘人们对保险商品的需求，设计和开发满足投保人需求的保险商品并且通过各种沟通手段使投保人接受这种商品，并从中得到最大的满足。本次实训通过个案分析的方式，要求学生分析如何进行营销创新。

实训要求

要求学生掌握营销创新的含义。

每 9 人为一个小组，每个小组设组长 1 名，每小组根据案例进行分析讨论，最后派出 1 名代表上台发言。

最后评出“最佳营销创新营销员”若干名。

本实训应采用现场点评的方式，教师对学生发言情况进行现场评定，以加深学生印象。

本实训以考察学生对保险营销创新的理解和应用为主。训练后学生要具备营销创新的观念，拓宽营销创新的思路。

实训实施

对下列给出的案例进行分析并回答相关问题。

案例 1

2009 年 2 月 28 日，在由《银行家》杂志主办的 2008 年度“中国金融营销奖”颁奖典礼上，华安保险连锁营销服务模式获“金融营销创新奖”。

据悉，2008 年度“中国金融营销奖”评选活动是由《银行家》杂志社联合银行家研究中心、中国金融市场研究中心、第一财经、21 世纪经济报道、搜狐网等机构共同推出的一场集专业性、实用性、权威性于一体的年度金融盛事。评选活动共收到来自 40 多家银行、保险机构的参评案例 206 件，经过 3 轮、20 多位专家评审，最终 28 家金融机构的 52 个案例分获 2008 中国金融营销奖“金融产品十佳奖”、“最佳企业社会责任奖”、“最佳企业形象奖”、“金融营销创新奖”等奖项。华安保险公司凭借 2007 年开始启动的服务社区保险的“连锁营销服务模式”在此次评选中荣膺“金融营销创新奖”。

此次获得“金融营销创新奖”的华安连锁营销服务模式，是华安保险为响应“保险进社区”号召，经中国保监会批准，于 2007 年开始探索的一种全新保险营销模式。建设“连锁式营销服务部”的直销规划，是要在全国主要城市的社区（含学校）建立起一个方便客户投保、服务功能齐全、服务设施完备、服务质量有保证的财产保险营销服务网络。目前已初具规模并且步入稳健运营阶段的 700 多家连锁式营销服务部，通过举办各类宣传活动或积极参与社区亲民活动，获得了广大社区居民的好评，保费收入也在稳步逐月增长。

这一全新的模式不仅实现了营销模式的创新——建立了与客户之间直接对话和销售的渠道，将以渠道代理销售为主的业务发展现状转变为以直接销售为主的销售模式，同时也实现了管理模式的创新、盈利模式的创新，以及客户关系管理模式的创新。与此同时，华安保险还斥巨资用于连锁式营销服务部员工的培训计划，逐步培养出有着丰富培训经历和操作经验的门店员工，为社会输送了一大批有利于行业长远发展的人才。

（资料来源：http：//www.sina.com.cn，2009-03-03。）

案例 2

2008 年，太平洋寿险短信系统推广应用取得突破，短信发送量增长迅猛，1、2 月份总量同比分别增长 615%和 392%。太平洋寿险不仅把短信应用于日常服务，还利用短信激活功能开发出新的销售模式，短信激活从最初支持 1 种类型的保险卡到现在可以支持 6 种类型，业务涉及宁波、浙江、无锡、上海、山东等分公司，短信平台对销售的支持功能日渐加强。太平洋寿险自 2006 年下半年开始推广短信平台应用，制定了《短信平台应用管理实施细则》，明确总、分公司的工作职责及相关管理制度，将收集客户的手机信息作为日常业务环节的一项常态工作，优化业务系统客户信息的录入方式，逐步提高有手机号码客户的占比，为短信平台的推广使用提供了条件。目前，太平洋寿险短信平台已覆盖到总公司和各分支机构，结合技术开发将短信发送种类增加到了 38 种，其中服务类短信占 84%以上，包括续期缴费通知、新单祝贺、理赔通知等。具体如雪灾期间对保单延误递送的短信告知、理赔短信的告知服务、四川分公司电视销售业务的配合短信等。短信平台在增加客户服务手段、密切客户联系、提高业务时效和节省公司成本、开创营销等方面，发挥了特有的功效。

（资料来源：《国际金融报》，2008-04-02。）

问题：

1. 给出的两个案例中营销模式的优势在哪里？
2. 结合案例分析为什么要进行营销创新？
3. 你认为如何进行保险营销创新？
4. 根据给出的案例写一篇关于保险营销创新的论文，自拟题目，1 500字左右。

相关知识点

一、保险营销创新的概念及分类

保险营销是保险公司为实现其经营目标和满足市场的保险需求，根据变化的市场环境，以保险为商品和被保险人的需要为目的，利用各种营销技术和策略与保险营销对象沟通，达到说服保险营销对象投保的目的的一系列整体活动。而所谓营销创新就是根据营销环境的变化情况，并结合企业自身的资源条件和经营实力，寻求营销要素在某一方面或某一系列的突破或变革的过程。在这个过程中，并非要求一定要有创造发明，只要能够适应环境，赢得消费者的心理且不触犯法律、法规和通行惯例，同时能被企业所接受，那么这种营销创新即是成功的。还需要说明的是，能否最终实现营销目标，不是衡量营销创新成功与否的唯一标准。

1. 保险产品创新

如同任何企业一样，好的产品也是保险公司的安身立命之本。这个产品必须是能够满足消费者需要的，并且能够适应新形势的变化而不断更新的。这就需要保险公司摒弃现有的产品趋同模式，实行差异化战略，构建其核心竞争力。构建核心竞争力需要不断地进行产品创新。产品创新有三种主要的方式：一是原创式创新，即从无到有，设计出一种全新的产品；二是派生式创新，即从一种产品衍生出另一种产品，或者从产品的基本功能衍生出其他功能；三是组合式创新，即将现有的产品进行重新组合，制作成一种既具有原先产品的某些特点，但又不完全等同于老产品的新型产品。原创性创新在产业发展的初期很容易做到，但随着产业的逐渐成熟，大量的创新是发生在派生式创新和组合式创新方式上。投资连接产品则是一个典型的组合式创新的例子，它将保险产品与共同基金产品“组合”在一起，形成一种兼具两种产品特征的新产品。与其他金融产品不同，保险产品承保的往往是人们忌讳的，与损失、灾害、死、伤、残等相联系的风险。保险产品忌讳性的特点使得人们在产品的购买阶段通常是较被动的，而在保险事故发生以后对“产品”又有极大的需要。保险产品的特点决定了保险服务必须真诚、及时、便捷，方便被保险人投保，及时为被保险人进行理赔给付，做好保单销售出去以后所有的售后服务等（例如提醒投保人缴费，耐心、细致地答复被保险人的咨询），这些都是保险公司基本服务的题中应有之义。如果保险公司连基本的服务都没有做到，却谈什么服务创新，那是本末倒置。如果消费者对保险的服务不满意，由此根本不购买其所谓的“创新产品”，那么，产品创新是毫无意义的。

2. 保险服务创新

服务创新是企业获取其潜在利润的保证。服务创新的内容包括提供“附加值服务”、“个性化服务”、“三维度服务”，但对我国的保险业来说，“服务创新”的前提是“服务归位”，即保险业首先应当做好保险的基本服务。

3. 保险公司风险管理方式的创新

风险的内涵和外延都是在不断发生变化的。例如随着社会的进步和科技手段的完善，原先不存在的风险成为新的承保对象，原先不可保的风险成为可保风险，原先小额标的、小额索赔的保单成为巨额赔款保单。在这种情况下，如果保险公司不去认真研究可保风险的特性，不进行风险管理手段的不断创新，那么，再好的产品，再好的服务，也不可能使管理风险的保险公司脱离“险境”。目前，国际保险业风险管理手段在不断创新，产生了诸如自保公司、有限风险产品、多触发原因产品、应急资本、保险风险证券化等各种非传统风险转移方式以及整合风险管理方式等。我国的保险公司应当结合中国的具体国情，认真分析资本市场、消费者的风险意识和金融意识、监管者的水平等具体因素，进行风险管理手段的不断创新。

4. 营销团队管理的创新

保险营销团队是实施保险营销计划的关键。在买方市场下，市场结构、消费动机、消费行为等都发生了质的变化，当前的营销团队管理已不适应这种变化要求，必须进行改革和创新。激励方式和“育人”机制创新营销行为和营销队伍素质直接相关，营销队伍的素质又与激励方式紧密相联。根据管理学原理，一个人具有“经济人、社会人、自我实现人和复杂人”等多重需求。随着营销人员的地位、收入、年龄等因素的变化，这四个方面也在不断变化，而目前团队的奖励大多重物质奖励，忽略了人的多面需求及其动态变化，以至于单纯的物质奖励因难以满足员工多方面需求而失效。改变这种状况的根本途径是进行奖励方式创新，变单纯的物质奖励为复合激励，把员工的物质奖励和员工的个人发展、自我价值实现等高层需求结合起来，把“制度留人”和“情感留人”结合起来，用“人本化”激励方式建立一支高素质、稳定的营销队伍。

二、营销创新需要注意的问题①

1. 要注意在营销创新中必须创造价值

这是营销创新是否有价值的最重要的评估标准，当然，这里的价值不仅包括经济价值，还包括顾客价值。不创造经济价值，对企业没有任何意义；而不创造顾客价值的营销创新，就无法获得经济价值。因此创造顾客价值是营销创新的关键。顾客价值不仅表现在产品功能上，还表现在顾客为购买而付的精力、体力、时间及货币上，甚至包括情感。所以在营销创新中，必须创造顾客价值，否则，难以提高企业的核心竞争力。

2. 要注意营销创新的切实可行性

创新是在分析宏观、微观环境的基础上创造出来的，而非凭主观想象创造出来，要切实可行、易操作，尤其是要注意文化的影响。营销创新是就某时某地情况而进行的营销要素的最佳排列组合，要注意文化的可控和不可控性，还可能存在着入乡随俗和入乡不随俗的问题。最后，还要注意营销创新活动对社会的影响是否有负面影响。

3. 要注意营销创新组合

企业营销创新往往是一个营销环节的成功，这是令人欣慰的，但要注意营销组合。一方面或一个环节的创新要有其他营销组合要素的配合，否则这种营销成功就要大打折扣。

---

① 铭万网，2007-11-07。

4. 要注意运用合力

在营销创新时要求运用团队的力量。日本企业就特别强调团队精神，因为团队的合力总要大于个体的力量。在营销创新方面，团队的力量就显得更为重要了，因为，团队的创新较个人创新多些完整性和可行性，而且在执行过程中，对于整体的沟通与理解要强于个体，效果也自然出人预料。另外，这种合力还需要有知识的整合。营销本身就与许多学科休戚相关，如经济学、哲学、数学、行为学、心理学等。没有这些学科的知识打基础，营销创新就不能够尽善尽美。因此，营销创新不仅要有人员组合，还要求有知识的整合。

实战演练

学生进行分组讨论，内容如下：

1. 保险营销创新的优势体现在哪些方面？
2. 如何对保险营销模式进行创新？

第四章
保险的承保和核保

第一节　财产保险的承保和核保

实训目的

保险公司承保，是在保险行销员完成业务拓展之后进行，对投保人保险需求给以书面形式的确定，从而完善保险程序，这是每一保险业务必须进行的程序。保险公司承保业务的流程大体相近，保户投保，包括保户填写投保单、缴纳保费；保险公司承保、签订保险合同，包括核保、出具保单、出具保费的收据。

本实训就是运用传统手工操作或利用保险业务软件，掌握财产保险核保和审核的主要程序、步骤。

实训要求

要求学生掌握保险书面投保单的填写。

要求学生能够熟练进行软件承保操作，熟知保险承保程序。

本实训主要是借助保险承保教学软件来操作的，所以本实训必须在机房进行。老师给每个学生配备一台装有教学软件的电脑。每一个学生根据老师所讲授的承保和核保程序来进行实训。

老师要详细讲解操作步骤，并且在学生操作期间，针对学生出现的问题给予解答。

当学生全面掌握投保和核保程序时，老师根据班级人数进行分组实训。假设本班学生 42 人，根据承保程序，将本班学生进行分组实训。每组 6 人，6 人按照人身保险投保 6 个步骤，每人操作一个步骤，共同完成保险承保工作。

老师最终和学生一起对每个小组按照完成质量、熟练程度、录入正确率这三个标准来评分。

实训实施

一、文本式投保单的填写

虽然大部分保险公司已经引进电子化管理，但是仍有部分保险业务需要书面投保单，尤其是保险行销人员在进行业务拓展时，这就要求保险行销人员必须掌握书面投保单的填写。

［范例］

财产保险综合投保单

投保人：________　　　　投保单号码：No ____

<table>
<tr><td rowspan="8">综合险</td><td colspan="2">投保标的项目</td><td>标的坐落地址</td><td>以何种价值投保</td><td>保险金额（元）</td><td>费率（%）</td><td>保险费（元）</td></tr>
<tr><td colspan="2"></td><td></td><td></td><td></td><td></td><td></td></tr>
<tr><td colspan="2"></td><td></td><td></td><td></td><td></td><td></td></tr>
<tr><td rowspan="5">特约保险标的</td><td></td><td></td><td></td><td></td><td></td><td></td></tr>
<tr><td></td><td></td><td></td><td></td><td></td><td></td></tr>
<tr><td></td><td></td><td></td><td></td><td></td><td></td></tr>
<tr><td></td><td></td><td></td><td></td><td></td><td></td></tr>
<tr><td></td><td></td><td></td><td></td><td></td><td></td></tr>
<tr><td colspan="8">总保险金额（大写）</td></tr>
<tr><td rowspan="6">附加险</td><td>险别</td><td>投保标的项目</td><td>标的坐落地址</td><td>以何种价值投保</td><td>保险金额（元）</td><td>费率（%）</td><td>保险费（元）</td></tr>
<tr><td></td><td></td><td></td><td></td><td></td><td></td><td></td></tr>
<tr><td></td><td></td><td></td><td></td><td></td><td></td><td></td></tr>
<tr><td></td><td></td><td></td><td></td><td></td><td></td><td></td></tr>
<tr><td></td><td></td><td></td><td></td><td></td><td></td><td></td></tr>
<tr><td></td><td></td><td></td><td></td><td></td><td></td><td></td></tr>
<tr><td colspan="8">总保险费（大写）　　保险责任期限：自　年　月　日零时起至　年　月　日二十四时止</td></tr>
<tr><td>特别约定</td><td colspan="7"></td></tr>
</table>

投保人兹声明上述填写内容（包括投保标的明细表及风险情况表）属实，同意以本投保单（包括投保标的明细表及风险情况表）作为订立保险合同的依据；对贵公司就财产保险条款及附加险条款（包括责任免除部分）的内容及说明已经了解；同意从保险单签发之日起保险合同成立。		
地　址：	开户银行：	投保人（签章）
电　话：	银行账号：	
联系人：	邮政编码：	
行　业：		年　月　日

上年保单号码：　　　　审核：　　　　经办：

书面投保单的填写，只需要按照实际情况填写上述各项。填写时，必须认真、书写清晰。为了便于存档，一定要选用黑色（或蓝黑色）签字笔填写。

二、承保业务电子化管理

大多数保险公司为了提高经营管理的效率，使管理更高效、有序，已经实施电子化管理，引进一整套业务、财务、人事管理软件系统。

本实训要求每个学生进入保险承保处理系统进行保险投保单的输入、保险单的核保和审核、交费。

1. 进入保险业务承保处理系统（以机动车辆保险业务为例）

如图 4—1 所示，进入保险业务软件系统之后，按照上面提示，选择要进入的系统，机动车辆保险业务的编号是 1，所以在页面下端“请选择”处输入“1”，按“Enter”键，进入机动车辆险处理系统，如图 4—2 所示。

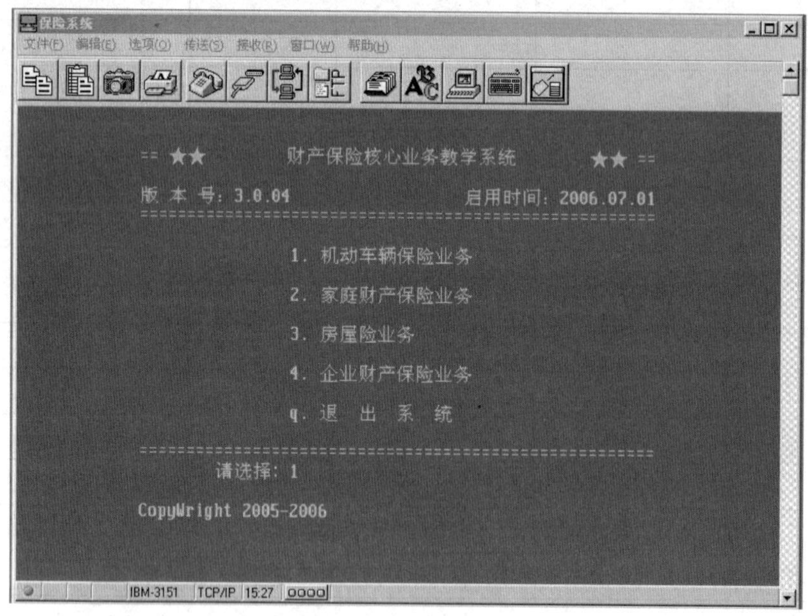

图 4—1

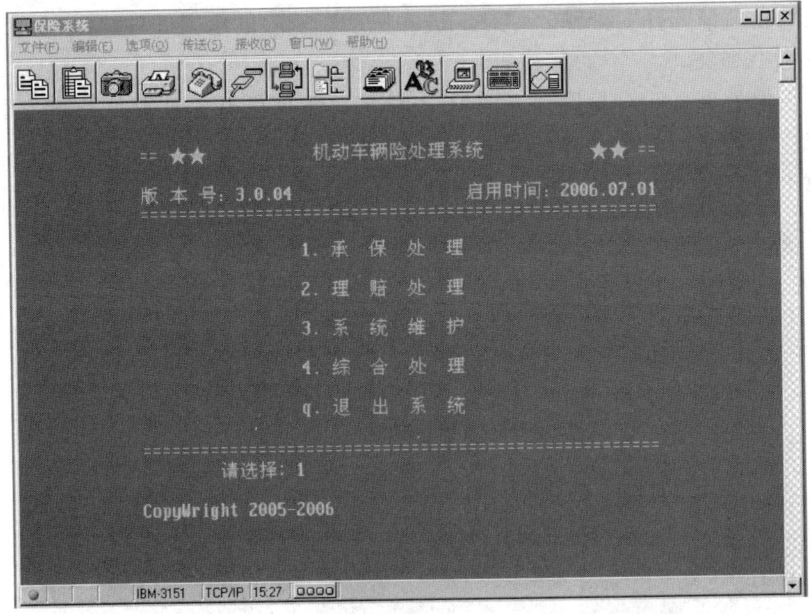

图 4—2

承保处理，在“请选择”处输入“1”，进入机动车辆险的承保业务处理系统主菜单，如图 4—3 所示。

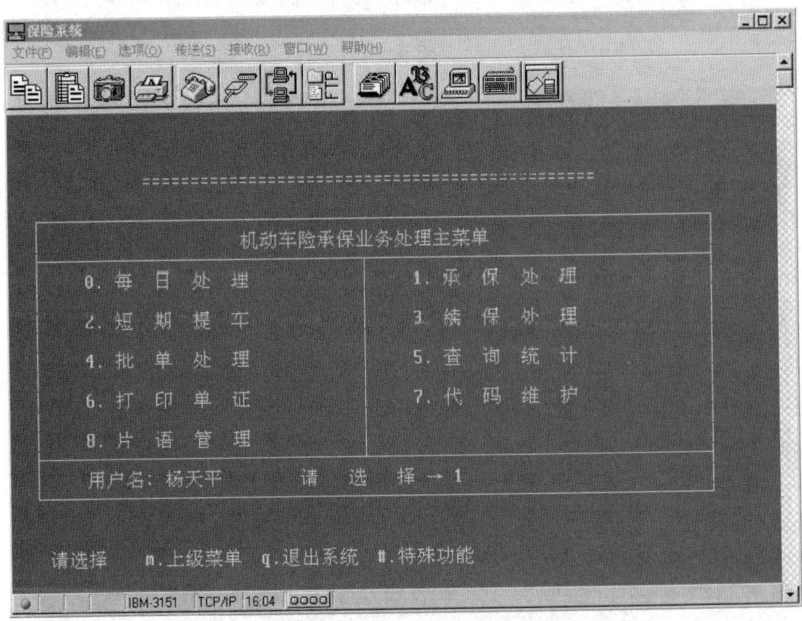

图 4—3

然后在“请选择”处输入“1”，进入机动车辆险的承保处理。

2. 投保单填写

在承保处理页面（见图 4—4）上，显示着承保的几个步骤。按照系统中各项前标注的数字，选择要进行的步骤对应的数字即可。如进行“保单”一项，就直接单击数字键“1”，进入保单处理界面（见图 4—5）。

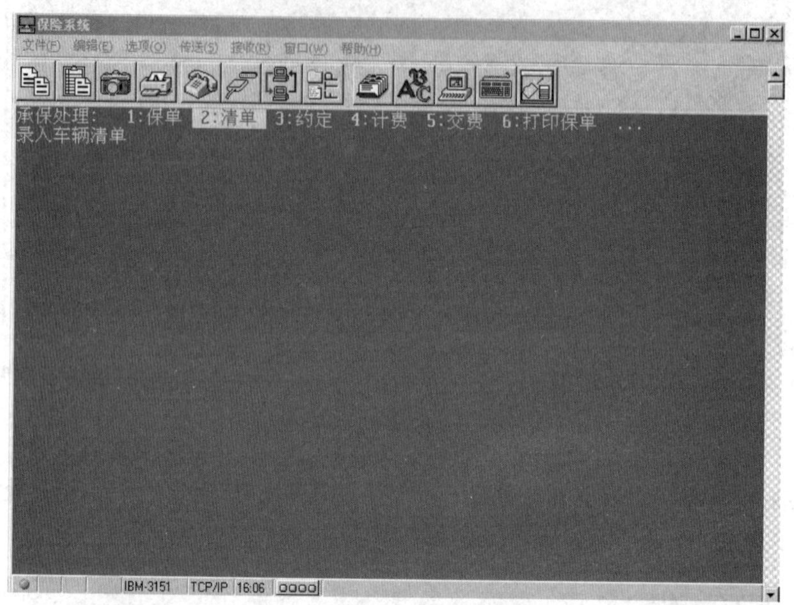

图 4—4

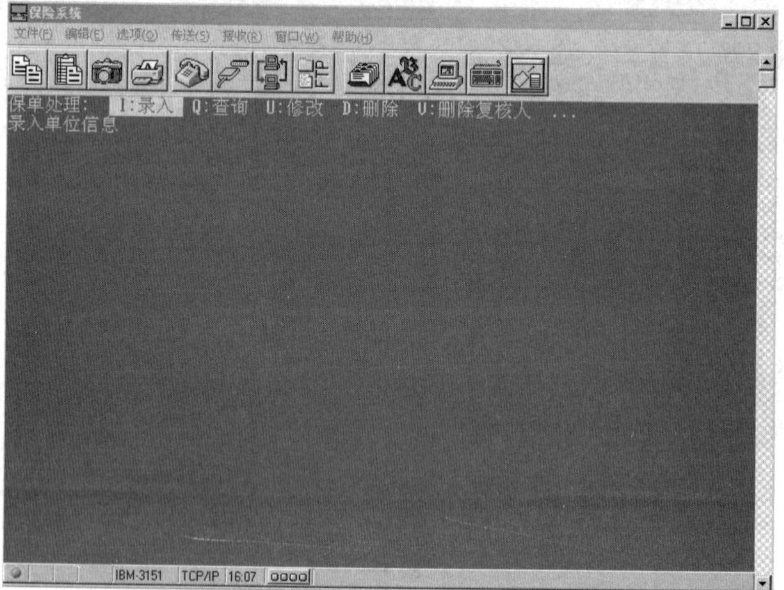

图 4—5

在“保单处理”界面中，选择你要操作的步骤前对应的英文字母。如选择保单处理中的录入，那就直接敲击“I”键。之后会出现一个机动车辆保险投保单的页面，如图 4—6 所示。

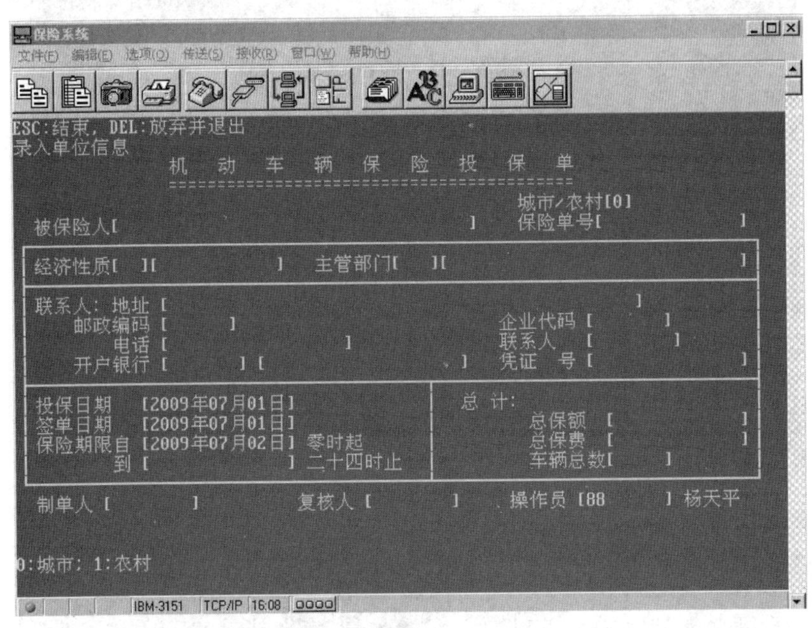

图 4—6

根据表格中的要求进行保险投保单的填写。有些选项，可以用数字符号来代替，如“城市/农村”，其中“0”表示城市，“1”表示农村，只要在后面括号中输入相应的数字即可。

有些选项，备选较多，有另外的数据库记载着备选项，可以按“Ctrl＋B”来选择，如图 4—7 所示。

将所有选项填写完毕后，按“Esc”键，投保单就填写并保存好了，如图 4—8 所示。

3. 清单录入

投保单填写完成之后，就要对投保的机动车辆进行明细登记。这就是清单录入的内容。如图 4—9 所示，输入数字“2”，登录清单界面，如图 4—10 所示。输入字母“I”，进行被保险车辆清单录入。

被保险车辆清单的填写和投保单类似，根据要求进行选项填写，有些选项还可以求助“Ctrl＋B”。除此之外，清单在填写过程中如果输入错误需要修改，或者需要复制、打印、查询的话，可以输入所对应的字母符号，就可以进行查询、修改、复制、打印、删除等操作了。

清单中的各个项目都填写完成后，按“Esc”，就完成了被保险车辆清单的录

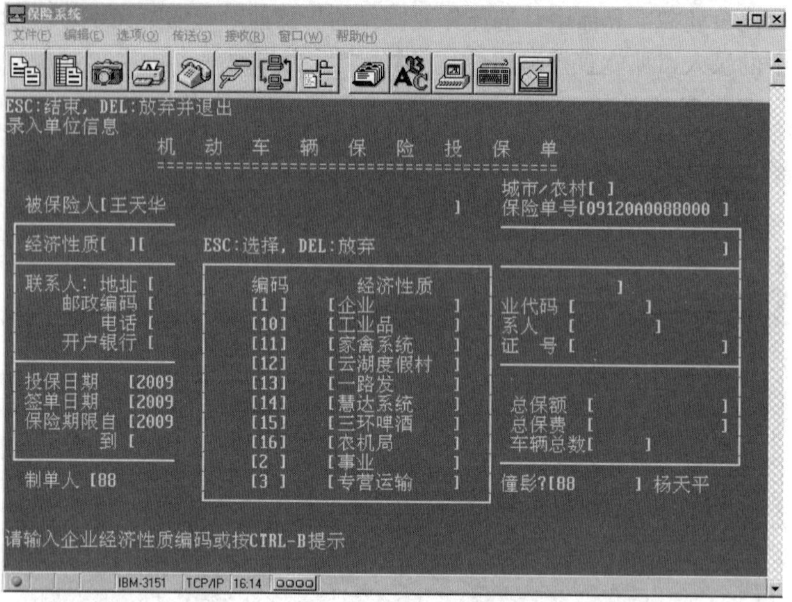

图 4—7

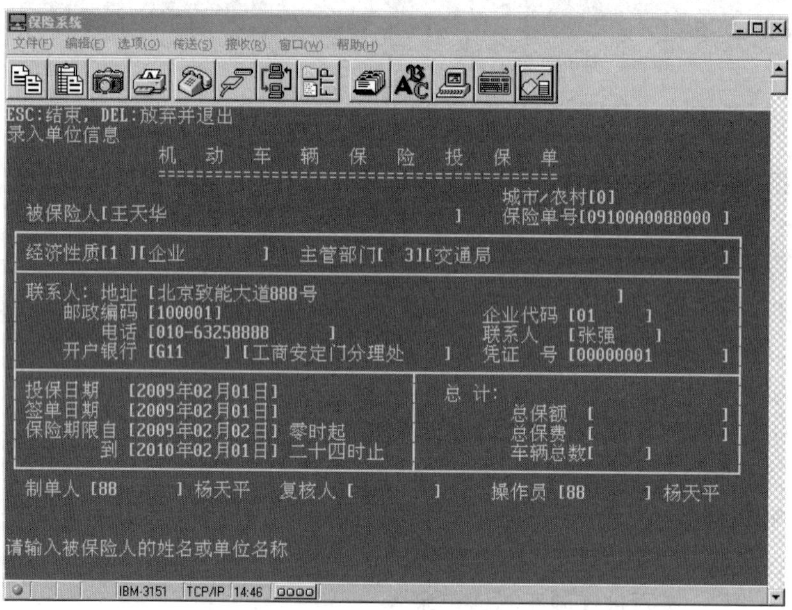

图 4—8

入工作，如图 4—11 所示。

4. 约定录入

如果保险双方对保险标的——被保险车辆还有特别约定的话，还要进行约定

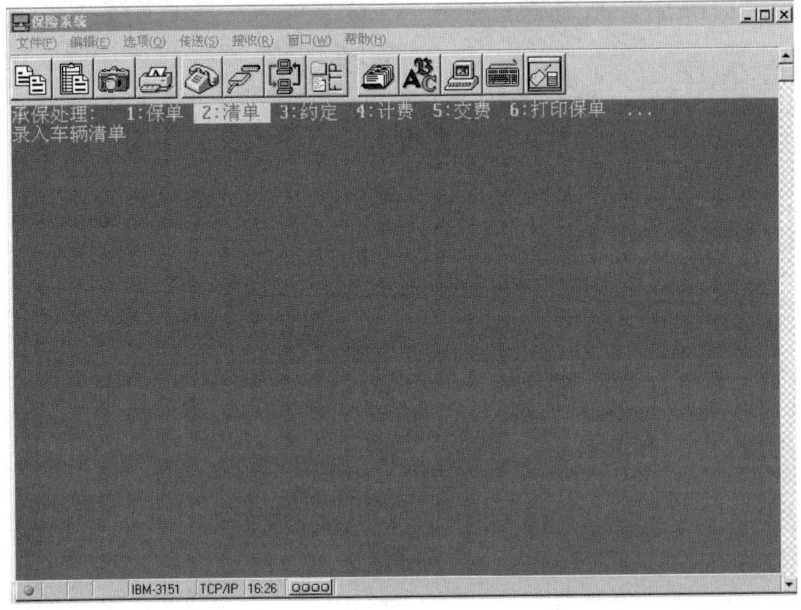

图 4—9

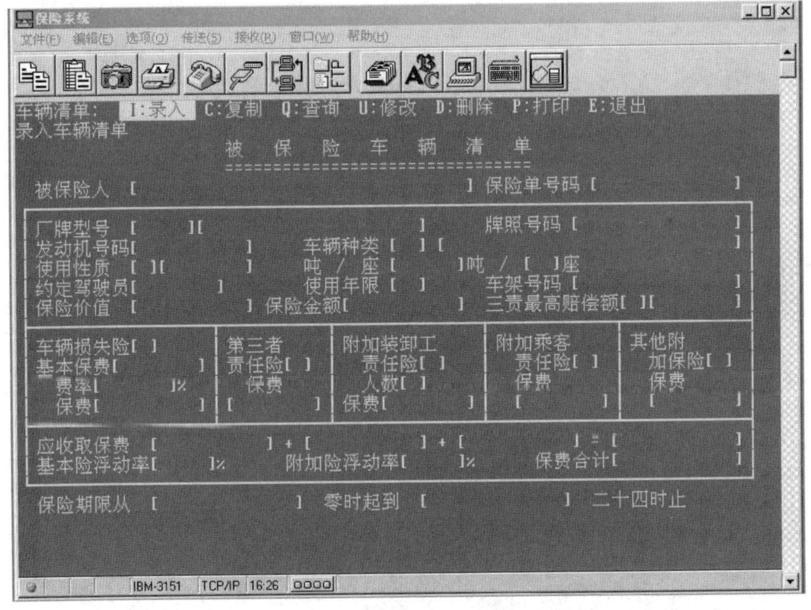

图 4—10

录入。返回承保处理界面（见图 4—4），按对应数字键“3”，进入约定录入界面，如图 4—12 所示，将约定输入到相应空格内，然后按“Esc”键保存并完成输入；如没有特别约定，则按“Del”键返回上级菜单；如果输入发生错误，可以用“Ctrl+E”删除当前的内容进行修改。

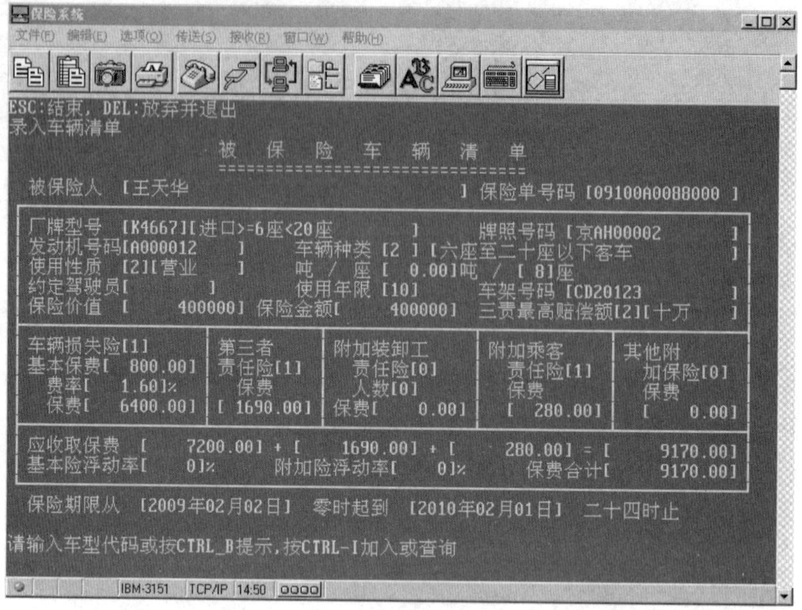

图 4—11

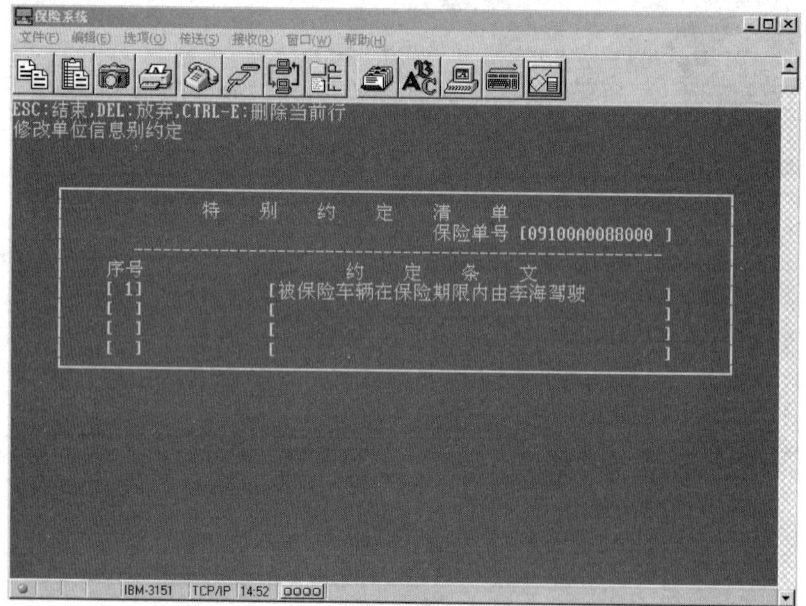

图 4—12

5. 计费

返回到承保处理界面后，进行第 4 步骤——计费，如图 4—13、图 4—14 所示。

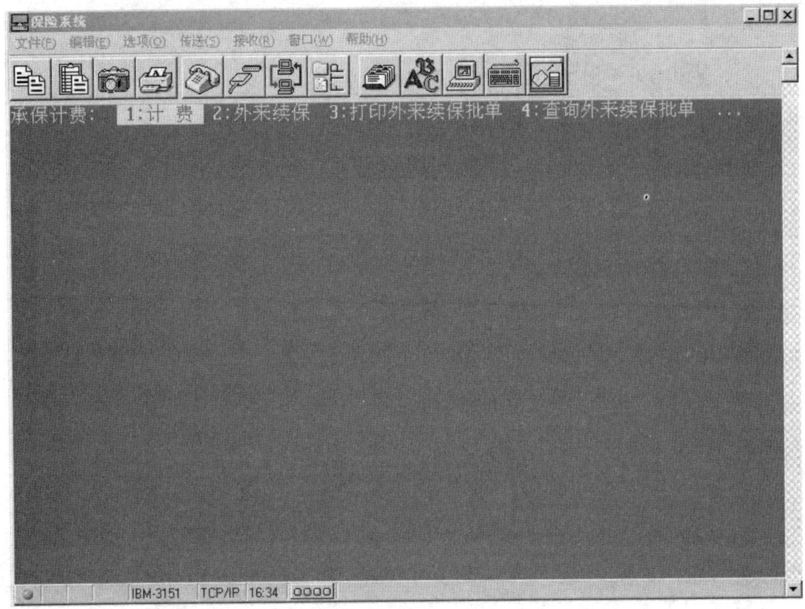

图 4—13

保险系统
文件(F) 编辑(E) 选项(O) 传送(S) 接收(R) 窗口(W) 帮助(H)

ESC:计费结束, DEL:放弃并退出

保 费 计 算 画 面

保险单号 [09100A0088000]
投保单位 [王天华]
车辆总数 [1]
保费合计 [9170.00] 浮动 [0]% 实交保费 [9170.00]

〖分 项 小 计〗
保险金额 [400000]
车损险基本保险费 [800.00]
车损险保费 [6400.00]
第三者责任险 [1690.00]
附加装卸工责任险人数 [0]
附加装卸工责任险保费 [0.00]
附加乘客责任险保费 [280.00]
其他附加险保费 [0.00]
应交保费合计 [9170.00]

〖分险别的车辆数〗
车损险[1]
三责险[1]
附加险[1]

请输入:
付款次数 [1]

IBM-3151 TCP/IP 14:53

图 4—14

保费计算完毕之后，就要填写投保单中的复核人。进入填复核人界面，输入“Y”，然后在复核人一栏中输入复核人姓名即可，按下“Esc”键完成输入并保存，如图 4—15、图 4—16 所示。

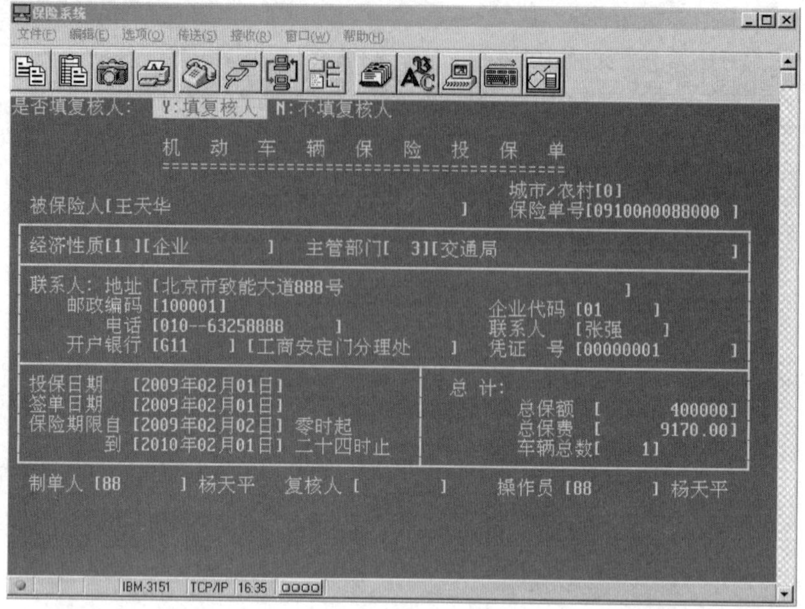

图 4—15

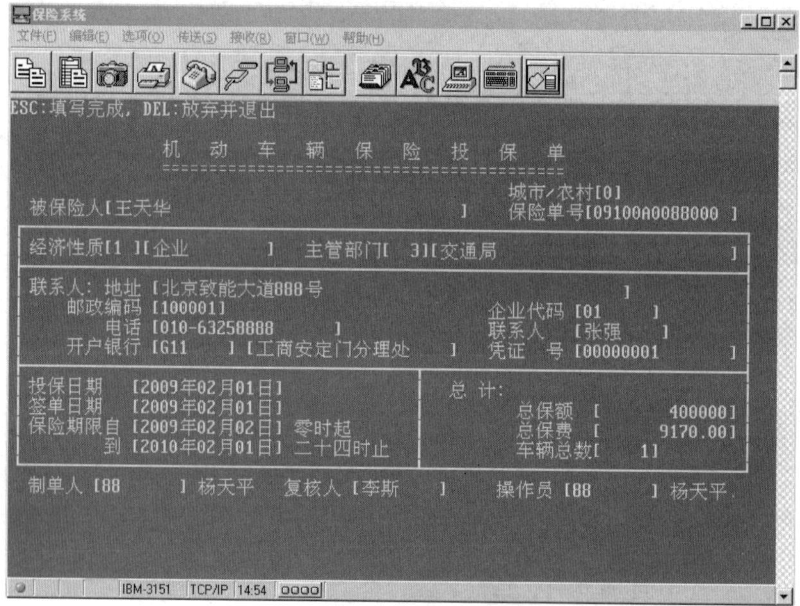

图 4—16

6. 交费

保费计算完毕后，接下来就是交费，最终完成保险投保手续。

(1) 在交费界面（见图 4—17）中，输入保险单号后，按“Esc”进行查询。

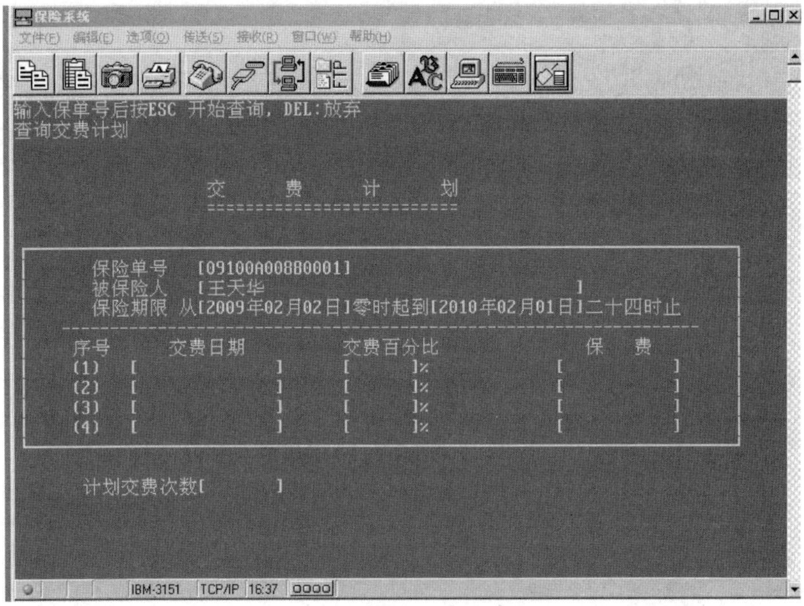

保险系统
文件(F) 编辑(E) 选项(O) 传送(S) 接收(R) 窗口(W) 帮助(H)
输入保单号后按ESC 开始查询，DEL:放弃
查询交费计划
交 费 计 划
保险单号 [09100A00880001]
被保险人 [王天华]
保险期限 从[2009年02月02日]零时起到[2010年02月01日]二十四时止
序号 交费日期 交费百分比 保 费
(1) [ ] [ ]% [ ]
(2) [ ] [ ]% [ ]
(3) [ ] [ ]% [ ]
(4) [ ] [ ]% [ ]
计划交费次数[ ]
IBM-3151 TCP/IP 16:37

图 4—17

(2) 出现报账记录清单，如图 4—18 所示，根据提示报账标识，完成交费手续，如图 4—19 所示。

保险系统
文件(F) 编辑(E) 选项(O) 传送(S) 接收(R) 窗口(W) 帮助(H)
ESC:录入完毕 DEL:放弃
报 帐 记 录 清 单
交费类型[0] 保险单号[09100A0088000] 批单号[ ]
被保险人[王天华] 报帐录入员[88] 杨天平
保费 交费日期 报帐日期 报帐标识
[9170.00] [2009年02月01日] [2009年02月01日] [1]
已交[1]次 已交保费[9170.00] 未交保费[0.00]
0:未报帐,1:报帐
IBM-3151 TCP/IP 14:57

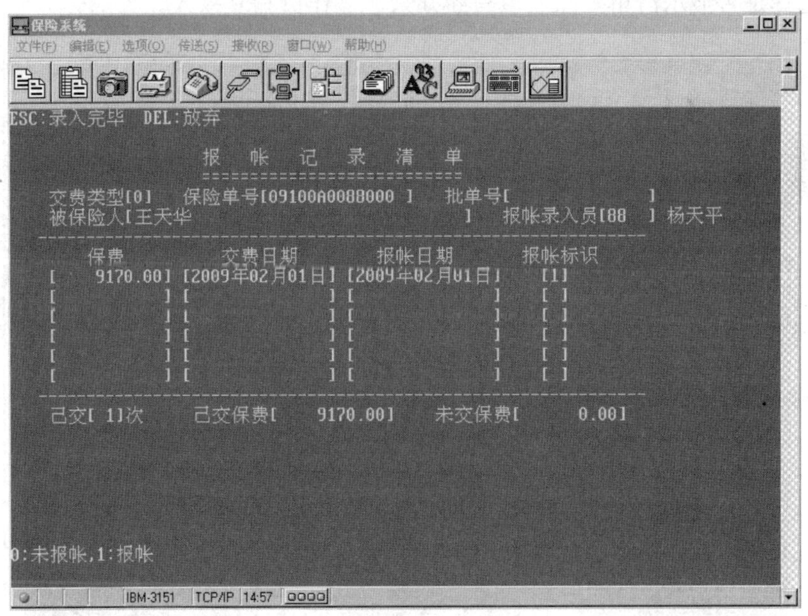

图 4—18

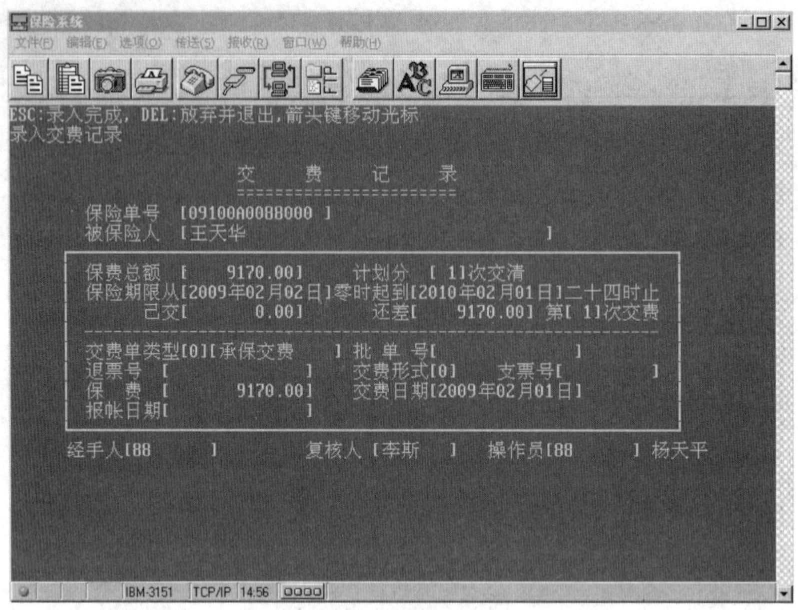

图 4—19

(3) 交纳手续费。返回到交费总菜单目录下，选取“手续费”，进入交纳手续费录入界面，如图 4—20 所示。输入保险单号、报账日期、批单号、给付比例，选择是否显示清单，然后填写经办人、操作员和复核人。

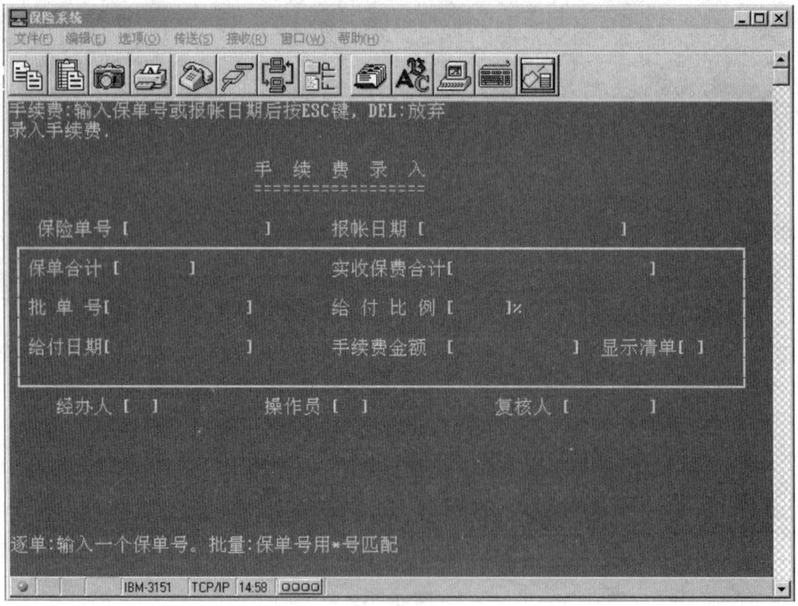

保险系统
文件(F) 编辑(E) 选项(O) 传送(S) 接收(R) 窗口(W) 帮助(H)
手续费:输入保单号或报帐日期后按ESC键，DEL:放弃
录入手续费，
手 续 费 录 入
保险单号 [ ] 报帐日期 [ ]
保单合计 [ ] 实收保费合计[ ]
批 单 号[ ] 给 付 比 例 [ ]%
给付日期[ ] 手续费金额 [ ] 显示清单[ ]
经办人 [ ] 操作员 [ ] 复核人 [ ]
逐单:输入一个保单号。批量:保单号用*号匹配
IBM-3151 TCP/IP 14:58

图 4—20

注意：手续费录入中，清单显示有两种情况：一种是显示清单（见图 4—21）；另一种不显示清单（见图 4—22），可以根据实际情况进行选择。选择了显示清单，则会多出现一个手续费记录清单界面（见图 4—23）。

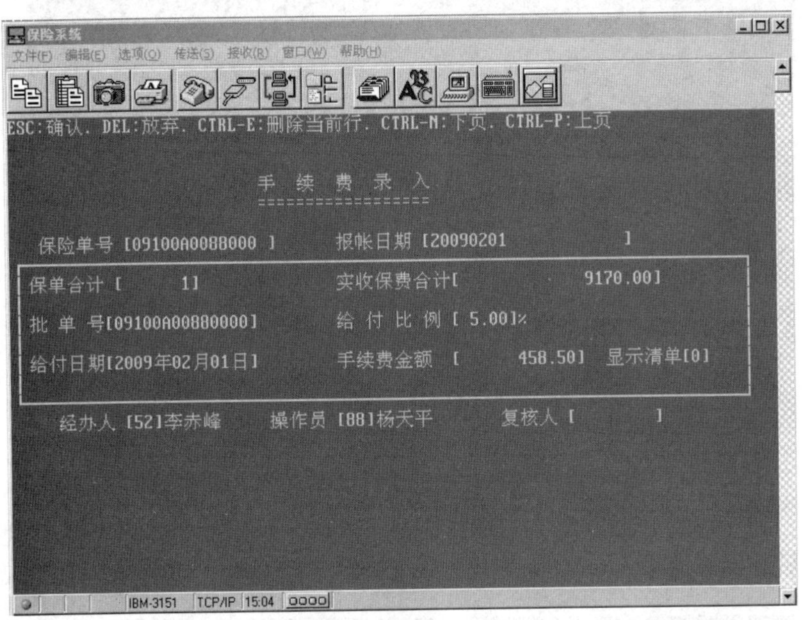

图 4—21

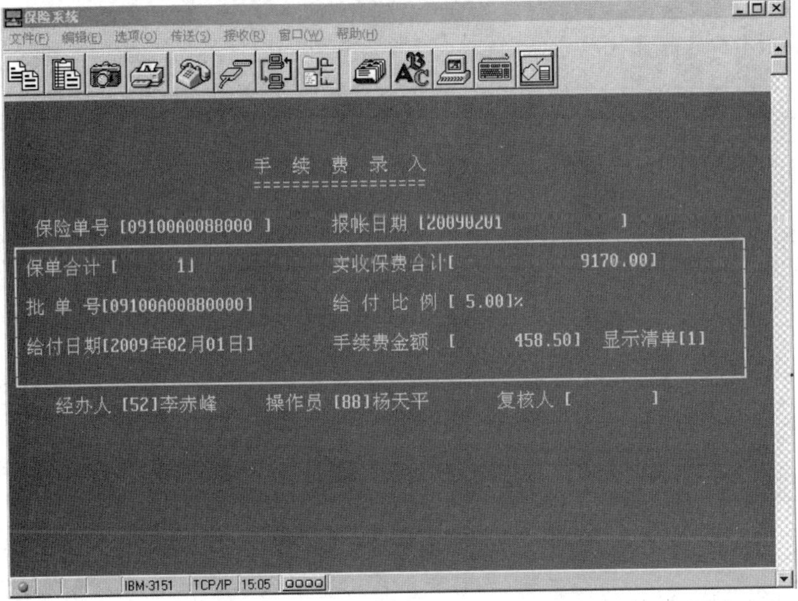

图 4—22

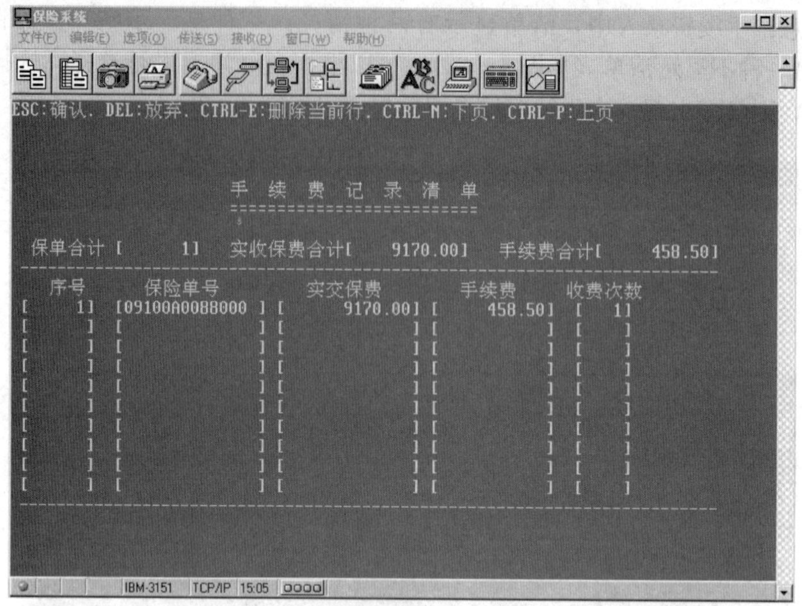

图 4—23

最后选择确认录入，输入“Y”，完成手续费的交纳，如图 4—24 所示。

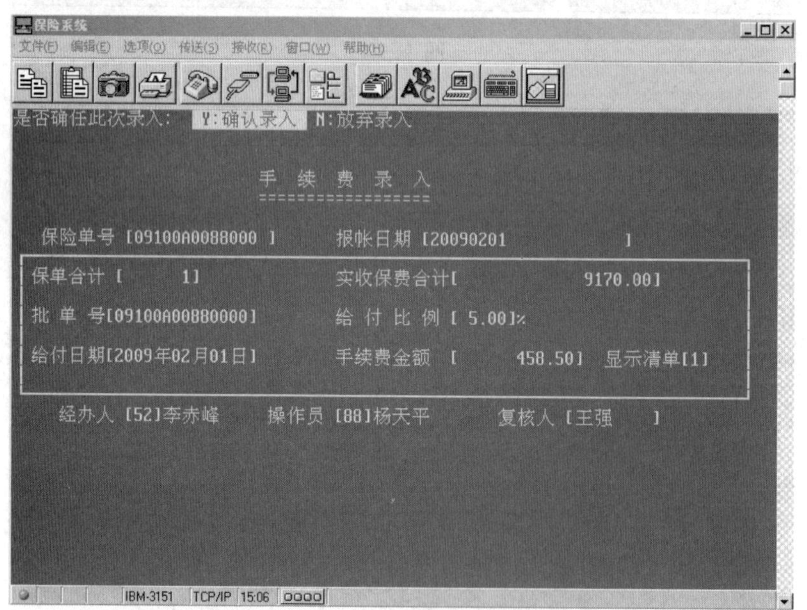

图 4—24

7. 打印保险文件

(1) 打印保险单。保险投保单程序都完成后，返回到承保处理主页面，将填写好并生成的保险单打印出来。打印形式可以根据不同要求有以下几种格式：复印版、电脑版、印刷版、原始版。将电脑连上打印机，然后在输入保单号处输入保险单账号，系统就可以将保单传送给打印机，打出保险单。由于篇幅所限，保单这里就不显示了，如图 4—25、图 4—26 所示。

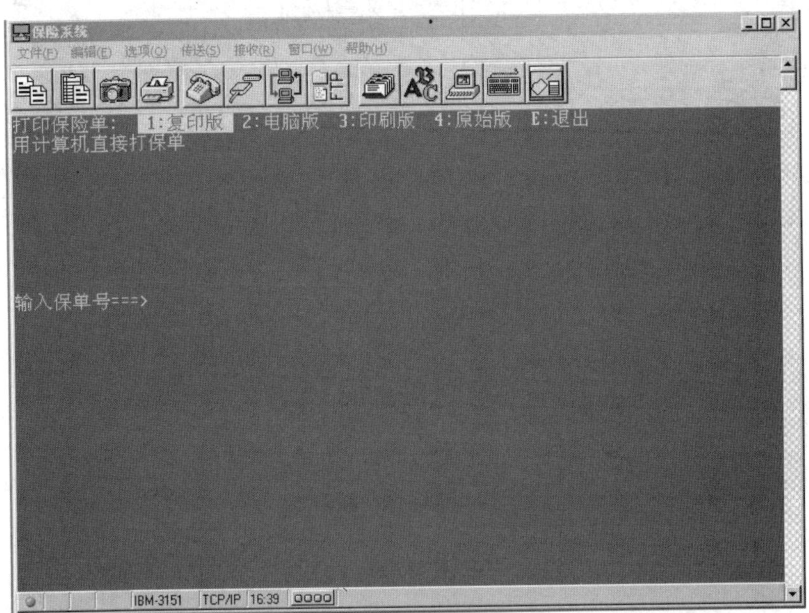

图 4—25

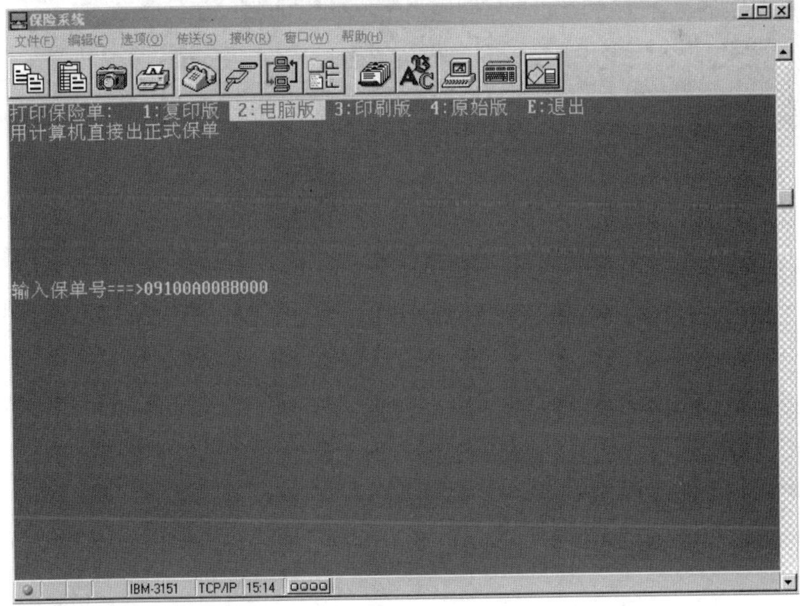

图 4—26

（2）打印保险费收据，操作界面如图 4—27 所示。

（3）打印保险凭证。输入保险单号即可，操作界面如图 4—28 所示。

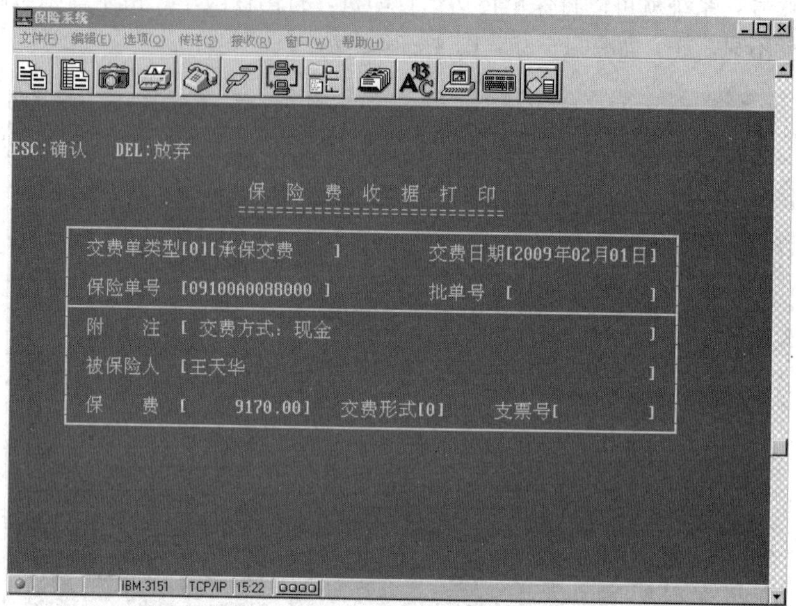

图 4—27

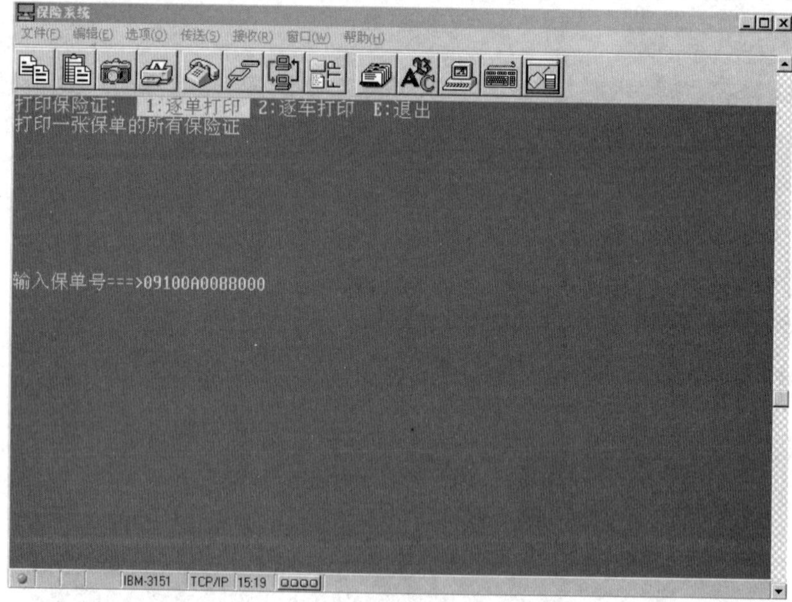

图 4—28

相关知识点

一、保险承保的程序

保险承保的程序如图 4—29 所示。

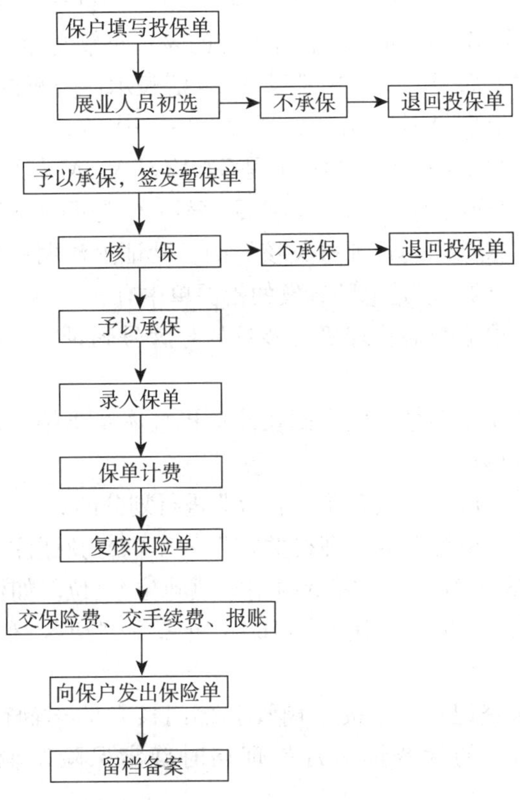

图 4—29 保险承保程序

二、机动车辆保险投保单的填写

1. 投保人

单位要写全称（与公章名称一致），个人填写本人姓名。

在机动车辆保险中，投保人的称谓应和车辆行驶证相符。使用人或所有人的称谓与行驶证上的称谓不符或车辆是合伙购买与经营时，应在投保单特别约定中注明，以便登录到保险单中。

2. 保险标的

（1）如果是财产，要求填写投保的会计科目名称，如存货、固定资产、在建工程等。

（2）如果是机动车辆，则按以下要求做：

1）厂牌型号：厂牌名称与车辆型号。

根据行业惯例：前面2个（或3个）字母是厂家代号，接着有4位数字代号，后面还可接有字母作为附加代号。

4位数字代号的第一位是车辆类别：1——载货车；2——越野车；3——自卸车；4——牵引车；5——专用车；6——客车；7——轿车；9——挂车。第2位和第3位卡车、越野车、自卸车、牵引车等的表示车辆总重（吨）；客车的表示长度（米），当客车长度小于10米时以其10倍表示，轿车的以排量的10倍表示。第4位是企业的产品序号，由0、1、2、3……表示。

如丰田GTM7200G：G是广州；T是TOYOTA；M是厂家编码；7是指车型——小轿车；20表示排量2.0；0是产品序号；G是厂家型号区分代码。

2）车辆种类：根据车辆管理机关核发的行驶证上注明的种类填写。在书面投保单中是没有这项的，但是电脑签发的投保单中有。

3）牌照号码：根据车辆管理机关核发的号牌号码录入，并注明底色，如京AH00002（蓝）。

4）发动机号码及车架号：生产商在发动机缸体及车架上都打印号码，根据车辆行驶证填写就可以。

5）使用性质：一般是按照营业和非营业进行划分的。

6）吨位或座位：根据车辆管理机关核发的车辆行驶证注明的吨位或座位填写，货车填吨位，客车填座位，客货两用车填吨位/座位。如江北JBC1040客货两用可填写“1.5/6”，北京现代BH7160A可填写“/5”，东风EQ140货车填“5/”。

7）行驶证初次登记年月：按车辆管理部门核发的车辆行驶证上的“登记日期”的年月填写。初次登记年月是理赔时确定保险车辆实际价值的重要依据。

8）保险金额。

新车：按新车购置价，即按保险合同签订地购置与投保车辆同类型新车价格与车辆购置附加费之和填写。

旧车：旧车的实际价值通常根据使用年限折旧计算，即按投保时同种类型车辆市场新车购置价减去该车已使用年限折旧后确定的实际价值。但最高折旧金额不超过保险价值的70%，除非有书面特别约定；盗抢险、自燃险的实际价值按实际使用年限计算，不受70%的限制。

实际价值＝保险价值×(1－已使用年限/规定使用年限)

9）计算保费。

根据车辆的使用性质、保险车辆的种类、被保险人单位性质、座位/吨位、车龄、新车购置价算出标准保险费。

公式一：按照保险车辆的新车购置价确定保险金额时，

标准保险费＝基础保险费＋（新车购置价－新车购置价分段起点价）×费率

投保新增设备时，

新车购置价＝保险车辆的新车购置价＋新增设备实际价值

公式二：按照保险车辆的实际价值确定保险金额时，

标准保险费＝足额投保时保费×(0.05＋0.95×保险金额/新车购置价)

公式三：足额投保时，保费为以新车购置价确定保险金额时计算出的标准保险费：

标准保险费＝实际价值＝保险车辆的新车购置价×（1－年折旧率×已使用年限）

例：苏小姐将自己的捷达轿车在华泰保险公司投保“家庭自用汽车损失保险条款”车辆损失险，该车核定载客 6 人，已使用年限 5 年，已知同类型新车购置价为 18 万元。试分别计算按新车购置价确定保险金额、按实际价值确定保险金额和按投保时双方协商金额 15 万元确定保险金额时的保险费。

3. 企业信息

地址、邮政编码、电话、企业性质、联系人、开户银行、银行账号等企业信息根据实际情况填写。

4. 约定

即特别约定，这是由于对保险合同的未尽事宜双方需要协商，在此栏注明。约定的事项应该清楚、简练。一般有两种情况需要约定：一是为减少被保人获得赔款后要求退保，在条款未对此做出明确规定前，可在特别约定栏中加注：“各种责任保险被保险人在保险期限内获取赔款后不得中途退保”或“单保第三者责任的，在责任生效后不得中途退保”；二是第三者责任险中被允许的合格驾驶员和全车盗抢条款中按条款解释增加免赔的内容。

三、保险核保

核保工作是保险公司决定是否承保的过程，主要内容包括：

(1) 对单证、条款、费率的审核。

(2) 对保险标的、可保利益的审核。

(3) 对特别约定的审核。

(4) 对投保人和被保险人资信的审核。

(5) 对保险标的风险的审核。

(6) 对保险金额、赔偿限额的审核。

四、机动车辆保险最佳方案选择

目前，机动车保险包括 2 个基本险和 9 个附加险。在这 11 个险种中，除第三者责任险是强制性险种，其他的险种都以自愿投保为原则。在开展业务时，保险行销员应让投保人根据自己的经济实力与实际需求进行投保。以下是 5 个机动车辆保险方案，保险营销人员可以让投保人投保时作为参考，选取最适合他的险种，为自己的爱车提供安全保障。

1. 最低保障方案

(1) 险种组合：第三者责任险。

(2) 保障范围：只对第三者的损失负赔偿责任。

(3) 适用对象：急于上牌照或通过年检的个人。

(4) 特点：只有最低保障，费用低。

(5) 优点：可以用来应付上牌照或检车。

(6) 缺点：一旦撞车或撞人，对方的损失能得到保险公司的一些赔偿，但自己车的损失只有自己负担。

(7) 举例：以价值 16 万元新车为例，投保第三者责任险一般以 10 万元为限额，因此需交1 300元保险费。

2. 基本保障方案

(1) 险种组合：车辆损失险＋第三者责任险。

(2) 保障范围：只投保基本险，不含任何附加险。

(3) 特点：费用适度，能够提供基本的保障。

(4) 适用对象：有一定经济压力的车主。

(5) 优点：必要性最高。

(6) 缺点：不是最佳组合，最好加入不计免赔特约险。

(7) 举例：以价值 16 万元新车为例，车损险基本保费为 240 元，费率为 1.2%，则：240＋160 000×1.2%＋1 300＝3 460（元）。

3. 经济保险方案

(1) 险种组合：车辆损失险＋第三者责任险＋不计免赔特约险＋全车盗抢险。

(2) 特点：投保 4 个最必要、最有价值的险种。

(3) 适用对象：是个人精打细算的最佳选择。

(4) 优点：投保最有价值的险种，保险性价比最高，人们最关心的丢失和 100%赔付等大风险都有保障，保费不高但包含了比较实用的不计免赔特约险。

(5) 缺点：当然，此方案仍不是最完善的保险方案。

(6) 举例：以价值 16 万元的新车为例，不计免赔特约险按车辆损失险和第三者责任险保险费之和的 20%计算。全车盗抢险的费率为 1%，则：3 460＋3 460×20%＋160 000×1%＝5 752（元）。

4. 最佳保障方案

(1) 险种组合：车辆损失险＋第三者责任险＋车上责任险＋风挡玻璃险＋不计免赔特约险＋全车盗抢险。

（2）特点：在经济投保方案的基础上，加入了车上责任险和风挡玻璃险，使乘客及车辆易损部分得到安全保障。

（3）适用对象：一般公司或个人。

（4）优点：投保价值大的险种，不花冤枉钱，物有所值。

（5）举例：以价值16万元的国产新车为例，如果是客车，车上责任险只需为车上人员投保，按座位投保的费率为0.9%，按核定座位数投保的费率为0.5%，玻璃单独破碎险按国产风挡玻璃的费率（0.15%）投保。

1）车上责任险按座位投保50万元：

3 460+500 000×0.9%+160 000×0.15%+3 460×20%+160 000×1%=10 492（元）

2）车上责任险按核定座位数投保50万元：

3 460+500 000×0.5%+160 000×0.15%+3 460×20%+160 000×1%=8 492（元）

5. 完全保障方案

（1）险种组合：车辆损失险+第三者责任险+车上责任险+风挡玻璃险+不计免赔特约险+新增加设备损失险+自燃损失险+全车盗抢险。

（2）特点：保全险，居安思危才有备无患。能保的险种全部投保，从容上路，不必担心交通所带来的种种风险。

（3）适用对象：经济充裕的车主。

（4）优点：几乎与汽车有关的全部事故损失都能得到赔偿。投保的人不必为少保某一个险种而得不到赔偿，承担投保决策失误的损失。

（5）缺点：保全险保费高，某些险种出险的几率非常小。

（6）举例：以价值16万元的新车为例，新增加设备损失险的费率为1.2%，自燃损失险的费率为0.4%。

1）车上责任险按座位投保50万元：

3 460+500 000×0.9%+160 000×0.15%+3 460×20%+30 000×1.2%+160 000×0.4%+160 000×1%=11 492（元）

2）车上责任险按核定座位数投保50万元：

3 460+500 000×0.5%+160 000×0.15%+3 460×20%+30 000×1.2%+160 000×0.4%+160 000×1%=9 492（元）

实战演练

1. 要求学生进行机动车辆保险的投保单输入训练。
2. 要求学生进行机动车辆保险的保单计费、交费训练。

第二节 人身保险的承保和核保

实训目的

在人身保险中，为了保证业务的稳定，维护公平合理的原则，需要拥有大量的被保险客体，同时必须对被保险的客体做出精确风险评估。这是因为人身保险的保险标的（即人的生命或身体）具有特殊性，而且投保年限时间长，所以做好承保和核保工作，关系着维护业务的稳定，以及给被保险人公平、合理、全面的保障。

本实训就是运用传统手段或利用保险业务软件，掌握财产保险核保和审核的主要程序、步骤。

实训要求

要求学生掌握保险书面投保单的填写。

要求学生能够熟练进行软件承保操作，熟知保险承保程序。

本实训主要是借助保险承保教学软件来操作的，所以本实训必须在机房进行。老师给每个学生配备一台装有教学软件的电脑。每一个学生根据老师所讲授的承保和核保程序来进行实训。

老师首先要讲解操作步骤。并且在学生操作期间，针对学生出现的问题给以解答。

当学生全面掌握投保和核保程序时，老师根据班级人数进行分组实训，假设本班学生 42 人，根据承保程序，将本班学生进行分组实训，每组 6 人。6 人按照人身保险投保 6 个步骤，每人操作一个步骤，共同完成保险承保工作。

老师最终和学生一起对每个小组按照完成质量、熟练程度、录入正确率这三个标准来评分。

实训实施

一、文本式投保单的填写

投保单是保险合同的重要组成部分，也是保险公司进行核保及核定给付、赔付的重要原始资料，因此，投保人在填写投保单时，需要按照实际情况认真填写上述各项内容，具体应注意以下事项：

（1）对投保人、被保险人和受益人的姓名、性别、年龄、职业、地址、电话等内容按照投保时的实际情况填写，姓名和身份证号码要与身份证或户口簿上所登记的内容相符；在填写地址时，要详细写明地址全称。一般情况下，应填写常用的通讯地址，以便保险公司联系。

（2）准确填写要求投保的产品名称、保险金额及相关信息。

（3）投保人及被保险人应如实回答投保单上所提的问题，对投保单上要求提供详细情况的问题，应在投保单备注栏中说明详情或提供相关的书面材料。

（4）投保人在填写完毕后，应对投保单内容进行复核，确认内容真实完整，并应亲笔签名确认。必要时，被保险人也需要亲笔签名确认，如签订以身故为保险金给付条件的合同时。投保人、被保险人切勿在空白或未填写完整的投保单上签字。

（5）为了便于存档，一定要选用黑色（或蓝黑色）签字笔填写。

［范例］

人身保险个人投保单

兹拟向××保险股份有限公司投保人身保险，内容如下：

投保单编号：

<table>
<tr><td colspan="2">保险种类</td><td colspan="7"></td></tr>
<tr><td rowspan="2">投保人情况</td><td>姓名</td><td></td><td>身份证号码</td><td colspan="2"></td><td colspan="2">与被保险人关系</td><td></td></tr>
<tr><td>地址</td><td colspan="3"></td><td>邮编</td><td></td><td>电话</td><td></td></tr>
<tr><td rowspan="2">被保险人情况</td><td>姓名</td><td></td><td>年龄</td><td></td><td>性别</td><td></td><td>身份证号码</td><td></td></tr>
<tr><td>地址</td><td colspan="3"></td><td>邮编</td><td></td><td>电话</td><td></td></tr>
<tr><td colspan="2">保险年期</td><td></td><td>保险份数</td><td></td><td>受 益 人</td><td></td><td>领取日期</td><td></td></tr>
<tr><td colspan="2">领取年龄</td><td></td><td>领取方式</td><td></td><td>领取金额</td><td colspan="3"></td></tr>
<tr><td colspan="2">保险期限</td><td colspan="7">自___年___月___日中午十二时起至___年___月___日中午十二时止</td></tr>
<tr><td colspan="6">基本保险金额</td><td colspan="3">附加保险金额</td></tr>
<tr><td colspan="2">意外伤残保额
意外身故保额
疾病伤残保额
疾病身故保额
满期保险金额
生存给付金
费率</td><td colspan="4"></td><td colspan="2">附加
险别
保额
费率

附加
险别
保额
费率</td><td></td></tr>
<tr><td colspan="2">保险费</td><td colspan="7"></td></tr>
</table>

<table>
<tr><td>保险本金</td><td colspan="3"></td></tr>
<tr><td>缴费形式</td><td colspan="3">一次性缴费□ 年缴□ 半年缴□ 季缴□ 月缴□ 其他：</td></tr>
<tr><td>付款方式</td><td></td><td>币种</td><td></td></tr>
<tr><td>开户银行</td><td></td><td>账号</td><td></td></tr>
<tr><td colspan="4">特别约定：</td></tr>
<tr><td colspan="4">被保险人健康状况：
1. 目前尚在病假中？□有 □无
2. 因病休或因病减轻劳动量？□有 □无
3. 因患有其他慢性病而不能全勤工作或经常缺勤？□有 □无
4. 有无严重病史？□有 □无
5. 癌症、肝硬化、癫痫病、脑震荡、精神病、心脏病、高血压病、血管硬化、性病等？□有 □无

投保人是否健康？□是 □否</td></tr>
<tr><td colspan="4">投保声明：
1）本投保单所填写的各项内容，均属真实，可作为你公司签发保单的根据，并成为双方合约的组成部分，如日后发现与事实不符，即使保单签发，你公司仍可不负任何责任。
2）本投保单方格内填写✓者，即作为本投保人“同意”或“是”的答复。
3）保户在投保时应填具确实年龄，保户年龄计算以身份证为根据，计算办法以保户在起保日最后一个生日时的足岁年龄计算，如误将年龄报小，应随时申请更正，并补缴保费及其利息，否则在发生给付时，其应得利益当按保户所付保费与实际年龄应付保费之比例计算。

投保人（签章）____年____月____日</td></tr>
<tr><td colspan="4">（以下由保险公司填写）
审核意见：
审核人（签章）______公司章______</td></tr>
<tr><td colspan="4">保险单号码：________签单人代码：______签单日期：____年____月____日</td></tr>
</table>

（资料来源：http：//www. docin. com。）

二、承保业务电子化管理

大多数保险公司为了提高经营管理的效率，使管理更高效、有序，已经实施电子化管理，引进一整套业务、财务、人事管理软件系统。

本实训要求每个学生进入保险承保处理系统进行保险投保单的输入、保险单的核保和审核、交费。

1. 登录人身保险业务承保处理系统（以健康疾病险为例）

如图 4—30 所示，进入人身保险业务软件系统之后，按照上面提示，选择要进入的系统，健康、疾病险业务的编号是 1，所以在页面下端“请选择”处输入“1”，按“Enter”键，进入健康、疾病险业务处理系统，如图 4—31 所示。

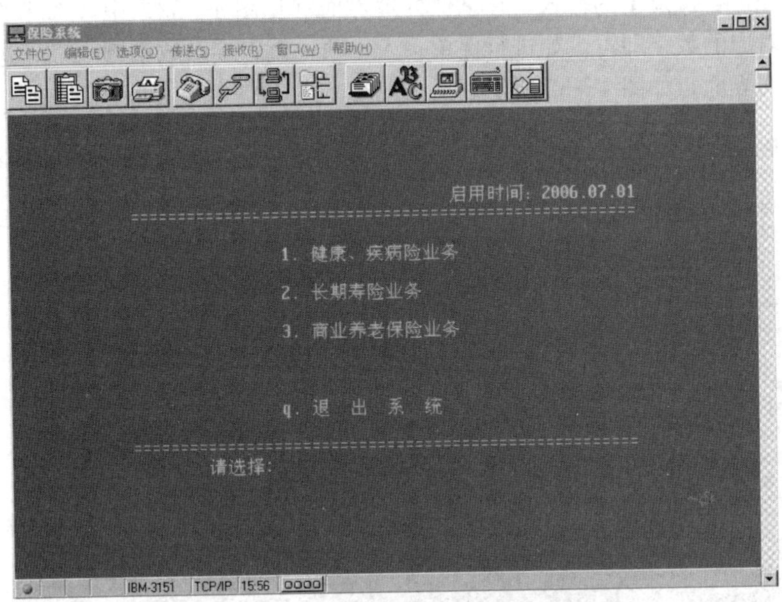

图 4—30

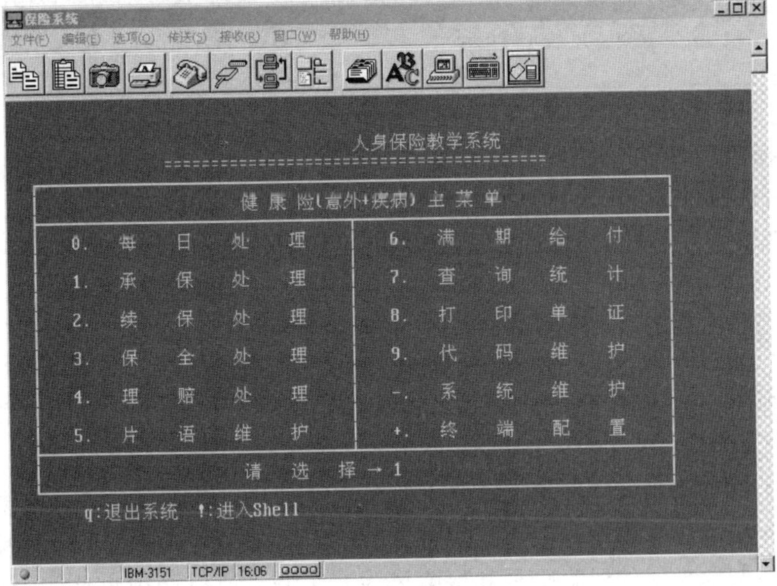

图 4—31

然后按照提示所给的号码数字，在“请选择”处输入“1”，进入健康疾病险的承保处理系统。健康疾病保险的承保处理系统主要有保险单录入、清单、特别约定、查询、复核、交费和修改等业务。

2. 保险单录入

首先进行保险单的输入。在承保处理界面（见图 4—32）中，选择要进行的步骤前对应的数字即可。如进行保单录入一项，就直接敲数字键“1”，进入保险单的录入界面，如图 4—33 所示。

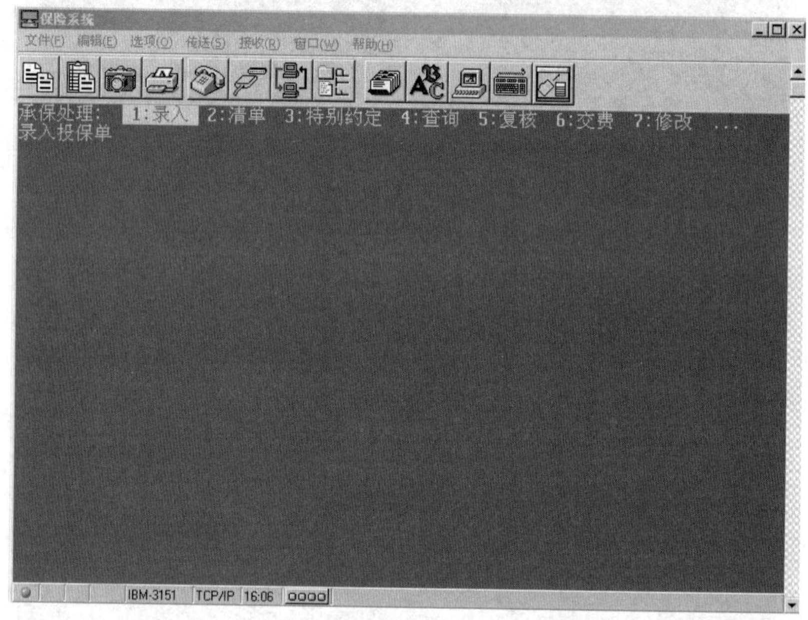

图 4—32

根据实际情况填写图 4—33 中的各项内容。其中险别的填写可以通过“Ctrl+B”来选择。“城市/农村”一项，其中“0”表示城市，“1”表示农村。将所有选项填写完毕后，按“Esc”键保存保险单，如图 4—34 所示。

3. 清单录入

保险单保存之后，返回到图 4—32 所示的承保处理界面，按下数字“2”，进入清单界面，如图 4—35 所示。如果被保险人只有一人的话，请选择“0”，输入一个被保险人的资料；如果被保险人是多人的话，就需要将每个被保险人的资料一一输入系统。

在图 4—36 所示的健康险被保险人清单界面上，根据实际情况将被保险人姓名、年龄、健康程度、职业、亲属关系和受益人等资料录入系统。因为这些资料都将与要投保的保险险种和保险风险有关联，所以必须将这些资料备案。假设刚才填写的保单 bp090300001 只有一个被保险人，填写内容如图 4—37

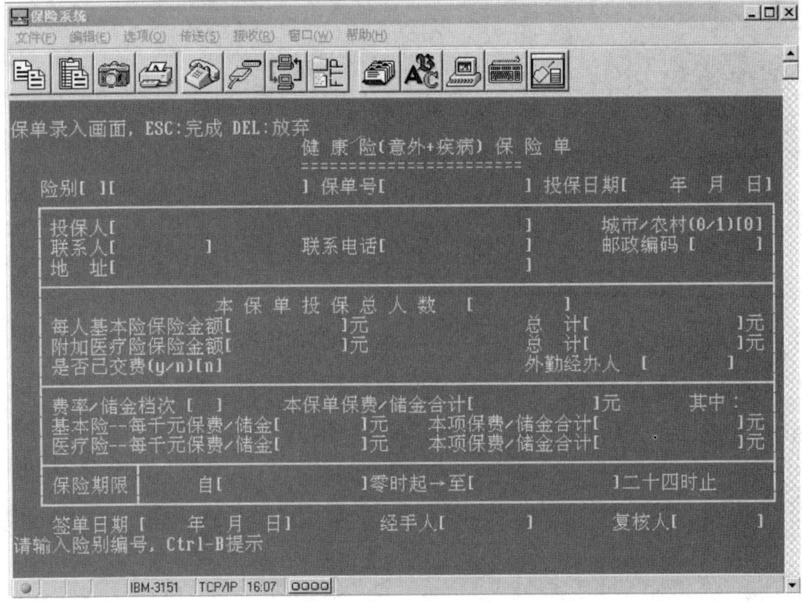

图 4—33

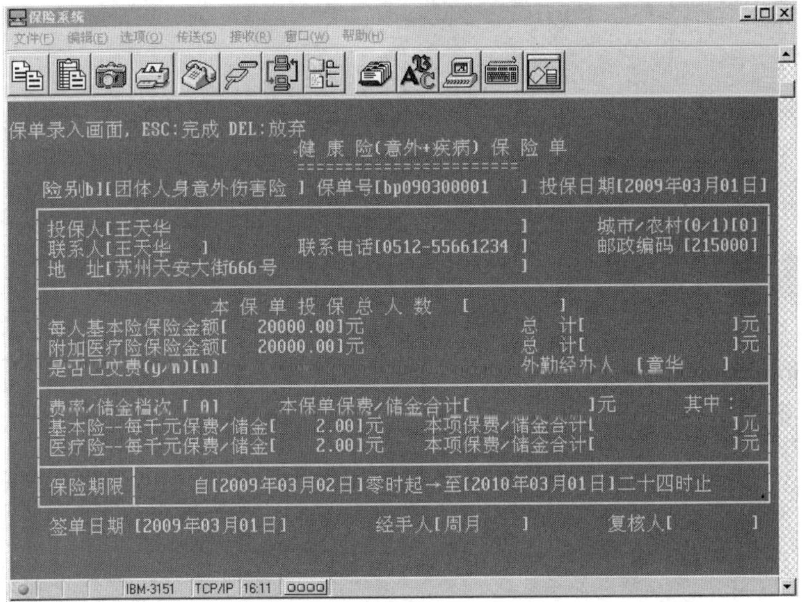

图 4—34

所示。

填写输入完成之后，按“Esc”键进行保存，完成清单录入。

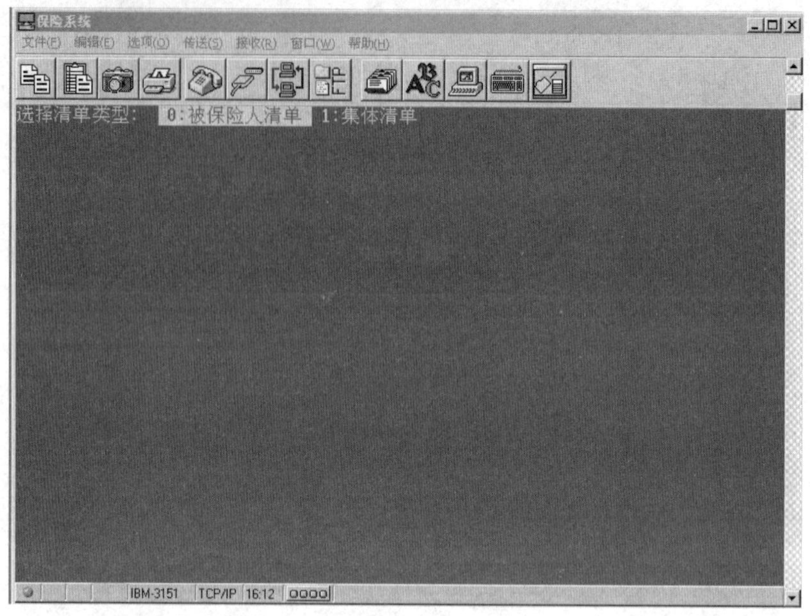

图 4—35

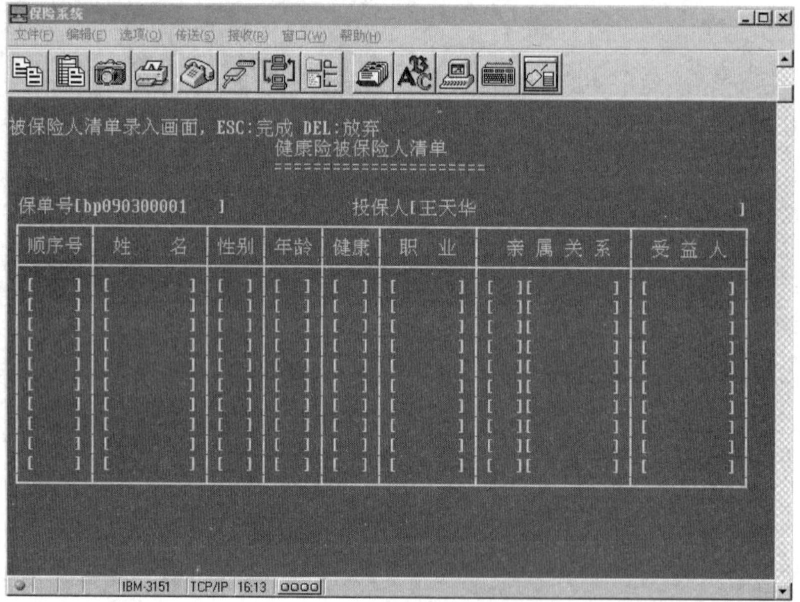

图 4—36

4. 复核

清单录入后，就进入复核步骤。系统会自动问你是否要进行复核，如图 4—38 所示。

保险系统

文件(F) 编辑(E) 选项(O) 传送(S) 接收(R) 窗口(W) 帮助(H)

被保险人清单录入画面, ESC:完成 DEL:放弃

健康险被保险人清单

======================

保单号[bp090300001] 投保人[王天华]

顺序号	姓 名	性别	年龄	健康	职 业	亲属关系	受益人
[1]	[王晓]	[男]	[25]	[0]	[工人]	[2][兄弟]	[王强]
[ ]	[ ]	[ ]	[ ]	[ ]	[ ]	[ ][ ]	[ ]
[ ]	[ ]	[ ]	[ ]	[ ]	[ ]	[ ][ ]	[ ]
[ ]	[ ]	[ ]	[ ]	[ ]	[ ]	[ ][ ]	[ ]
[ ]	[ ]	[ ]	[ ]	[ ]	[ ]	[ ][ ]	[ ]
[ ]	[ ]	[ ]	[ ]	[ ]	[ ]	[ ][ ]	[ ]
[ ]	[ ]	[ ]	[ ]	[ ]	[ ]	[ ][ ]	[ ]
[ ]	[ ]	[ ]	[ ]	[ ]	[ ]	[ ][ ]	[ ]
[ ]	[ ]	[ ]	[ ]	[ ]	[ ]	[ ][ ]	[ ]
[ ]	[ ]	[ ]	[ ]	[ ]	[ ]	[ ][ ]	[ ]

IBM-3151 TCP/IP 16:15

图 4—37

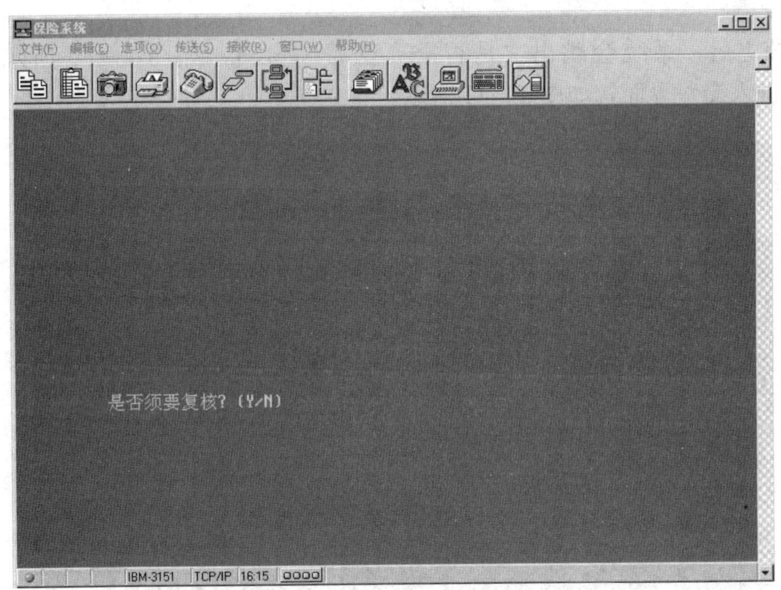

图 4—38

输入“Y”后，进入复核界面，如图 4—39 所示。审核保险单中的各项，如果确认无误，在复核人一栏中输入复核人姓名即可完成复核。

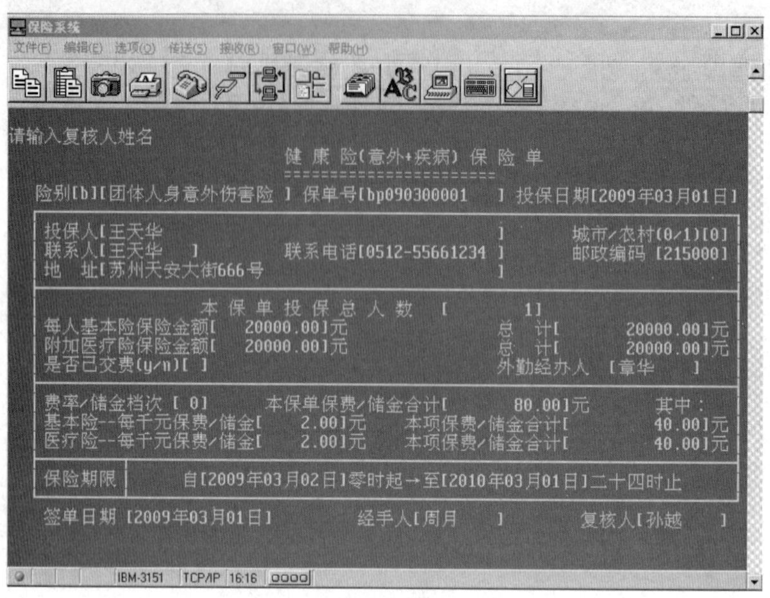

图 4—39

5. 交费

复核之后，系统会跳出“是否需要交费”窗口，如图 4—40 所示，单击“Y”后进入交费界面，如图 4—41 所示。

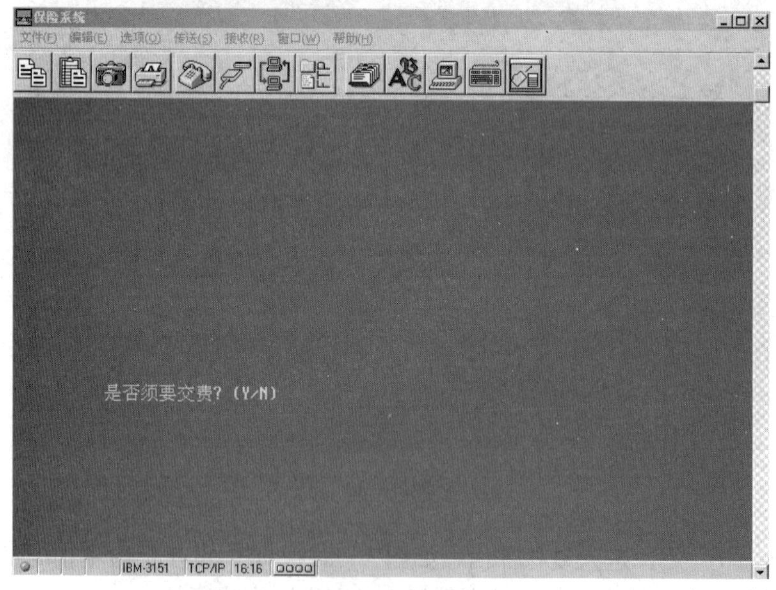

图 4—40

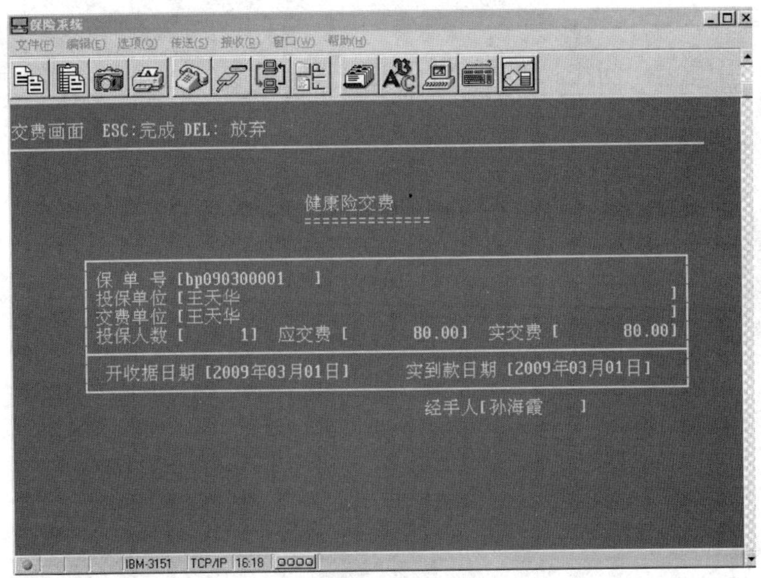

图 4—41

输入保单号，填写开收据日期、实到款日期和经手人，确认无误之后，按“Esc”键保存。

6. 特别约定

如果保险单中有需要特别约定的，可以在“特别约定”这一步骤中，将特别约定录入。或者在保单交费之后，系统会让你输入保单号，你如实输入，接着系统会自动跳转到特别约定界面上来，如图 4—42、图 4—43 所示。

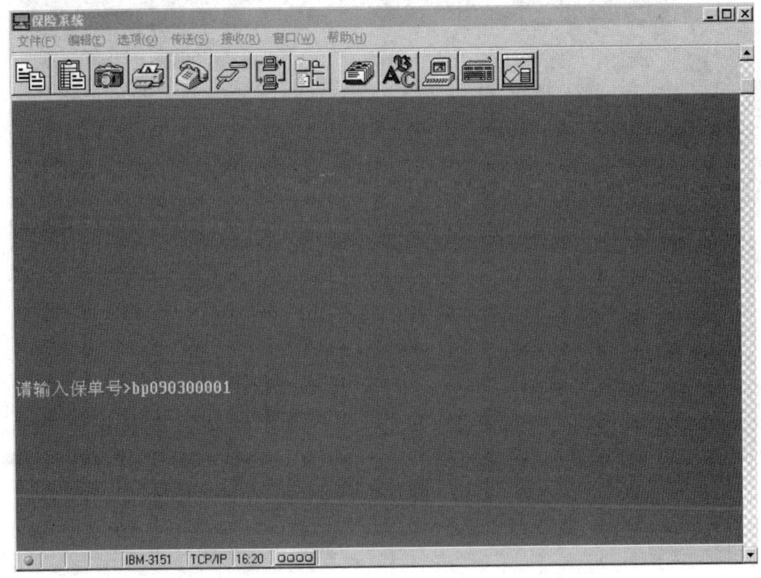

图 4—42

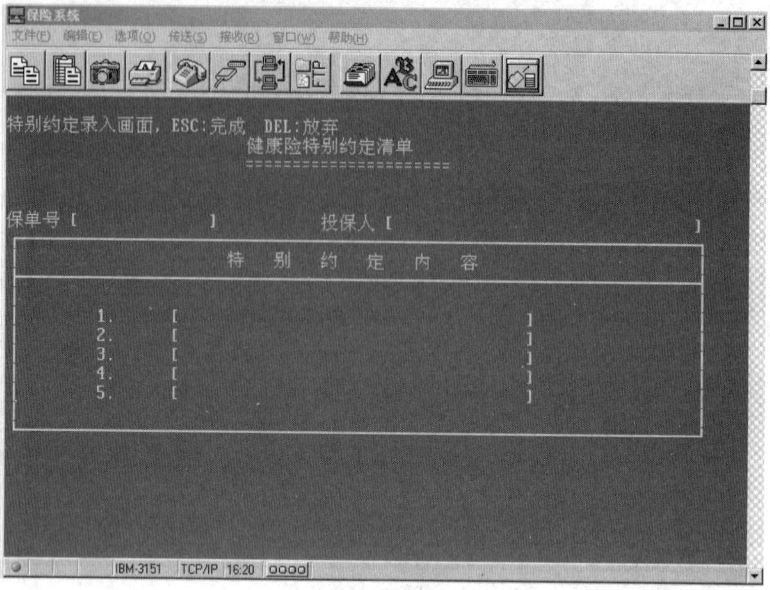

保险系统
文件(F) 编辑(E) 选项(O) 传送(S) 接收(R) 窗口(W) 帮助(H)
特别约定录入画面，ESC:完成 DEL:放弃
健康险特别约定清单
保单号 [ ] 投保人 [ ]
特 别 约 定 内 容
1. [ ]
2. [ ]
3. [ ]
4. [ ]
5. [ ]
IBM-3151 TCP/IP 16:20

图 4—43

在特别约定界面上，将双方达成一致的合同特别约定输入进去，然后按“Esc”键，如图 4—44 所示。

保险系统
文件(F) 编辑(E) 选项(O) 传送(S) 接收(R) 窗口(W) 帮助(H)
特别约定录入画面，ESC:完成 DEL:放弃
健康险特别约定清单
保单号 [bp090300001] 投保人 [王天华]
特 别 约 定 内 容
1. [被保险人曾在二年前做过盲肠炎手术]
2. [ ]
3. [ ]
4. [ ]
5. [ ]
IBM-3151 TCP/IP 16:22

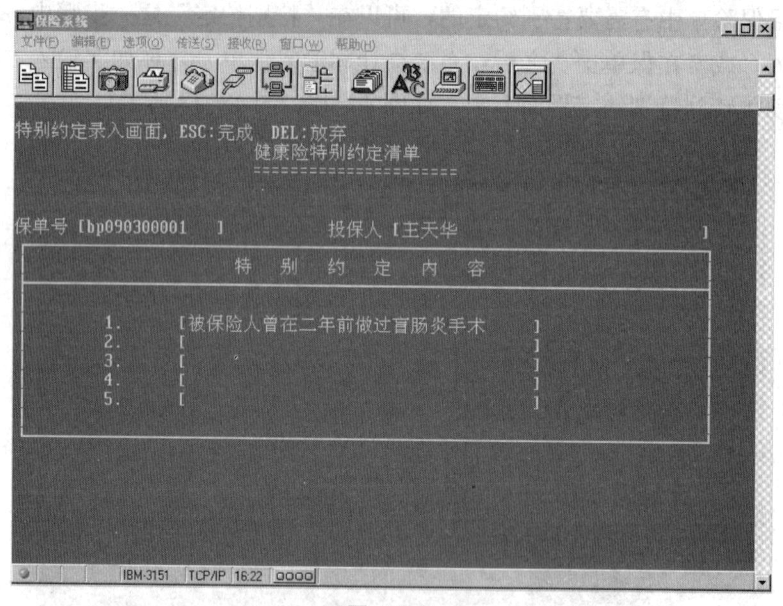

图 4—44

7. 打印保险单

返回到承保处理界面，选择并键入数字“9”，进入打印保单界面，按要求输

入保险单号码，如图 4—45、图 4—46 所示。

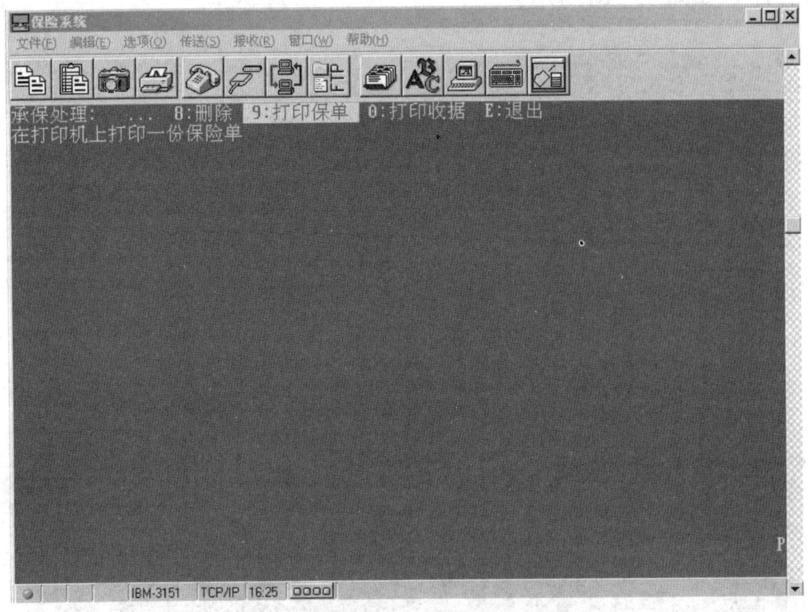

图 4—45

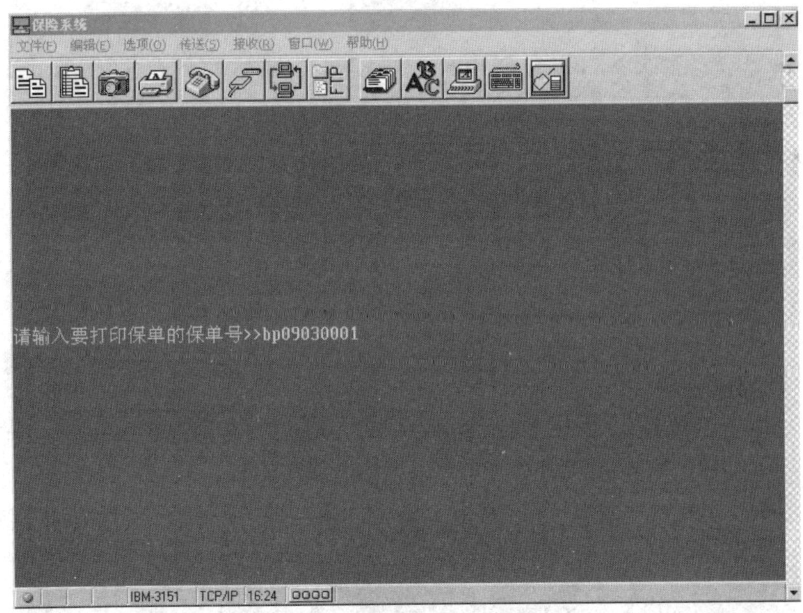

图 4—46

保险单打印方式有电脑版和印刷版两种选择，如图 4—47 所示。根据需求选择打印保单的形式——只需输入保单形式前的数字，然后按下“Enter”键就可以进行打印，如图 4—48 所示。

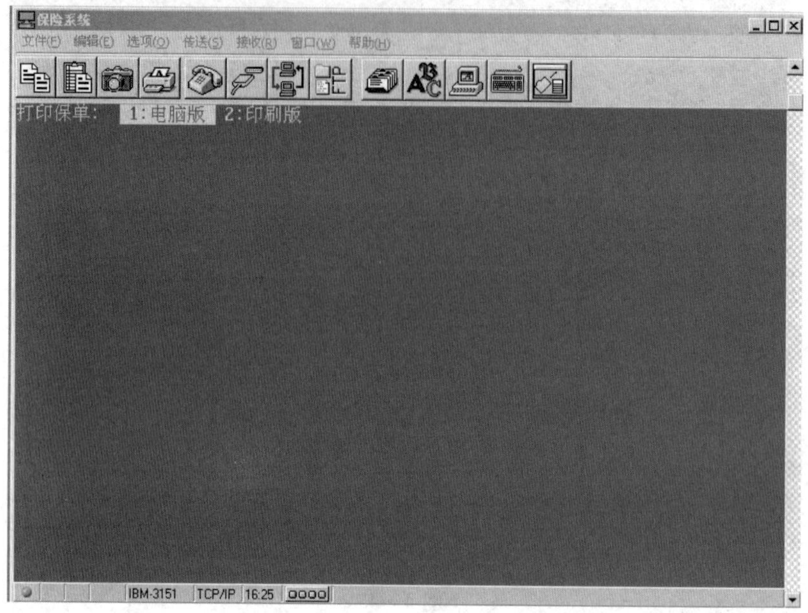

图 4—47

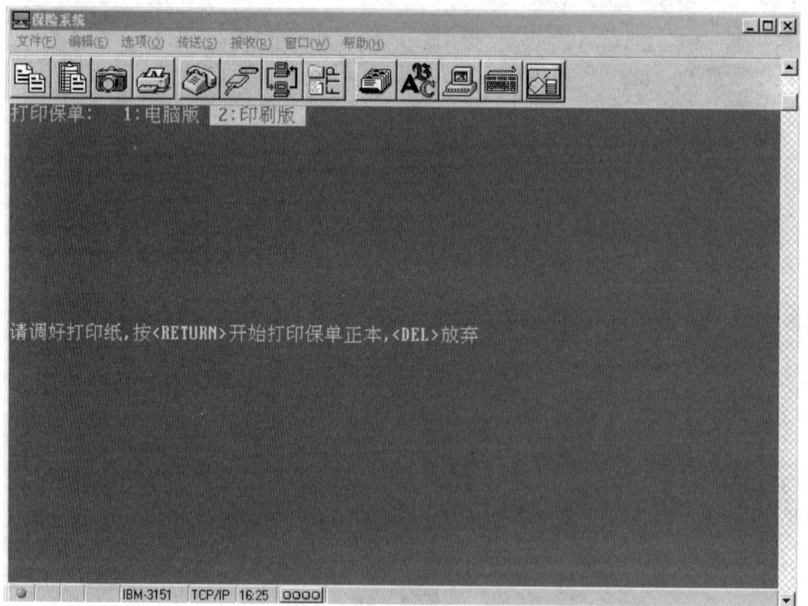

图 4—48

8. 说明

如果在第二步清单录入完成后没有选择进行复核、交费步骤的话，也可以通过承保处理界面选择“复核”、“交费”，如图 4—49 所示。

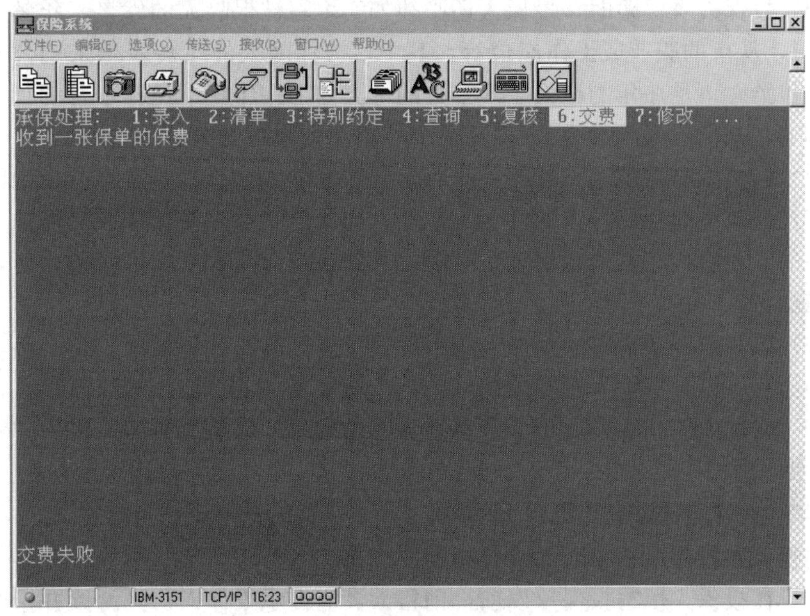

图 4—49

相关知识点

一、投保单的填写①

投保人填写投保单时，应实事求是地填写各项内容，确保填写的资料完整、内容真实。否则，会导致保险人拒绝承保。即使侥幸订立了保险合同，一经查证属实，保险人也有权解除保险合同。具体讲，投保人填写投保单时，应注意如下几点：

(1) 投保人的姓名，应当使用投保时的法定姓名——户口簿（身份证）上登记的公民姓名。

(2) 投保人的地址要详细写清。如果住所地（户籍所在地）与其居所地不一致时，应当分别填写清楚。

(3) 投保人的职业或经营范围，应当填写投保人在投保之时所从事的具体职业，如司机、教师、纺织工、大学生等。

(4) 投保人欲投保何种险种险别，是否已就同一保险标的、保险风险向其他

① http：//www.bankrate.com.cn。

保险人投保，投保人的保险金额。

(5) 投保的保险标的应当填写清楚。人身保险的投保单，应就投保生存、死亡、伤残、劳动能力、疾病及其医药费支出等标的予以明确填写。

(6) 投保人身保险时，投保人还必须如实填写被保险人的姓名、年龄（出生年月日），从事的职业或工作岗位等。其中，被保险人的年龄应当采用公元纪年的实足年龄。不足一年的，大于 6 个月的计算为上一年，不足 6 个月的计为下一年。例如，被保险人年龄为 20 岁又 7 个月的，则填写为 21 岁。

(7) 投保人身保险时，投保人应当根据被保险人出于真实意志所指定的受益人，在投保单中填写受益人的姓名、住址。如果该受益人在国外或其他地方工作或居住的，还应当将其通讯地址予以填写。如果被保险人未指定受益人时，投保人可在受益人一栏内暂填“法定继承人”。

(8) 填写投保金额时，投保人应当根据投保标的的具体情况和自己寻求保险保障的需要，以及保险人在有关保险条款中的要求，填写适当的数额。

(9) 投保人应当在投保单上亲自签名或盖章。如果是文盲的，可用“十”画押，不要用手指模来替代。

二、投保单填写中需注意事项[①]

在投保人投保过程中对保险公司的要求有：

(1) 在投保人填写投保单以前，销售人员应提示投保人认真阅读并亲笔签署投保提示书。

(2) 投保人在填写投保单时，销售人员应向投保人依次解释投保单上各项内容的意义和填写要求，说明填写投保单的注意事项，帮助投保人阅读并充分理解投保资料，提醒投保人认真阅读“投保须知”和条款等内容。

(3) 销售人员可以向投保人询问投保事项涉及的有关情况，并向投保人说明未如实告知的有关后果；销售人员不得阻碍客户履行告知义务或诱导客户不如实告知。

(4) 销售人员应提醒投保人根据自身实际情况选择交费方式，应建议投保人使用银行划账等非现金方式交纳保费。

(5) 销售人员应确保投保人完整填写投保单，阅读并知晓保险合同内容，并亲笔签名。销售人员不得代替投保人填写投保资料，不得诱导投保人在空白或未填妥的投保单上签字。

(6) 销售人员应将投保人签署的投保资料及时交回保险公司。保险公司必须妥善保管投保人填写或交付的资料，并不得擅自将客户的个人信息对外泄露。

(7) 销售人员应主动告知投保人公司客户服务电话和联系方式，应提醒投保人若对条款存在疑问，可以直接向保险公司进行咨询。

---

① http：//www. bxfl. net。

(8) 销售人员应主动告知投保人保险公司将按照规定开展客户回访工作，提示投保人准确、完整地填写家庭住址、联系方式和个人信息，以便保险公司能够及时回访，确保自己的利益得到切实保障。提示投保人在回访中对各项问题如实答复，不清楚的地方可以立即提出，并要求保险公司进行详细解释。

(9) 销售人员应提醒投保人若发现销售人员在保险销售过程中存在误导销售行为，或认为自身权益受到侵犯，请注意保留书面证据或其他证据，可向保险公司反映（公司投诉电话）；也可以向当地保监局（或保险行业协会）投诉；必要时还可以根据合同约定，申请仲裁或向法院起诉。

实战演练

1. 要求学生熟练进行人身保险的投保单填写训练。
2. 要求学生进行人身意外伤害保险的投保单、清单录入训练。
3. 要求学生进行人身意外伤害保险的投保复核、交费训练。

第五章
保险理赔

第一节 财产保险的理赔

实训目的

保险理赔，是当被保险人因保险事故导致保险标的受损后，保险公司审核保险责任，确定受损程度，并依据保险合同的约定补偿被保险人损失的保险程序。保险理赔贯彻了保险的职能，为被保险人的财产提供坚实的保障，从而保证了社会再生产的顺利进行。为了提高经营管理的效率，为保户提供更快速、准确、及时的理赔服务，履行保险公司义务，补偿被保险人的损失，现在大多数保险公司已经实施电子化管理，引进一整套业务、财务、人事管理软件系统。

本实训就是通过保险公司理赔软件，要求每个学生学会进入保险理赔处理系统完成保险理赔的各项程序。

实训要求

要求学生能够熟练进行理赔操作，熟知保险理赔程序。

本实训主要是借助保险理赔教学软件来操作的，所以本实训必须在机房进行。老师给每个学生配备一台装有教学软件的电脑。每一个学生根据老师所讲授的财产保险理赔程序来进行实训操作。

老师详细讲解操作步骤，并且在学生操作期间，针对学生出现的问题一一给予解答。

实训实施

一、实训准备

首先通过软件，老师给每一个学生分配一个账号，使学生利用账号登录保险理赔系统，按照老师讲解的步骤来实施保险理赔。

其次根据保险理赔系统的各项程序操作提示完成保险理赔。

假设本班学生 42 人，根据理赔程序，将本班学生进行分组实训，每组 6 人。6 人按照财产保险理赔 6 个步骤，每人操作一个步骤，共同完成保险理赔工作。

老师最终和学生一起对每个小组按照完成质量、熟练程度、录入正确率这三个标准来评分。

二、财产保险理赔业务电子化管理

1. 进入保险业务理赔处理系统（以机动车辆保险业务为例）

如图 5—1 所示，进入保险业务软件系统之后，按照上面提示，选择要进入的系统，机动车辆保险业务的编号是 1，所以在页面下端“请选择”处输入“1”，按“Enter”键，进入机动车辆险处理系统。

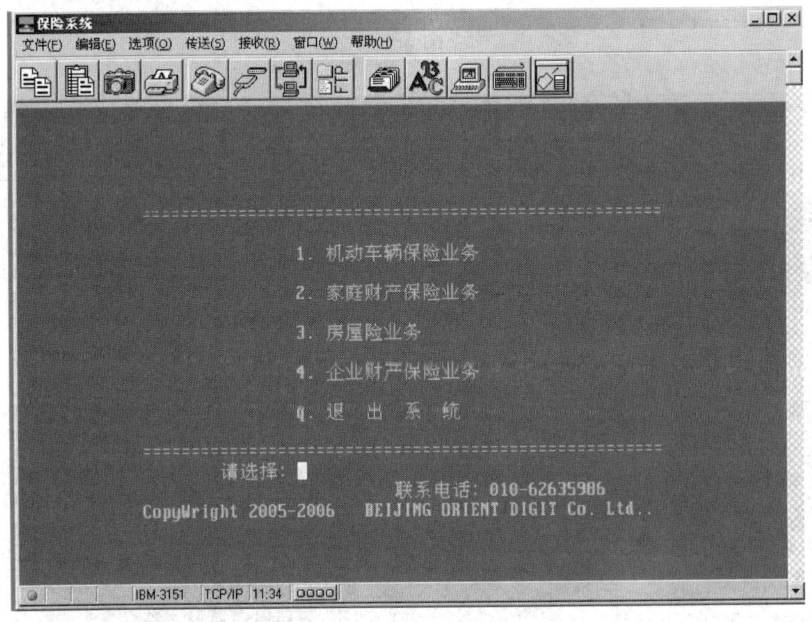

图 5—1

如图 5—2 所示，在“请选择”处输入“2”，进入机动车辆险的理赔业务处理系统主菜单，如图 5—3 所示。在“请选择”处输入“1”，进入机动车辆险的理赔处理系统，如图 5—4 所示。

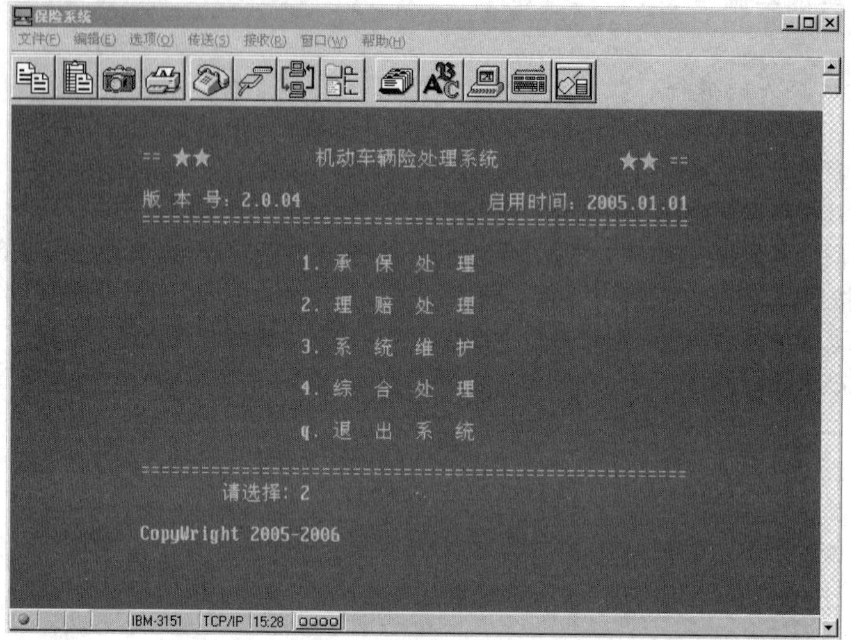

图 5—2

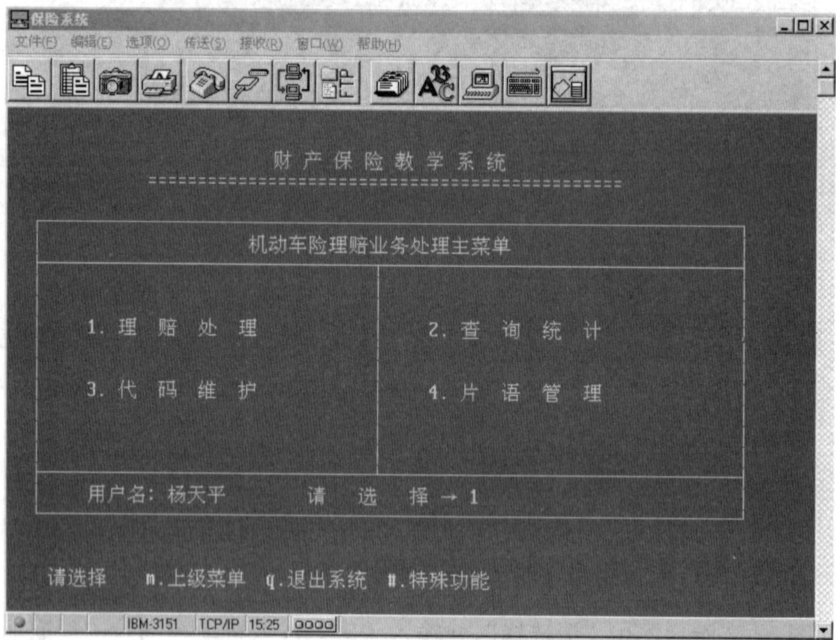

图 5—3

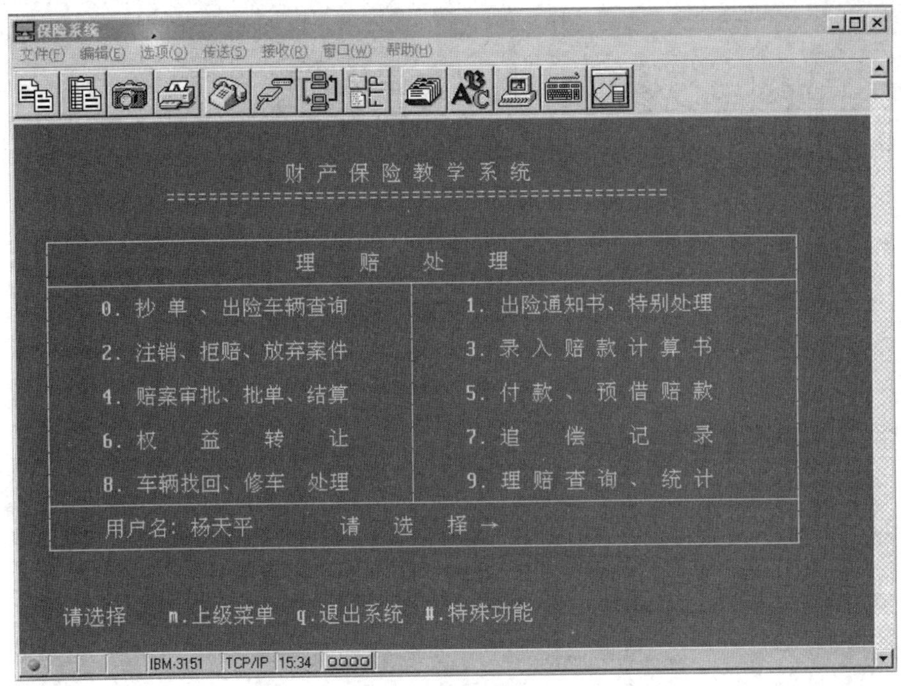

图 5—4

2. 抄单

由于保险标的在整个保险期间都是由被保险人掌控的，所以当保险事故发生的时候，要求被保险人先向保险公司报案，保险公司去现场查勘，然后进行理赔的一系列工作。接到报案后，先进行抄单。根据抄单，查验机动车辆承保情况，确定是否属于保险责任范围内的保险事故、发案时间是否在保险期限内、保费是否交纳，确定驾驶员以及出险地点等内容。在理赔处理主菜单界面（见图 5—5）下，选择“0”进入抄单、出险车辆查询界面（见图 5—6）。

进入如图 5—6 所示的界面后，按“1”键后，进入“理赔抄单”界面。然后输入保险单号；查车牌号选择“0”或者“1”（0 表示根据保单号电脑自动显示生成相关数据，1 表示手工输入）；输入车牌号和抄单人，资料全部输入结束后，按“Esc”键保存录入，如图 5—7 所示。这样电脑就会自动生成印刷版的机动车辆保险单（抄件），部分抄件如图 5—8 所示。

3. 打印出险报案

随着信息时代到来，信息传递更快速，因此现在很多保险公司都有各自的服务热线，在理赔中也都采用了电话坐席接报案。接报案后，坐席或理赔内勤就按照有关的规定将出险标的及相关报案信息录入电脑中。出险通知书也是今后被保险人向保险公司要求索赔的重要文件之一，所以必须打印出来。

保险系统
文件(F) 编辑(E) 选项(O) 传送(S) 接收(R) 窗口(W) 帮助(H)
财产保险教学系统
理 赔 处 理
0. 抄 单 、出险车辆查询
1. 出险通知书、特别处理
2. 注销、拒赔、放弃案件
3. 录 入 赔 款 计 算 书
4. 赔案审批、批单、结算
5. 付 款 、 预 借 赔 款
6. 权 益 转 让
7. 追 偿 记 录
8. 车辆找回、修车 处理
9. 理 赔 查 询 、 统 计
用户名：杨天平 请 选 择 → 0
请选择 m.上级菜单 q.退出系统 #.特殊功能
IBM-3151 TCP/IP 15:35 0000

图 5—5

保险系统
文件(F) 编辑(E) 选项(O) 传送(S) 接收(R) 窗口(W) 帮助(H)
理赔抄单： 1:抄单 2:抄单查询 3:查询出险车辆修改批单 ...
IBM-3151 TCP/IP 15:26 0000

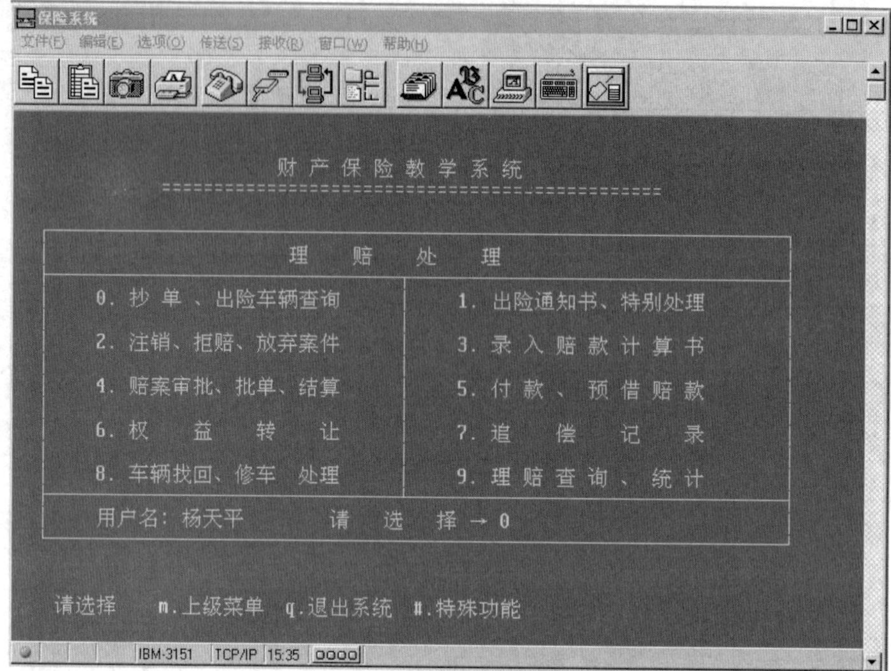

图 5—6

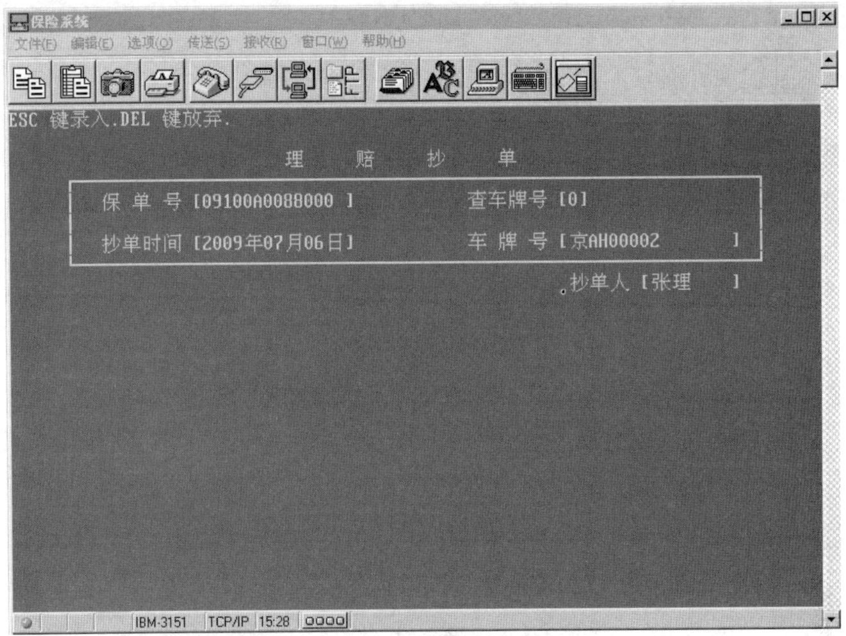

图 5—7

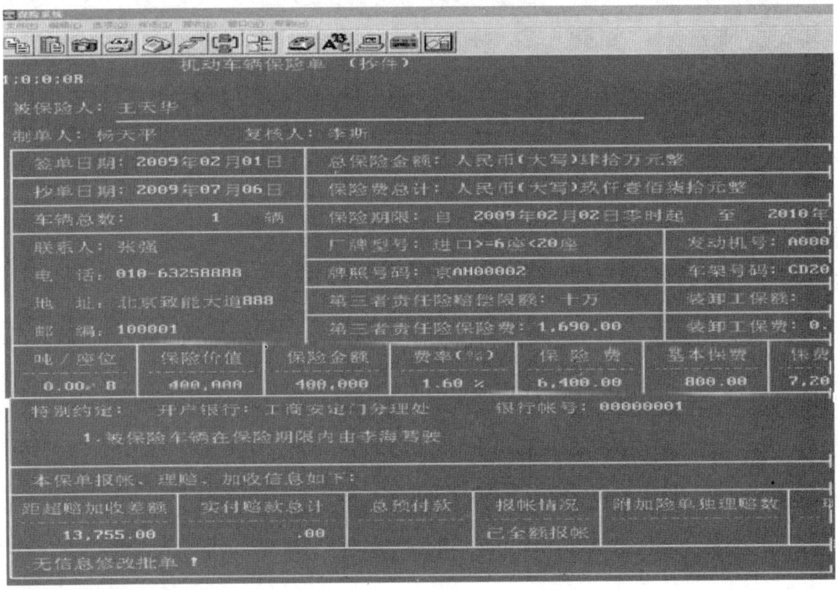

机动车辆保险单 （抄件）

1:0:0:0R

被保险人：王天华

制单人：杨天平　　复核人：李斯

签单日期：2009年02月01日　　总保险金额：人民币(大写)肆拾万元整

抄单日期：2009年07月06日　　保险费总计：人民币(大写)玖仟壹佰柒拾元整

车辆总数：1 辆　　保险期限：自 2009年02月02日零时起 至 2010年

联系人：张强　　厂牌型号：进口>=6座<20座　　发动机号：A000

电　话：010-63258888　　牌照号码：京AH00002　　车架号码：CD20

地　址：北京致能大道888　　第三者责任险赔偿限额：十万　　装卸工保额：

邮　编：100001　　第三者责任险保险费：1,690.00　　装卸工保费：0.

吨／座位	保险价值	保险金额	费率(%)	保险费	基本保费	保费
0.00／8	400,000	400,000	1.60 %	6,400.00	800.00	7,20

特别约定：　开户银行：工商安定门分理处　　银行帐号：00000001

1.被保险车辆在保险期限内由李海驾驶

本保单报帐、理赔、加收信息如下：

距超赔加收差额	实付赔款总计	总预付款	报帐情况	附加险单独理赔数
13,755.00	.00		已全额报帐	

无信息签改批单 !

图 5—8

返回理赔处理主菜单界面（见图 5—9）上，按照系统中各项前标注的数字，选择要进行的步骤对应的数字即可。直接敲数字键“1”，进入出险通知书界面，如图 5—10 所示。

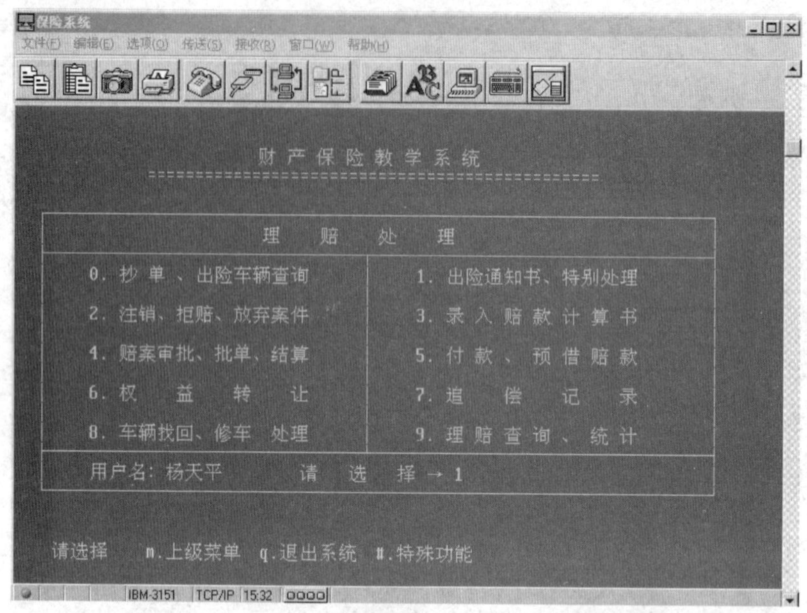

图 5—9

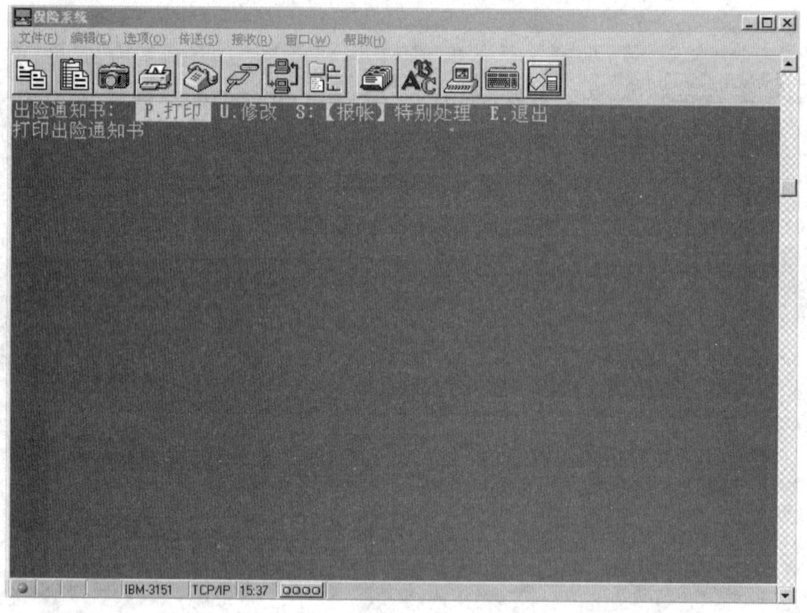

图 5—10

根据系统中给出的提示，输入时，选择操作步骤前的字母即可。选择“打印”，就输入“P”键。之后会出现一个界面，如图 5—11 所示。首先按提示要求输入立案编号模式，“0”表示保单号、立案编号前 10 位由电脑自动生成；“1”

表示需要手工输入保单号及立案编号。然后输入事故车辆的车牌号、自动产生的立案编号的后四位顺序号和出险日期。输入完成，就会自动生成出险通知书，范例如图 5—12 所示（受篇幅所限，只显示部分出险通知书）。

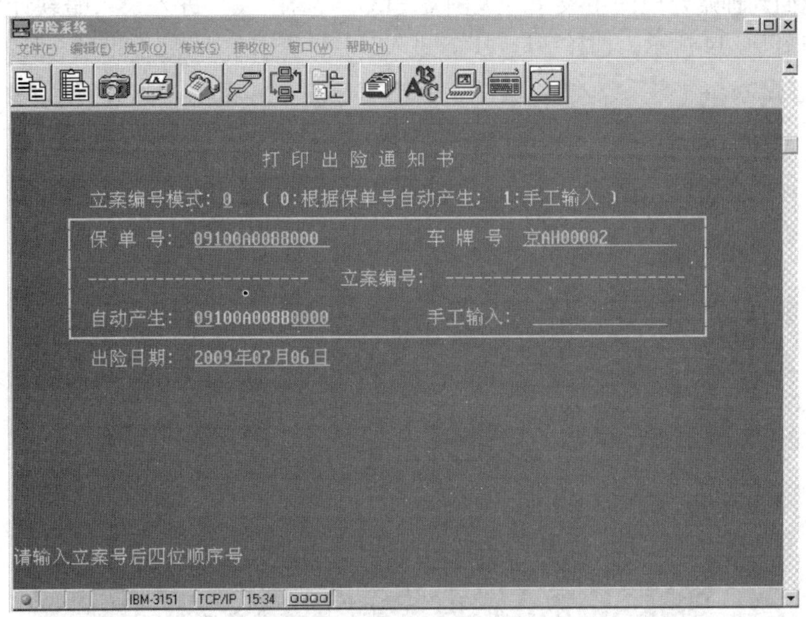

图 5—11

1:1:0:0R
中保财产保险有限公司北京市分公司
1:0:0:0R
机 动 车 辆 保 险 出 险 通 知
立案编号：09100A00880000

被保险人	王天华			保险单号	09100
厂牌型号	进口>=6座<20座	使用性质	营业	批单号码	
牌照号码	京AH00002	发动机号	A000012	保险险别	车损&
车辆损失险保险金额	400,000	第三者责任险赔偿限额	十万		
保险期限	2009 年 02 月 02 日零时起至 2010 年 02 月 01 日二十四时止				
出险时间	2009年07月06日 时	出险地点			
驾驶员情况	姓名：	驾驶证号码：		准驾车种：	

出险情况。主要原因及施救经过：

图 5—12

4. 录入赔款计算书

如果通过现场勘查、检验、调查后，认定事故确属保险责任承保的风险所致，那接下来就要进行赔款计算了。

返回到理赔处理的主菜单（见图 5—13），选择“3”进入录入赔款计算书界面，如图 5—14 所示。选择字母“I”，进入赔款计算书录入界面如图 5—15 所示。

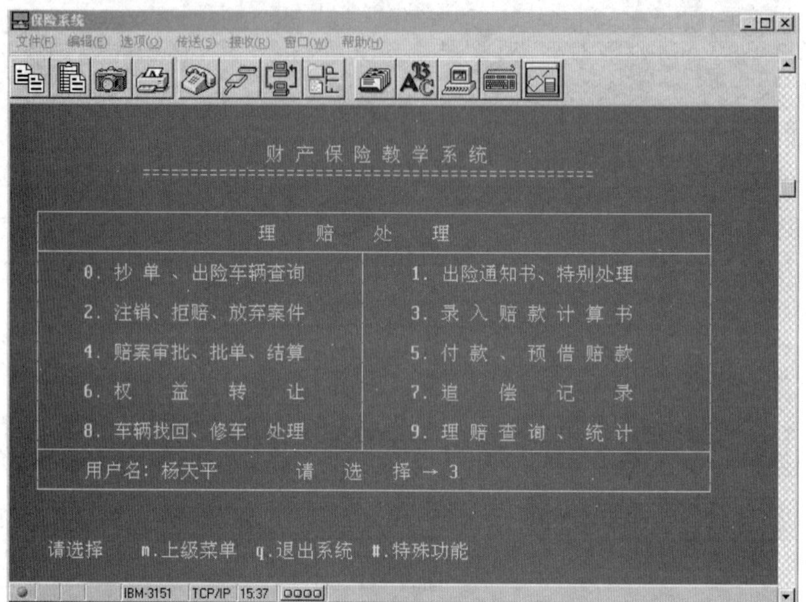

图 5—13

图 5—14

图 5—15 中，出险性质、事故责任、险别、事故类型、损失性质、明细各项有提示，只需要按“Ctrl+B”，然后选择对应的数字符号填入就可以了。其他各项需要手工输入。完成后按“Esc”键保存，如图 5—16 所示。

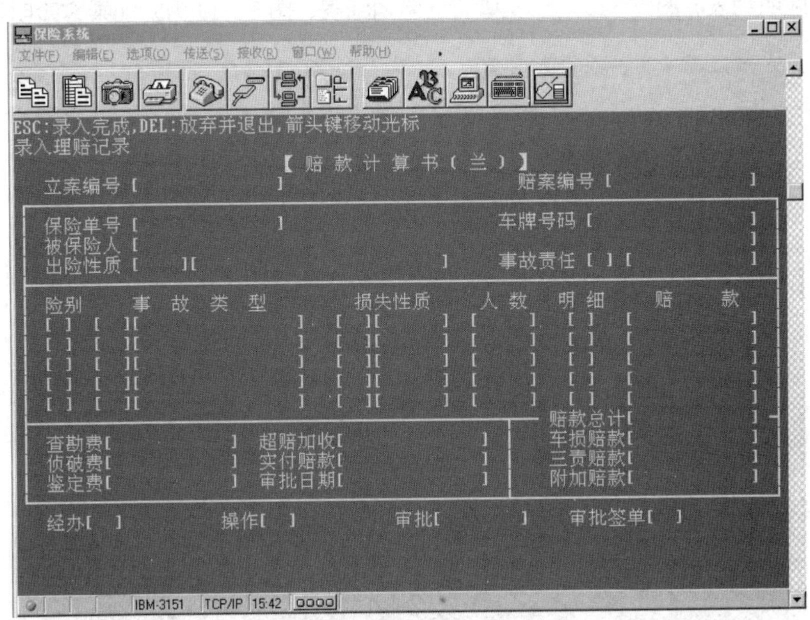

图 5—15

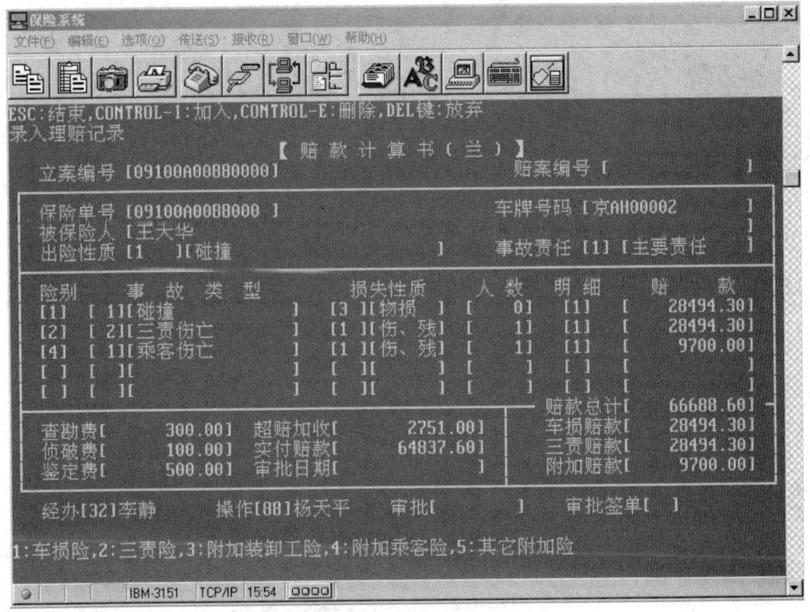

图 5—16

其中险别输入中还可以有明细表显示。在赔款计算书输入险别过程中，明细一栏，选择“1”(1 表示有明细表，0 表示没有明细表)。在保险承保的操作中，我们得知保险单号为 09100A0088000 投保了车损险、第三者责任险、附加乘客险。图 5—17 为车损险明细表、图 5—18 为第三者责任险明细表、图 5—19 为附加乘客险明细表。

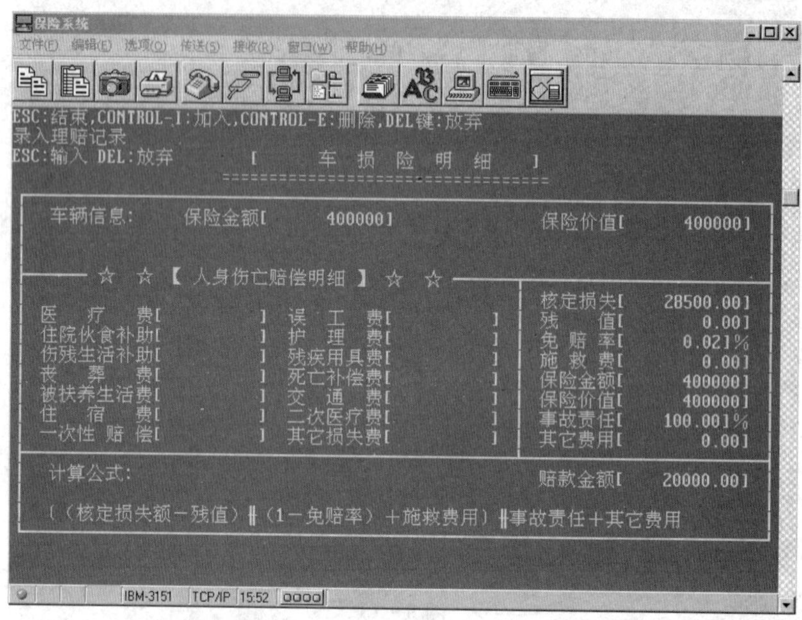

图 5—17

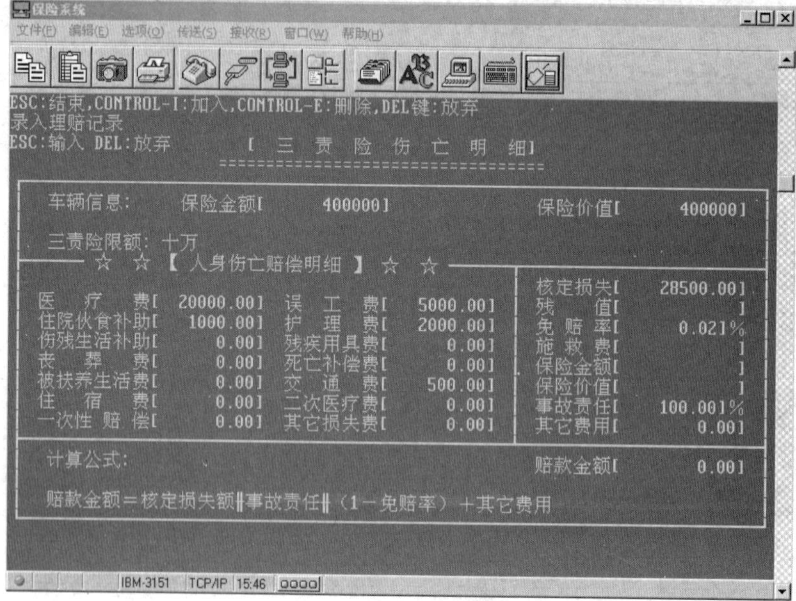

图 5—18

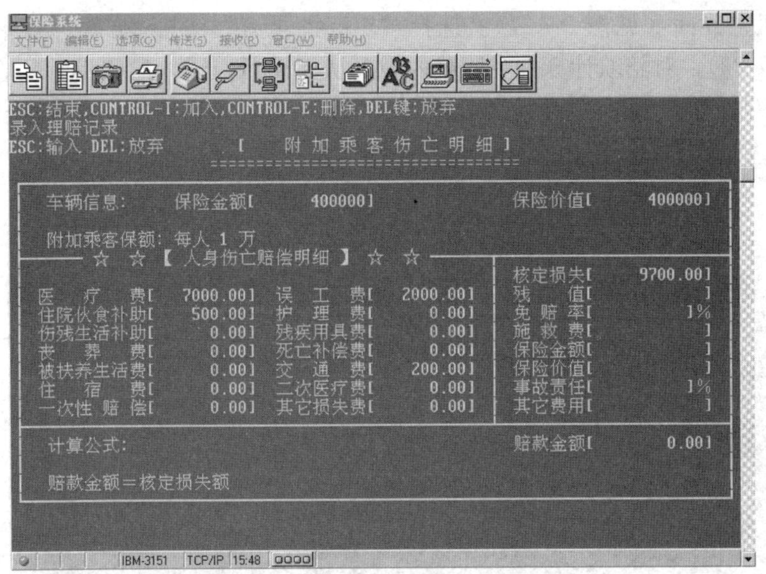

图 5—19

5．赔案审批、结算

（1）赔案复核、审批。

已经核定属于保险事故，并做出了赔款计算之后，就要报审有关部门进行复核审批。赔案的复核人员要认真对赔案的责任认定、损失审核和赔款计算进行复核，确保准确无误后交给核赔人员进行核赔，然后签字。

在系统中，首先返回到理赔处理主菜单（见图 5—20）中，选择“4”，进入

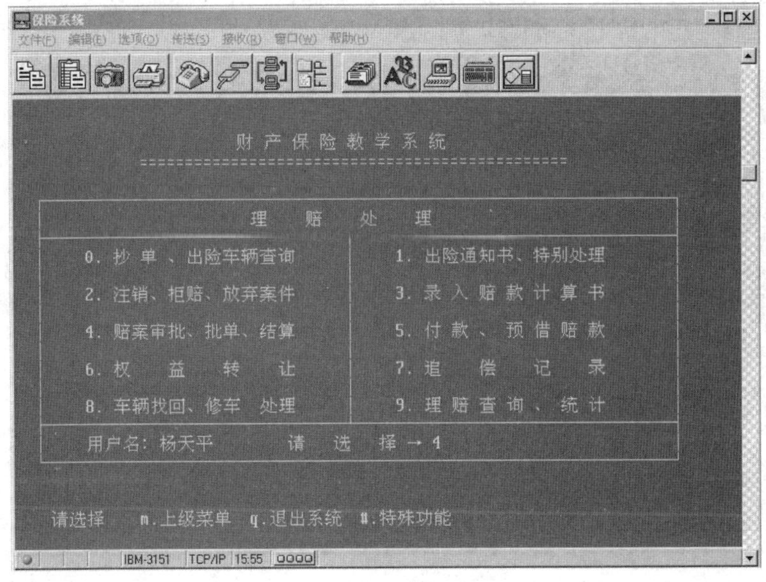

图 5—20

赔案审批主界面（见图 5—21）。选择“S 审批录入”，进入赔款计算书的审核（见图 5—22），对赔款计算书中所载内容确认无误后，输入赔案编号，在页面最下角“审批”和“审批签单”两处填写上相关人员姓名，然后按“Esc”键保存。

图 5—21

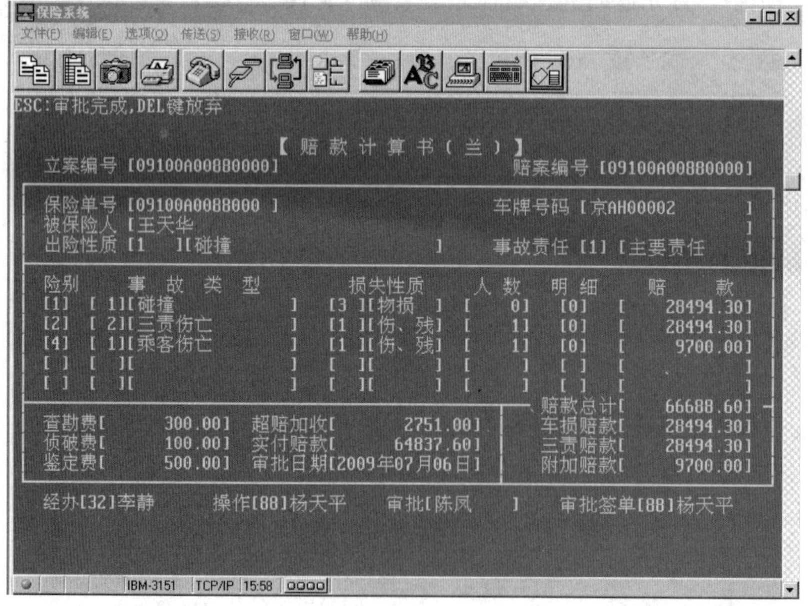

图 5—22

（2）理赔批单。

因为在上面案例的赔款计算书中，超赔加收2 751元，所以保险公司在赔款的基础之上，还要另外加收2 751元的保险费。在审批赔款计算书之后，还要对这部分进行“理赔批单”的录入。

进入如图 5—21 所示的页面，选择“P 理赔批单”，进入界面，如图 5—23 所示。选择“2 超赔加收”，界面见图 5—24，输入批单号、保险单号、补交保险费类型、复核人、操作员等，填写完毕后按“Esc”键保存。最后结束理赔批单的录入，如图 5—25 所示。

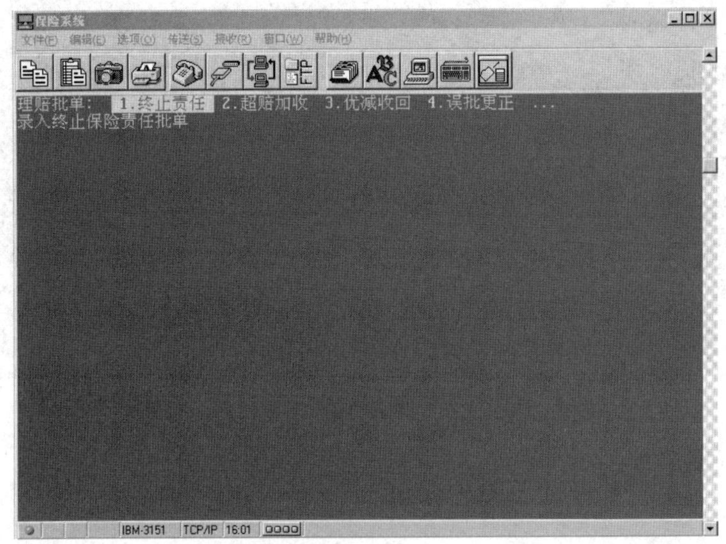

图 5—23

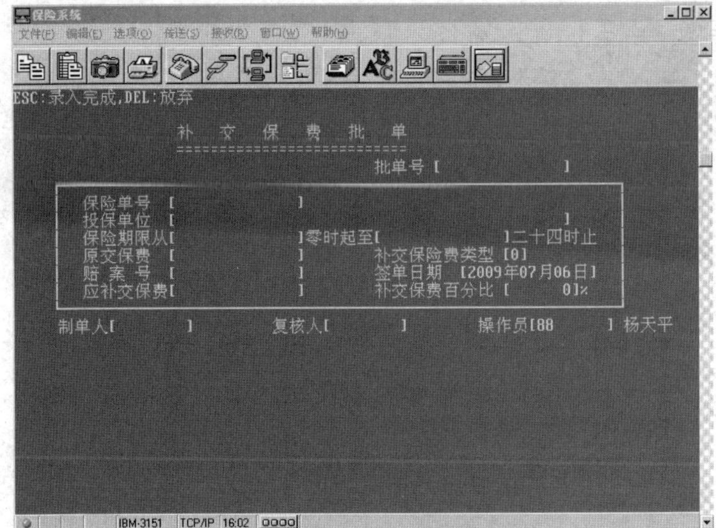

图 5—24

注：如果赔款计算书中没有超赔保费加收，也没有优减收回，而且保险公司已经全部履行了保险责任，保险合同即将因履约终止的话，可以在如图5—23所示的界面中选取“1终止责任”，留档备案。

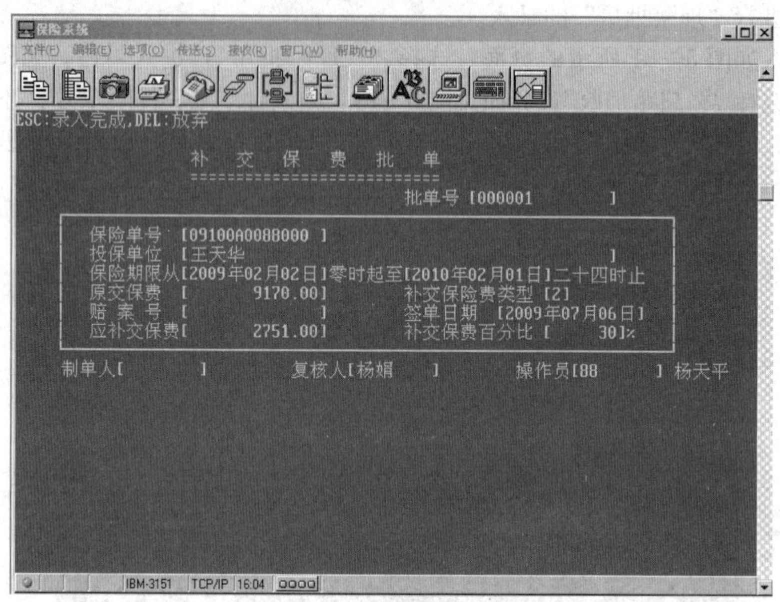

图 5—25

(3) 结算处理。

返回“审批”主菜单，选择“J结算处理”，如图5—26所示。

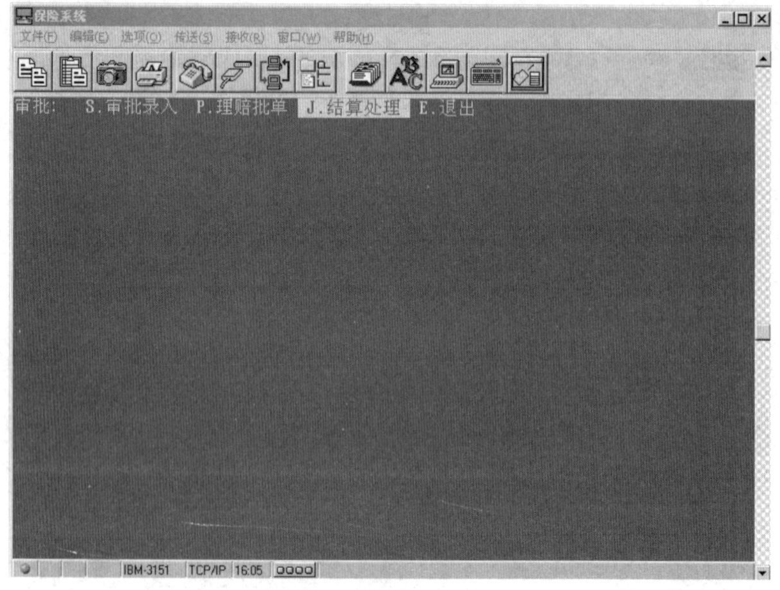

图 5—26

之后出现赔款结算单具体明细，选择打印机类型，填写结算单中的赔案编号、结算方式和付款方式后，按“Esc”键，将赔款结算单打印出就可，如图5—27所示。其中结算方式中输入数字“0”或“1”（0表示单张，1表示多张）；付款方式中“0”表示现金支付，“1”表示支票支付，“2”表示划转账户。

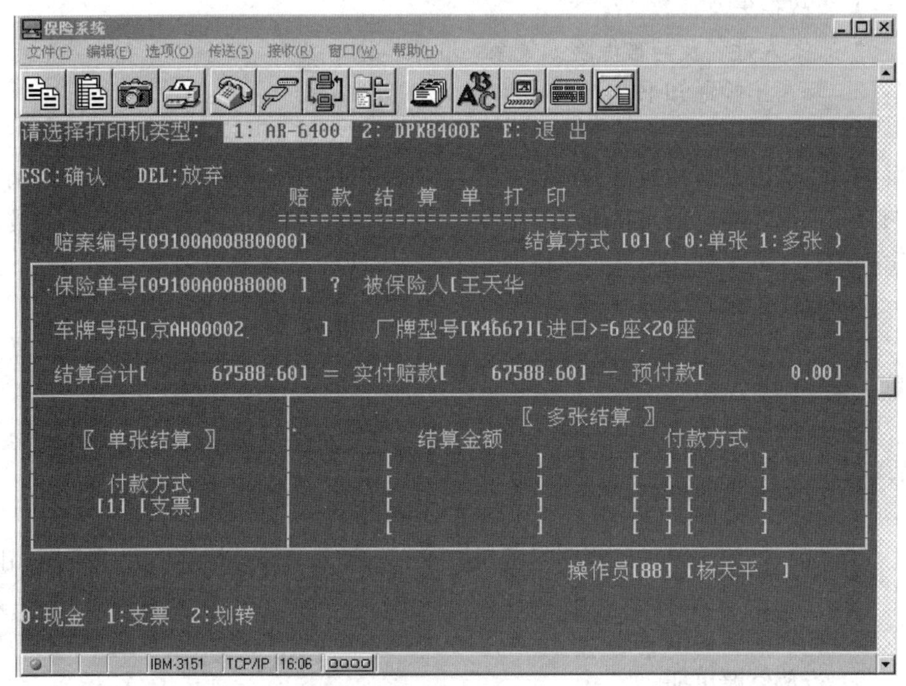

图 5—27

6. 付款

凭赔款结算单到有关部门，由其付款，完成所有保险公司理赔工作。

相关知识点

一、保险理赔的程序[①]

1. 报案

(1) 出险后，客户向保险公司理赔部门报案。

一般报案必须在保险事故发生后48小时内通知保险公司。目前报案的方式多种多样，常运用的有网上报案、到保险公司报案、电话（传真）报案和业务员转达报案四种方案。

---

① http：//blog. china. alibaba. com。

在报案时，保险公司要向被保险人了解下列情况：

1）被保险人名称、保单号、保险期限、保险险别。

2）出险时间、地点、原因。

3）人员伤亡情况，伤者姓名、送医时间、医院名址。

4）事故损失及施救情况。

5）报案人姓名及与被保险人关系，联系电话。

（2）填写出险通知书。

内勤接到报案后，要求客户将出险情况立即填写《出险通知书》。对于上门报案的，由保险公司的接待员指导报案人当场填写完成；如果采取电话、信函报案的，由内勤代填，但是在事故查勘和核定损失时，则由保险公司的专业人员现场指导填写。如果被保险人是单位而非个人，还必须加盖单位公章。

（3）核定损失。

内勤根据客户提供的保险凭证或保险单号立即查阅保单副本并抄单以及复印保单、保单副本及附表。

查阅收费情况并由财务人员在保费收据（业务及统计联）复印件上确认签章（特约付款须约定）。

（4）编写立案号。

确认保险标的在保险有效期限内和出险前或特约交费，要求客户填写《出险立案/查询表》予以立案（如电话、信函报案，由检验人员负责要求客户填写）并按报案顺序编写立案号。

（5）发放索赔单证。

经立案后向被保险人发放有关索赔单证，并告知索赔手续和方法（电话、信函报案的，由检验人员负责）。

（6）通知检验人员，报告损失情况及出险地点。

以上工作将在半个工作日内完成。

2. 查勘定损

（1）检验人员在接支公司内勤通知后一个工作日内完成现场查勘和检验工作。

（2）要求客户提供有关单证。

（3）指导客户填列有关索赔单证。

3. 签收审核索赔单证

（1）营业部、各支公司内勤人员审核客户交来的赔案索赔单证，对手续不完备的向客户说明需补的单证后退回客户，对单证齐全的赔案应在“出险报告（索赔）书”（一式二联）上签收后，将黄色联交还被保险人。

（2）将索赔单证及备存的资料整理后，交产险部核赔科。

4. 理算复核

（1）核赔科经办人接到内勤交来的资料后审核，单证手续齐全的在交接本上签收。

(2) 所有赔案必须在三个工作日内理算完毕，交核赔科负责人复核。

5. 审批

(1) 产险部权限内的赔案交主管理赔的经理审批；

(2) 超产险部权限的逐级上报。

6. 赔付结案

(1) 核赔科经办人将已完成审批手续的赔案编号，将赔款收据和计算书交财务划款；

(2) 财务对赔付确认后，除赔款收据和计算书红色联外，其余取回。

被保险人提供齐全、有效的索赔单证后，保险公司即根据条款、单证进行赔款理算，然后向被保险人说明赔偿标准和计算依据，若被保险人对赔款没有异议的，即可领取赔款。一般情况下，赔款金额经双方确认后，保险公司在 10 天内一次赔偿结案。

上述程序是财产保险理赔一般的程序，对不同的保险产品，其理赔的程序及细节会有所不同。

二、财产保险理赔需要提供的文件

1. 企业财产保险、机器损坏保险、家庭财产保险①

(1) 理赔需要提供的文件。

1) 保险单正本复印件。

2) 赔款收据及权益转让书。

3) 保费发票正本复印件。

4) 受损标的清单。

5) 定损协议。

6) 损失鉴定证明材料（保险标的购置发票及其复印件、修理费用发票）。

7) 出险通知书。

8) 索赔报告。

9) 出险证明：

a. 因发生火灾而索赔的，应提供公安消防部门出具的证明文件。由于保险范围内的火灾具有特定性质——失去控制的异常性燃烧造成经济损失的才为火灾。短时间的明火，不救自灭的，因烘、烤、烫、烙而造成焦煳、变质损失的，电机、电器设备因使用过度、超电压、碰线、弧花、走电、自身发热所造成其本身损毁的，均不属火灾。所以，公安消防部门的证明文件应当说明此灾害是火灾。

b. 因发生暴风、暴雨、雷击、雪灾、雹灾而索赔的，应由气象部门出具证明。在保险领域内，构成保险人承担保险责任的这些灾害，应当达到一定的严重

---

① http://www.chinarm.cn。

程度。例如，暴风要达到17.2米/秒以上的风速，暴雨则应当是降水量在每小时16毫米以上、12小时30毫米以上、24小时50毫米以上。

c. 因发生爆炸事故而索赔的，一般应由劳动部门出具证明文件。因发生盗窃案件而索赔的，应由公安机关出具证明。该证明文件应当证明盗窃发生的时间、地点、失窃财产的种类和数额等。

d. 因陆路交通事故而索赔的，应当由陆路公安交通管理部门出具证明材料，证明陆路交通事故发生的地点、时间及其损害后果。如果涉及第三者伤亡的，还要提供医药费发票、伤残证明和补贴费用收据等。如果涉及第三者的财产损失或本车所载货物损失的，则应当提供财产损失清单、发票及支出其他费用的发票或单据等。

e. 因被保险人的人身伤残、死亡而索赔的，应由医院出具死亡证明或伤残证明。若死亡的，还须提供户籍所在地派出所出具的销户证明。如果被保险人依保险合同要求保险人给付医疗、医药费用时，还须向保险人提供有关部门的事故证明、医院的治疗诊断证明及医疗、医药费用原始凭证。

10）被保险人身份证复印件。

11）事故现场照片。

12）公估报告书。

13）工程预（决）算书。

14）报价单。

15）出（入）库单、发票及其复印件。

16）购销合同及其复印件。

17）出险之日财产状况：

a. 资产负债表。

b. 损益表。

c. 固定资产明细账。

d. 存货明细账。

e. 明细表（存货、资产）。

（2）备注：

1）委托公估公司进行财产公估的，需提供公估报告书。

2）损失情况比较严重的，提供工程预（决）算书。

3）被保财产涉及仓储的，提供出（入）库单、发票及其复印件、盘点表。

4）投保单位经营批发的，需提供购销合同及其复印件。

2. 机动车辆保险①

当保险车辆发生保险事故后，投保人应立即向公安、交通管理部门、保险公

① http：//www.bxzs.org。

司报案，应提供相关单证。

（1）申请机动车辆事故索赔一般应提供以下单证：

1）保险单。

2）出险通知书。

3）保险车辆事故证明、责任认定书。

4）有关修理费用及施救费用的发票及其清单。

5）涉及第三者财产损失、人员伤亡的，还须提供医院诊断证明、伤残鉴定书、死亡证明、误工及误工费证明、家庭成员及收入状况证明、事故调解书等。

6）对部分案件，保险公司还会要求提供驾驶员驾驶证复印件和身份证复印件。

7）保险公司要求提供的其他单证。

（2）申请机动车辆被盗索赔一般应提供以下单证：

1）保险单正本、保险证。

2）出险通知书、公安部门出具的机动车辆被盗证明。

3）车辆行驶证。

4）保险车辆养路费缴费凭证。

5）保险车辆购置附加费缴费凭证。

6）购车原始发票。

7）保险公司要求提供的其他单证。

三、责任险事故理赔需要提供的文件①

1. 公众责任险、雇主责任险、产品责任险、其他责任险

（1）保险单正本复印件。

（2）赔款收据及权益转让书。

（3）保费发票正本复印件。

（4）受损标的清单。

（5）定损协议（保险人与被保险人签订的协议）。

（6）损失鉴定证明材料（保险标的购置发票及其复印件、修理费用发票）。

（7）出险通知书。

（8）索赔报告。

（9）出险证明：

1）出险当日气象证明或留取当日媒体报道（发生水灾时需提供）。

2）消防火灾证明。

3）公安局或派出所证明（发生被盗、被抢、恶意破坏时需提供）。

4）二级以上医院证明（病历本、诊断证明、明细清单）。

① http：//www.chinarm.cn。

5）居委会、管理处证明。

6）公安交通管理部门事故证明。

7）伤残等级鉴定证明。

（10）港口码头保卫处证明、理货证明。

（11）法院或仲裁机关的赔偿判决书或裁决书。

（12）受害者的赔偿收据。

（13）被保险人身份证复印件。

（14）事故现场照片。

（15）人身伤残照片。

（16）公估报告书。

（17）工程预（决）算书。

（18）报价单。

（19）进货单、发票及复印件。

（20）购销合同及复印件。

（21）出险之日财产状况：

1）资产负责表。

2）损益表。

3）固定资产明细账。

4）存货明细账。

5）明细表（存货、资产）。

（22）产品生产许可证。

（23）产品质量合格证。

（24）公司营业执照复印件。

（25）工资表。

（26）公司人事部门提供的全体员工名册。

2. 备注

（1）责任险如有财产损失的，需提供标的的清单、损失鉴定证明材料、保险标的购置发票及其复印件、修理明细及发票。

（2）如有人身伤害，需提供二级以上医院证明。

（3）如在街道、社区、酒店范围内发生事故的，由居委会、管理处出证明。

（4）在公路上发生事故的，由公安交通管理部门出具事故证明。

（5）港口码头发生的事故的，提供港口码头保卫处证明或理货证明。

（6）如是产品责任险发生事故，需提供产品生产许可证、产品质量合格证明、公司营业执照复印件、资产负债表。

（7）雇主责任险发生事故的，需提供工资表、公司人事部门提供的全体员工名册。

实战演练

要求学生进行机动车辆保险的理赔程序训练。

第二节 人身保险的理赔

实训目的

理赔是保险经营管理中的最后一项工作。理赔最终贯彻了保险的赔偿给付职能。理赔工作使被保险人的损失得到应有的补偿，为人们的生产生活提供风险保障。保险公司理赔工作直接关系到保险公司今后的业务发展，可以推动新一轮保险展业活动的开展。而且理赔工作也能为保险经营风险提供评估资料，保证保险公司财务的稳定发展。

人身保险理赔相对于财产保险理赔程序比较简单。一般人寿保险的理赔争议较少，能尽快履行给付职能；意外伤害保险和健康保险由于需要医疗检验报告和相关专家来裁定保险责任，过程较长，因此赔付较慢。

通过实训，我们不但要掌握人身保险赔付的程序，还要深知不同险种赔付程序的区别。

实训要求

要求学生能够熟练进行软件理赔各步骤操作，熟知人身保险理赔程序。

本实训主要是借助保险理赔教学软件来操作的，所以本实训必须在机房进行。老师给每个学生配备一台装有教学软件的电脑。每一个学生根据老师所讲授的人身保险理赔程序来进行实训操作。

老师详细讲解操作步骤，并且在学生操作期间，针对学生出现的问题一一给予解答。

实训实施

一、实训准备

在上课之前，老师就要在软件后台管理系统中给每一个学生注册一个账号。先进行人身保险理赔程序、步骤操作讲解，当每一个学生熟悉步骤后，再根据理赔程序，将本班学生分组进行实训。

假设本班学生 42 人，每组 6 人，按照人身保险理赔 6 个步骤，每人操作一个步骤，共同完成保险理赔工作。

老师最终和学生一起对每个小组按照完成质量、熟练程度、录入正确率这三个标准来评分。

二、人身保险理赔业务电子化管理

大多数保险公司为了提高经营管理的效率，使管理更高效、有序，已经实施电子化管理，引进一整套业务、财务、人事管理软件系统。

本实训要求每个学生进入保险理赔处理系统进行保险抄单、出险通知书的录入、案件报告单的录入、打印出险通知书和案件报告单等一系列理赔工作的操作。

1. 进入人身保险业务理赔处理系统（以健康险：意外+疾病为例）

如图 5—28 所示，进入人身保险业务软件系统之后，按照上面提示选择要进入的系统，健康、疾病保险业务的编号是 1，所以在页面下端“请选择”处输入“1”，按“Enter”键，进入健康、疾病险业务主菜单（见图 5—29）。

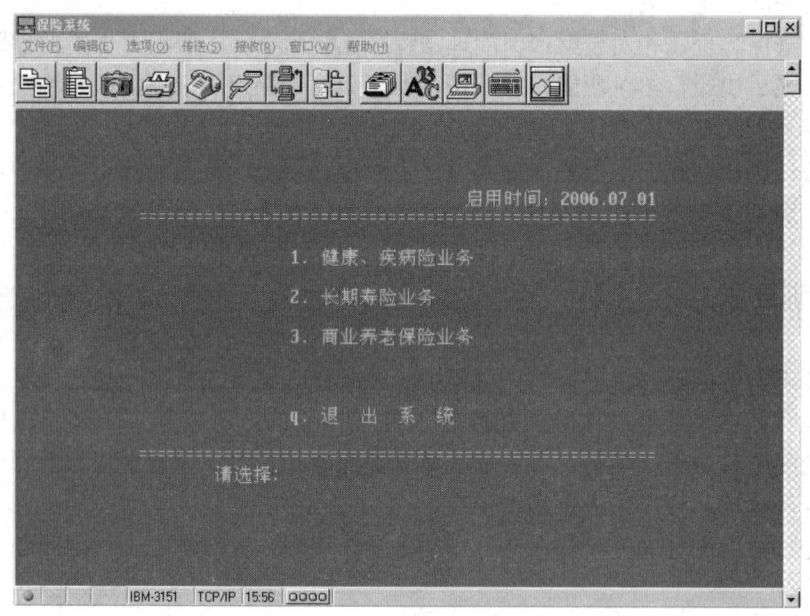

图 5—28

由于健康险承保的是被保险人在疾病或意外事故所致伤害时的费用支出或损失获得补偿的一种保险，因此健康保险的赔付只有在发生保险事故时，而不像养老保险，可能还有满期给付。所以在图 5—29 中，根据菜单中的选项前数字，直接选择“4 理赔处理”。

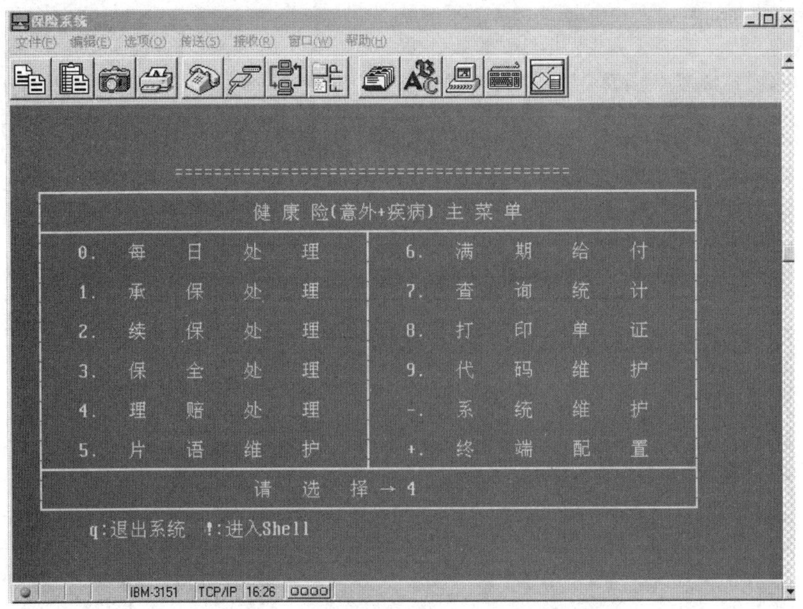

图 5—29

2. 抄单

在理赔处理主菜单（见图 5—30）下，首先要做的是抄单，即找出被保险人的保单和相关数据信息。按照提示给的数字，按下数字键“1”，进入抄单界面，

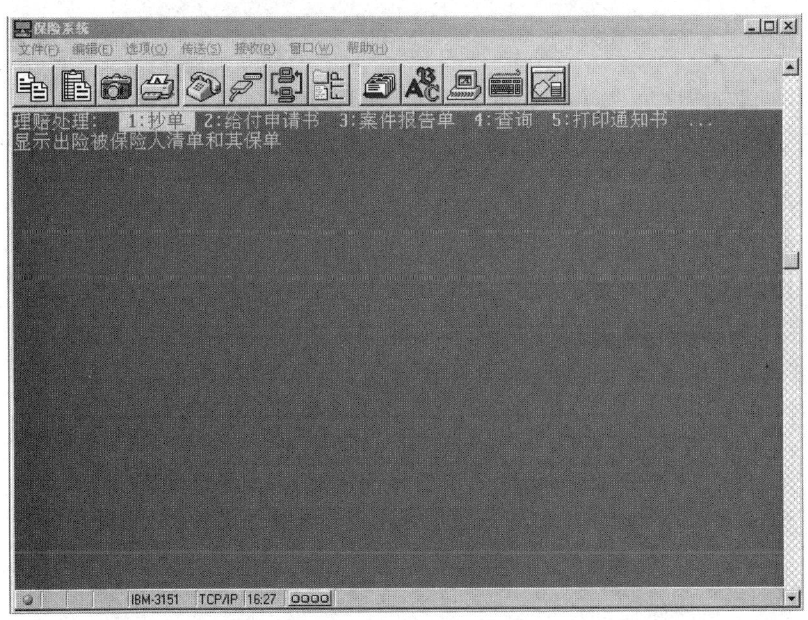

图 5—30

如图 5—31 所示。

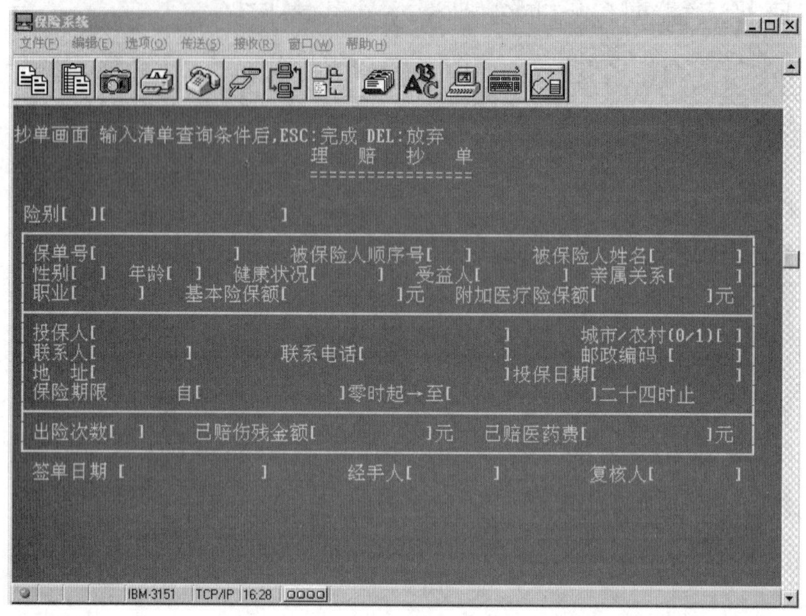

图 5—31

输入保单号、被保险人顺序号、被保险人姓名、性别、年龄等资料，按“Esc”键进行查询，便会出现如图 5—32 所示的完整的理赔抄单。输入经手人、

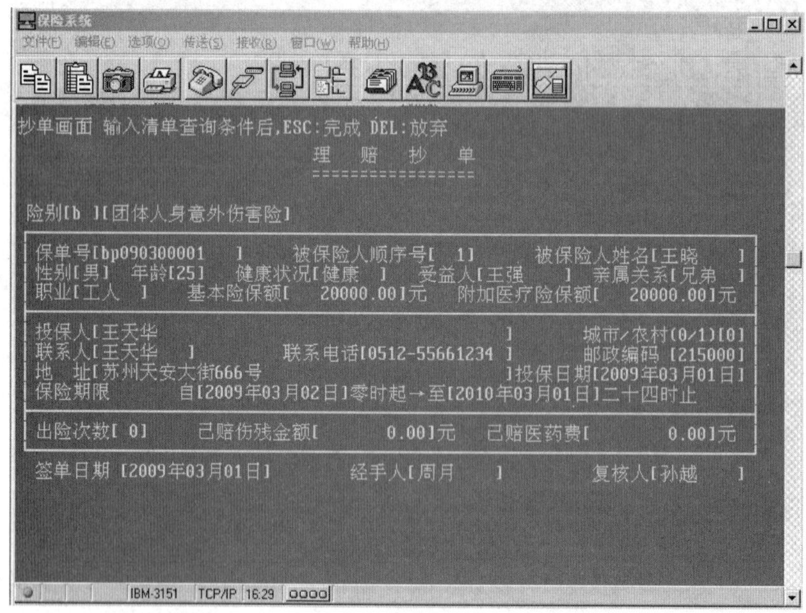

图 5—32

复核人后，按“Esc”键结束抄单。

3. 给付申请书

返回到理赔处理主菜单界面（见图 5—33），选择“2 给付申请书”，录入给付申请书，如图 5—34 所示。

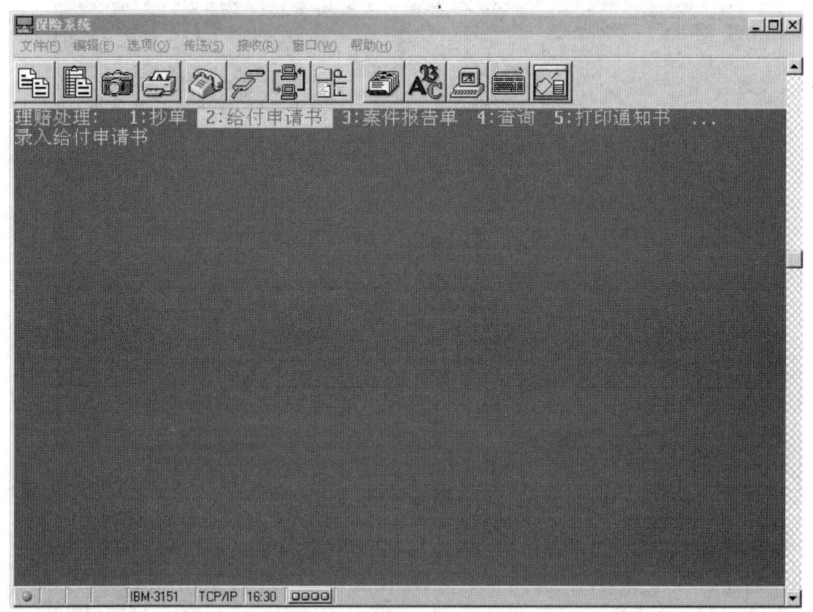

图 5—33

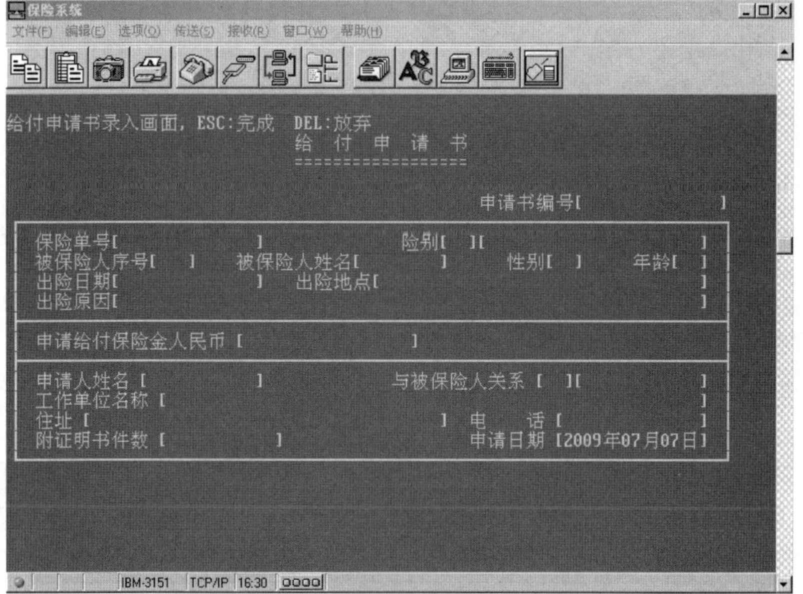

图 5—34

在给付申请书界面，按要求输入相关资料，然后按“Esc”键保存录入，如图 5—35 所示。

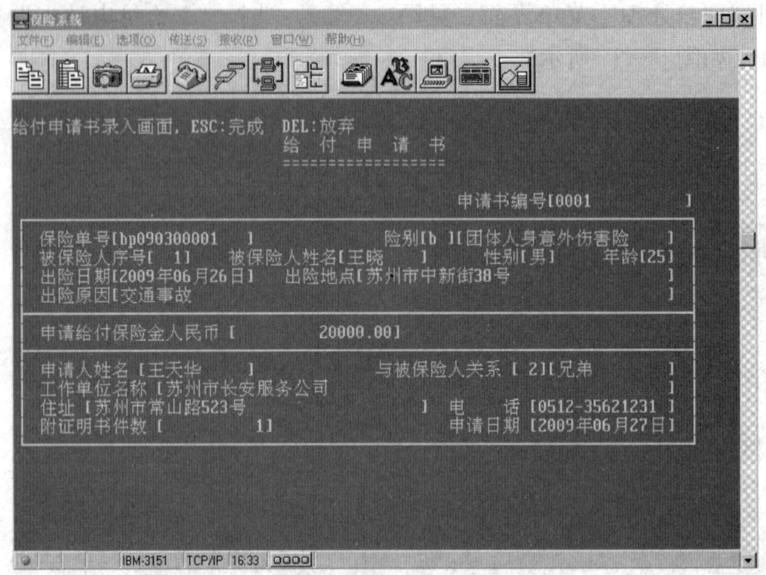

图 5—35

4. 案件报告单录入

返回理赔处理主菜单，选择“3 案件报告单”，进行案件报告单的录入工作。

在如图 5—36 所示的界面中将相关资料一一录入完成后，输入经办人、负责人姓名，按“Esc”键保存录入，如图 5—37 所示。

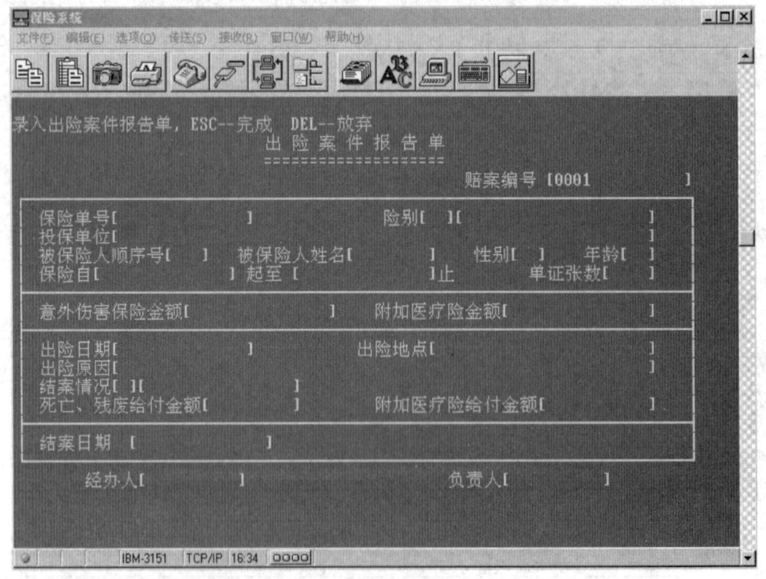

图 5—36

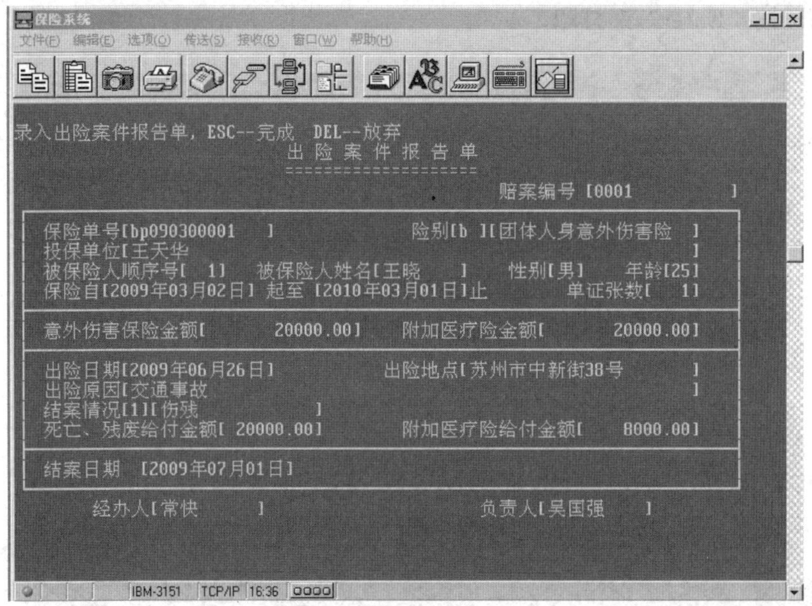

图 5—37

5. 打印赔款结算通知书

返回到赔款处理主菜单，选择“5 打印通知书”，如图 5—38 所示。

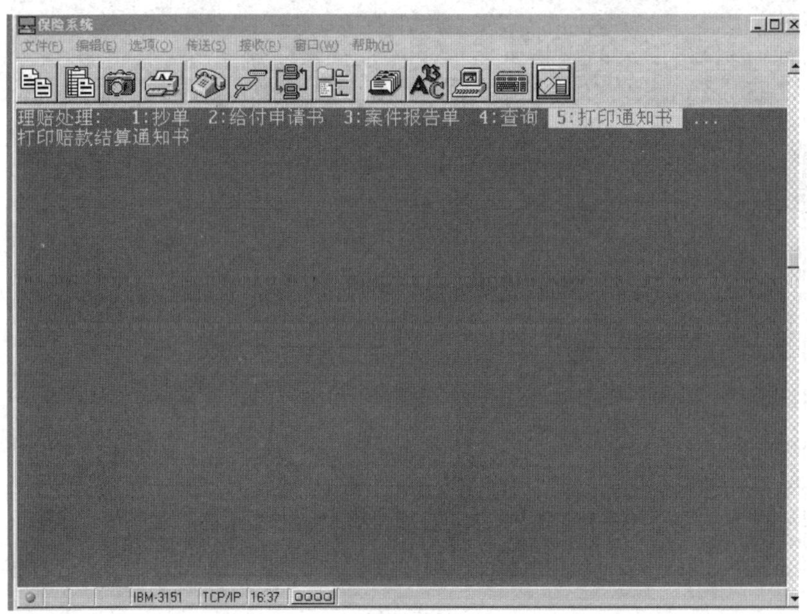

图 5—38

如图 5—39 所示，输入赔案号，按“Enter”键，就会出现如图 5—40 所示的界面，按“Enter”键打印。

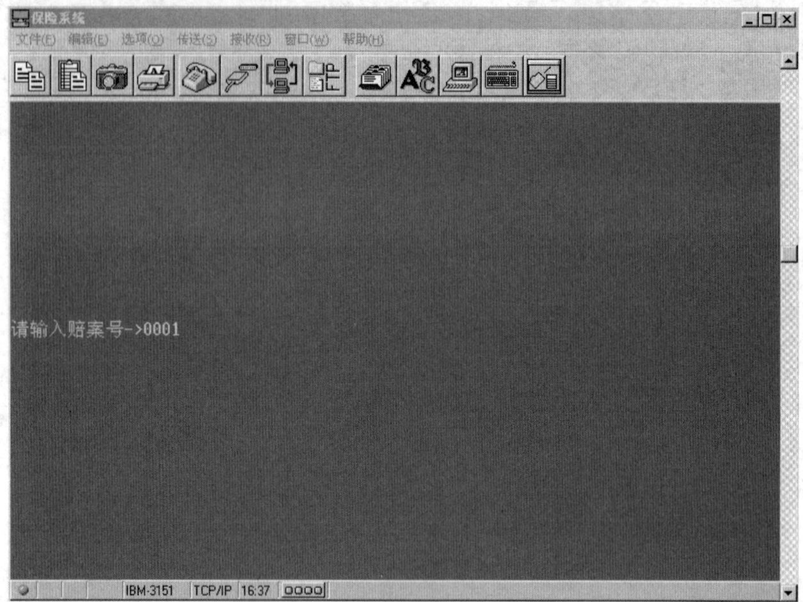

图 5—39

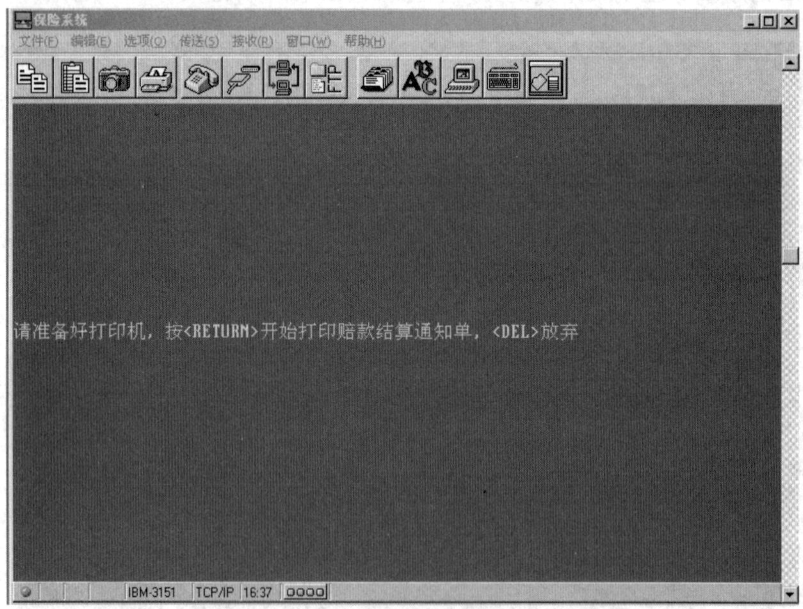

图 5—40

6. 打印出险案件报告单

返回理赔处理主菜单，选择“6 打印报告单”，打印出险案件报告单，如图 5—41 所示。

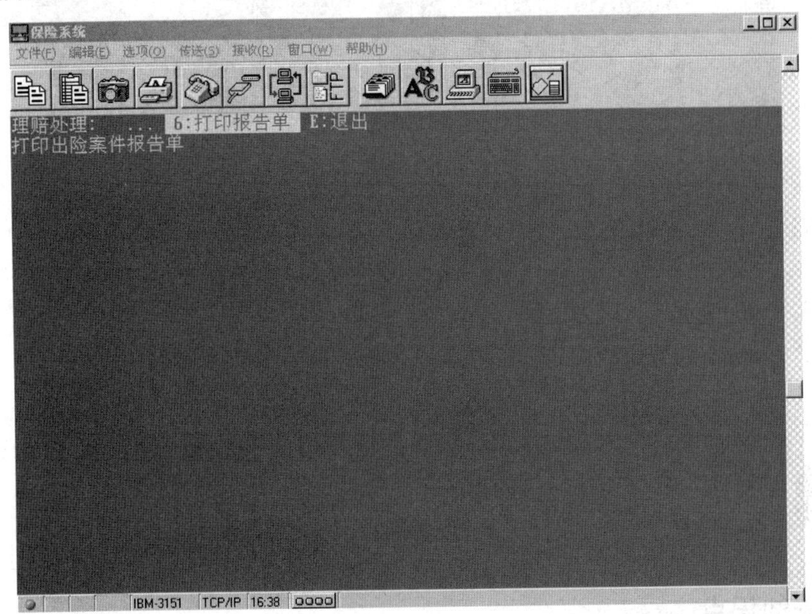

图 5—41

如图 5—42 所示，输入赔案号，单击“Enter”键。

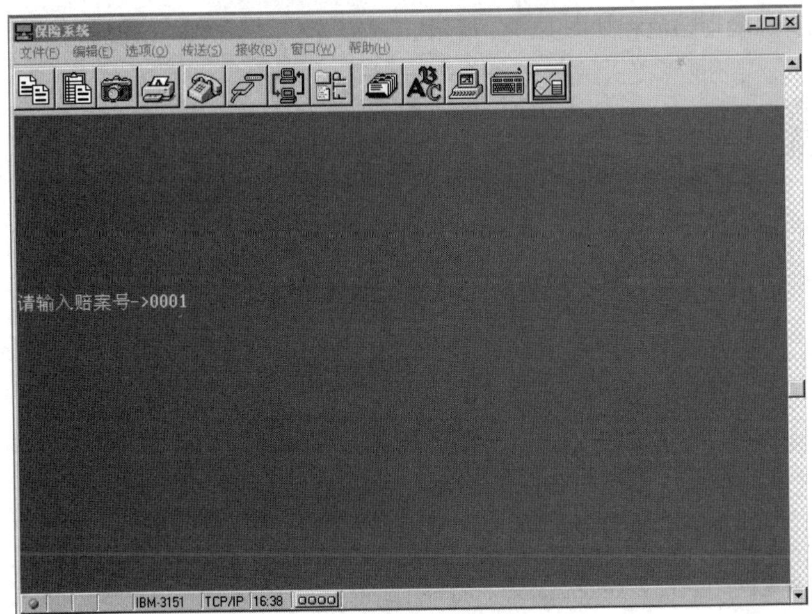

图 5—42

如图 5—43 所示，单击“Enter”键完成打印。

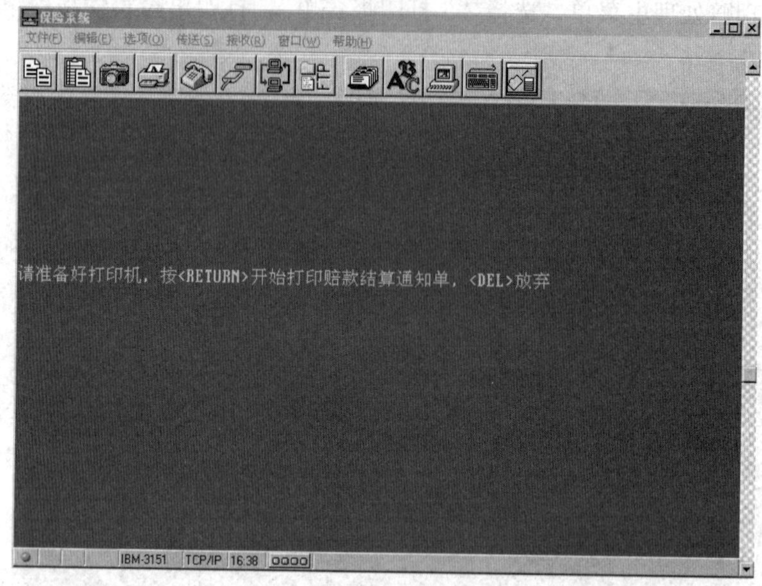

图 5—43

相关知识点

一、人身保险理赔程序

人身保险理赔流程如图 5—44 所示。

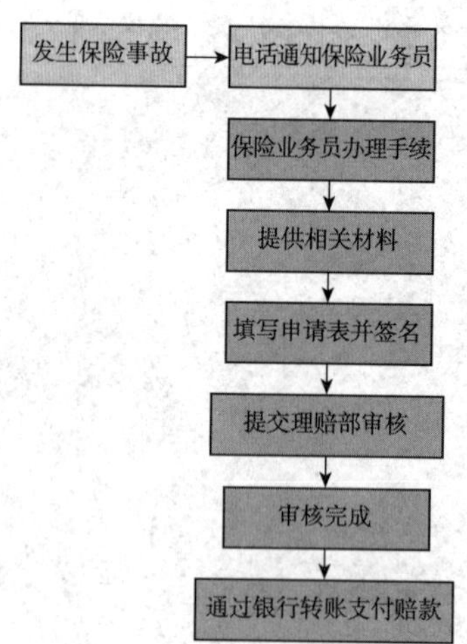

图 5—44 人身保险理赔流程

（资料来源：http：//autoinsurance. online. sh. cn。）

二、健康保险理赔必需的文件[①]

（1）保险合同。这个文件需要由投保人提供。

（2）保险金给付申请书。这份文件可以向保险代理人或保险公司理赔或者客户服务部门索取。注意：这份文件必须由受益人在申请书签名。

（3）如事故发生是在缴费期内，需要最近一次保险费缴费收据。这份文件由投保人提供。

（4）被保险人的门（急）诊病历和住院证明（包括出院小结、出院费用单据）。这份文件由提供治疗的医院提供。

（5）受益人身份证明、户籍证明。这份文件由受益人提供。

三、人身意外伤害保险理赔必需的文件

被保险人因意外伤害办理理赔时所需文件：

（1）医学诊断证明。

（2）有关部门出具的意外伤害事故证明。

（3）医疗费原始收据及处方。

（4）本人身份证或户籍证明复印件。

实战演练

欧阳中华，35岁，男，苏州红日装修公司经理，苏州解放路慧德大厦A栋6F，身份证号320502××××××××0449。他于2008年5月3日为自己购买了国寿安康意外伤害保险，保险金额80万元，费率2‰，保险期限一年。附加医疗保险20万元。保费通过银行转账缴纳，开户银行是中国交通银行，账号100006532。保险单的受益人是妻子李华。

2009年1月29日，欧阳中华发生交通事故，虽经医院抢救，终因伤势过重而死亡。产生医疗费用1.2万元。2009年2月1日向保险公司报案。

对上述案例进行人身保险保单录入、埋赔程序的操作，熟悉程序。

① http：//www.39.net。

参考文献

1. 麦德思销售顾问中心. 保险业务员销售方法和技巧. 广州：广东经济出版社，2005

2. 黎守明. 业务员入门手册. 北京：北京大学出版社，2005

3. 尹刚. 优秀保险业务员工作技能手册. 北京：中国时代经济出版社，2008

4. 唐志刚，刘建东. 保险营销学. 北京：电子工业出版社，2008

5. 葛文芳. 保险营销与管理理论与实务. 北京：清华大学出版社，2006

6. 尹文莉. 保险营销技巧. 北京：清华大学出版社，2009

7. 后东升. 保险代理业务员培训手册. 北京：中华工商联合出版社，2006

8. 周伟. 保险产品行销技巧. 北京：清华大学出版社，2006

9. 劳动和社会保障部. 国家职业资格培训教程 电子商务师. 北京：中央广播电视大学出版社，2002

10. 曾娟. 机动车辆保险与理赔. 北京：电子工业出版社，2005

11. 冯宪民. 汽车保险与理赔一点通. 北京：国防工业出版社，2006

图书在版编目（CIP）数据

保险公司综合业务实训／沈琳主编
北京：中国人民大学出版社，2010
21 世纪高职高专规划教材·金融保险系列
ISBN 978-7-300-11373-9

Ⅰ. ①保…
Ⅱ. ①沈…
Ⅲ. ①保险业务-高等学校：技术学校-教材
Ⅳ. ①F840.4

中国版本图书馆 CIP 数据核字（2009）第 198018 号

21 世纪高职高专规划教材·金融保险系列
保险公司综合业务实训
主　编　沈　琳
副主编　杨海波

出版发行	中国人民大学出版社		
社　　址	北京中关村大街 31 号	**邮政编码**	100080
电　　话	010－62511242（总编室）		010　62511398（质管部）
	010－82501766（邮购部）		010－62514148（门市部）
	010－62515195（发行公司）		010－62515275（盗版举报）
网　　址	http：//www.crup.com.cn		
	http：//www.ttrnet.com（人大教研网）		
经　　销	新华书店		
印　　刷	北京鑫丰华彩印有限公司		
规　　格	185 mm×260 mm　16 开本	**版　　次**	2010 年 7 月第 1 版
印　　张	13	**印　　次**	2016 年 8 月第 3 次印刷
字　　数	252 000	**定　　价**	23.00 元

教师信息反馈表

为了更好地为您服务，提高教学质量，中国人民大学出版社愿意为您提供全面的教学支持，期望与您建立更广泛的合作关系。请您填好下表后以电子邮件或信件的形式反馈给我们。

您使用过或正在使用的我社教材名称		版次	
您希望获得哪些相关教学资料			
您对本书的建议（可附页）			
您的姓名			
您所在的学校、院系			
您所讲授的课程名称			
学生人数			
您的联系地址			
邮政编码		联系电话	
电子邮件（必填）			
您是否为人大社教研网会员	□ 是，会员卡号： □ 不是，现在申请		
您在相关专业是否有主编或参编教材意向	□ 是　　□ 否 □ 不一定		
您所希望参编或主编的教材的基本情况（包括内容、框架结构、特色等，可附页）			

我们的联系方式： 北京市海淀区中关村大街 31 号
中国人民大学出版社教育分社
邮政编码：100080
电话：010－62515912
网址：http：//www.crup.com.cn/jiaoyu/
E-mail：jyfs _ 2007@126.com